唐浩明评点

曾國藩書信

典藏版

岳麓書社·长沙

搭建广泛人脉的桥梁

岳麓书社修订版《曾国藩全集》共三十一册，其中书信有十二册，可见书信在曾氏传世文字中的分量。曾氏的书信分两大类。一大类是给家人的。这就是百余年来风行海内的曾氏家书。它集中展示了曾氏的精神世界，无论是对学人的研究，还是对世人的实用，始终都是一部经典之作。另一大类是给外人的，收入全集的有八千多封。曾氏发出的信函肯定不止于这个数目，因为各种各样的原因，有的已湮没于历史的尘埃了。受信人的范围很广泛，主要有这么几个方面：一为私交深厚的朋友、心腹，一为京师时期关系较为密切的友人、同事，一为湘籍旧雨，一为湘军部属，一为并无交往的仰慕者、献纳者、投奔者，一为因公事而必须联系的官场人士等等。

这些书信中所涉及的内容，或大或小，或重或轻，或深或浅；有的则纯为应酬，在当时自有它的作用，搁在今天已是毫无内容可言。笔者立足于当代读者对曾氏本人以及那个时代所怀有的兴趣点，选择一百三十六封书信，并予以一一评点。

这些书信，向我们传递了什么呢？

首先，曾氏的这些书信与家书一样，展示了曾氏的精神世界、价值理念。比如早期在给刘蓉的论学信里，他鲜明地提出自己的人生志向：一是行仁义于天下，二是立不悖之言，也就是“三立”中的立德与立言。办团练之初，他在致湖南各界的公开信中打出“不要钱不怕死”的旗号，既是自己对社会的宣言与承诺，也为日后的湘军运动立下规矩。

其次，这些信件为湘军研究提供了重要史料。咸丰三年下半年，曾氏在衡州府将千人大团火速扩建为水陆万人长夫八千号称两万的湘军。他为什么要这样做？他为什么能够这样做？对于早期湘军的研究，这无疑是很重要的问题。

咸丰三年八月三十日，身在衡州府的曾氏给江忠源写了一封信。信上说："阁下前在九江奏片有云'调云贵、湖广兵六千，募勇三千，合为一万，自成一军，誓灭此贼'等语，今募勇三千，仆已于六月办齐发往矣。至于添兵六千，则鄙意以为不如概行添勇……鄙意欲再募勇六千，合成万人，概交阁下为扫荡澄清之具。"原来，曾氏在衡州府大量募集的勇丁，是准备给江忠源的，自己并没有做统帅的准备。江忠源那时已是朝廷正式任命的湖北按察使，正充当前线作战的带兵将领。如此，曾氏在衡州的招兵买马就自然是合法的。只是因为年底江忠源战死，曾氏才在次年正月亲自统兵北上。这样看来，曾氏成为湘军统帅，实为时势所逼，并非一开始就有这个想法。当然，曾氏素有大志，他也可能早就暗存统帅之心，只是不便在公开场合说罢了。

又如我们从咸丰八年九月二十九日、咸丰十年五月初七日曾氏给胡林翼的两封信里，可以看出当年湘军高层对权力认识的透彻程度。前一封信，曾氏告诉胡林翼：地方实权对带兵将领太重要。后一封信，曾氏充分肯定胡林翼所传授的"包揽把持"的秘方。曾胡都是书生又不是书生，湘军正是在这样一批知识分子的领导下才得以成事。

此外，这些书信还有助于我们多侧面多维度地去认识那个时代。比如，南京打下后曾氏为何要急忙修复贡院开科取士？他在执掌兵权后为何变得格外谨慎？同治四年后的捻战，曾氏为何不能取胜？等等。本书所选的有关书信都保存着寻觅这些答案的蛛丝马迹。

还有，曾氏与郭嵩焘兄弟私下议论当时的国之大佬祁寯藻、杜受田、贾桢、翁心存等人，指责他们不白不黑、不痛不痒，阴排善类。曾氏对僧格林沁也颇有微词："虑其不终。"（五年后，僧格林沁果然死于捻军之手）。在与河南巡抚李鹤年的信中，曾氏直言"豫中巨患在于官民相仇"。在与郭嵩焘的信中感叹言路苛责君子，在给丁日昌、李鸿章等人的信中更是直揭朝廷的腐败。如此等等，都为我们认识晚清政局提供了真实确凿的例证。

当然，这些只是曾氏书信带给今天读者的阅读收获。至于当时的曾氏，他的书信中的绝大部分，都不过是搭建广泛人脉的桥梁。他要依靠这种广泛的人脉，来为他构筑人生与事业的高楼大厦。

写到这里，我想读者可能会有两个问题要提出：一是当时中国还没有为大众服务的邮政行业，曾氏早期的信件是如何传递的？二是办湘军后的曾氏日理万机，他还有没有亲手写出的信？

就笔者所知，早期曾氏包括家书在内的信件，都是利用官员的特权，通过官邮的途径传递，即借助地方官府向朝廷投递公文的机会，托公差顺便夹带。当然，这些公差也会从中得到私人好处。至于后期的曾氏，事情既多，发出的信函也多，自然不可能每封信都亲笔写，但还是有亲笔书写的信件。比如家信，他必定封封亲为，即使是写给在前线打仗的九弟，尽管谈的都是公事，他亦不假手幕僚。此外，给特别心腹的信，他亦手书；次一点的，则主要部分由幕僚写，自己再添一两张纸，以示亲密。同治五年二月初五日，他在给李昭庆的信中说得很清楚："国藩与令兄少泉往还信，均系亲笔行草。与令长兄筱泉信，多系幕僚所书，而亲加一二纸。"

当今时代，莫说曾氏这等大忙人，即使事情不多的普通百姓，也都难得亲自提笔写信了。让中国人倍感温馨弥足珍贵的先人手泽，很可能不久后将会绝迹。这是人类文明之幸，还是不幸？

乙未初夏于长沙静远楼

目 录

001. 行仁义于天下与立不悖之言

曾氏全集中收有早期于北京寄给刘蓉的两封信。这两封信，其实就是两篇谈文论学的文章。在道光二十五年的信中，曾氏说两年中收到刘蓉的三封信，但未有回信，其原因是“每一伸纸，以为足下意中欲闻不肖之言，不当如是已也，辄复置焉”。由此可见曾氏对给刘蓉的回信的重视。这两封信应当是他的深思熟虑之作。正因为此，历来研究曾氏者，也都看重这两封信，把它作为探讨早期曾氏学术思想的重要资料。

三十多岁的曾氏，此刻正是翰林院的官员。道光二十三年，他官居从五品衔翰林院侍讲。道光二十五年，他由正五品衔的詹事府右春坊右庶子升为从四品衔的翰林院侍讲学士。尽管还只是一个中级官员，但两年之间获得两次迁升，这说明他的仕途很顺畅，境况很好。这些年来，曾氏又追随唐鉴、倭仁之后，专心致志研习《朱子全书》，并躬行践履切实修身，心灵上也有一番较大的提升。总之，此时的曾氏正是一位春风得意、前途无量的青年京官。

受信人刘蓉，此刻远在湖南湘乡老家。刘蓉比曾氏小五岁。据曾氏年谱记载，二人相识于道光十四年。那时曾氏在岳麓书院读书，刘来书院附学。二人互为欣赏，遂因此结为终生挚友。刘蓉不乐举业，直到三十五岁那年才遵父命考取秀才，一生的功名亦止于此。刘蓉以自身的人格才学赢得曾氏对他的尊敬。曾氏在北京期间，写过不少怀念刘蓉的诗，最具代表性的莫过于道光二十二年写的《怀刘蓉》的五言诗："我思竟何属？四海一刘蓉。具眼规皇古，低头拜老农。乾坤皆在壁，霜雪必蟠胸。他日余能访，千山捉卧龙。"曾氏称刘为卧龙，把刘抬到诸葛亮的高度，足见他对刘的器重。

通过这两封信，我们看到曾刘所关心的学问话题，以及曾氏本人对此的认识。

第一封信着重探讨的是文与道之间的关系。曾氏认为，文字为道的载体，"今日欲明先王之道，不得不以精研文字为要务"。文章之高低优次，起决定作用是见道之多寡。若所见之道深与博，其为文自然醇厚正大，如孔孟之文，周敦颐、张载等人的著述。

许多大学问家的学问，或深但不够博，或博却不够深。鉴于此，曾氏要求自己对学问的研究是既要博又要深，尽管这样做有以蚊负山的难度，但要为之努力。

信的最后，曾氏谈到，既然文字是道的载体，文字本身也就同样的重要，决不可忽视。对于学术界的汉、宋之争，他不愿参与；对于崇道贬文之说，他更不愿随声附和。

在第二封信里，曾氏与刘蓉探讨了两个大问题。一为执中。天地之道皆有两端，如阴阳，如刚柔，如仁义。世人当执其中，"中则治，偏则乱"。二为格物致知。天下万物既理出一源，又纷然而殊，而人之心所知有限，故须格物以致知。曾氏不赞成王守仁的"致良知而已"之说。曾氏向好友表明自己的志向，从大的方面来说，是"欲行仁义于天下，使凡物各得其分"；从小的方面来说，是修好自身，做妻子儿女的榜样，做宗族乡党的楷模。

这两封信，为我们认识早年曾氏，提供了这样的信息：一、作为一个翰林院的官员，曾氏有在著书立说上做一番大事业的抱负。二、曾氏更宏伟的抱负是要做一个"行仁义于天下，使凡物各得其分"的大政治家。

志向高远且仕途顺利的曾氏，在自己很信任的挚友面前，将这两个抱负，坦率且颇具信心地倾泻出来，让我们看到一个踌躇满志的年轻京官形象。

致刘蓉道光二十三年

去岁辱惠书，所以讲明学术者，甚正且详，而于仆多宽假之词，意欲诱而进之，且使具述为学大指，良厚良厚！盖仆早不自立，自庚子以来，稍事学问，涉猎于前明、本朝诸大儒之书，而不克辨其得失。闻此间有工为古文诗者，就而审之，乃桐城姚郎中鼐之绪论，其言诚有可取。于是取司马迁、班固、杜甫、韩愈、欧阳修、曾巩、王安石及方苞之作，悉心而读之，其他六代之能诗者，及李白、苏轼、黄庭坚之徒，亦皆泛其流而究其归，然后知古之知道者，未有不明于文字者也。能文而不能知道者或有矣，乌有知道而不明文者乎？古圣观天地之文、兽迮鸟迹而作书契，于是乎有文，文与文相生而为字，字与字相续而成句，句与句相续而成篇，口所不能达者，文字能曲传之。故文字者，所以代口而传之千百世者也。伏羲既深知经纬三才之道而画卦以著之，文王、周公恐人之不能明也，于是立文字以彰之，孔子又作《十翼》、定诸经以阐显之，而道之散列于万事万物者，亦略尽于文字中矣。所贵乎圣人者，谓其立行与万事万物相交错而曲当乎道，其文字可以教后世也。吾儒所赖以学圣贤者，亦借此文字以考古圣之行，以究其用心之所在。然则此句与句续、字与字续者，古圣之精神语笑胥寓于此。差若毫厘，谬以千里。词气之缓急，韵味之厚薄，属文者一不慎，则规模立变；读书者一不慎，则卤莽无知。故国藩窃谓今日欲明先王之道，不得不以精研文字为要务。

三古盛时，圣君贤相承继熙洽，道德之精，沦于骨髓，而问学之意，达于闾巷。是以其时虽罝兔之野人，汉阳之游女，皆含性贞娴吟咏，若伊莱〔莘〕、周召、凡伯、仲山甫之伦，其道足文工，又不待言。降及春秋，王泽衰竭，道固将废，又亦殆殊已。故孔子睹获麟，曰："吾道穷矣！"畏匡，曰："斯文将丧！"于是慨然发愤，修订六籍，昭百王之法戒，垂千世而不刊，心至苦，事至盛也。仲尼既没，徒人分布，转相流衍。厥后聪明魁桀之士，或有识解撰著，大抵孔氏之苗裔，其文之醇驳，一视乎见道之多寡以为差。见道尤多者，文尤醇焉，孟轲是也；次多者，醇次焉；见少者，文驳焉；尤少者，尤驳焉。自荀、扬、庄、列、屈、贾而下，次第等差，略可指数。

夫所谓见道多寡之分数何也？曰：深也，博也。昔者，孔子赞《易》以明天道，作《春秋》以衷人事之至当，可谓深矣。孔子之门有四科，子路知兵，冉求富国，问礼于柱史，论乐于鲁伶，九流之说，皆悉其原，可谓博矣。深则能研万事微芒之几，博则能究万物之情状而不穷于用。后之见道不及孔氏者，其深有差焉，其博有差焉。能深且博而属文复不失古圣之谊者，孟氏而下，惟周子之《通书》、张子之《正蒙》，醇厚正大，邈焉寡俦。许、郑亦能深博，而训诂之文，或失则碎。程、朱亦且深博，而指示之语，或失则隘。其他若杜佑、郑樵、马贵与、王应麟之徒，能博而不能深，则文流于蔓矣；游、杨、金、许、薛、胡之俦，能深而不能博，则文伤于易矣。由是有汉学、宋学之分，龂龂相角，非一朝矣。仆窃不自揆，谬欲兼取二者之长，见道既深且博，而为文复臻于无累，区区之心，不胜奢愿，譬若以蚊而负山，盲人而行万里也，亦可哂已。盖上者仰企于《通书》、《正蒙》，其次则笃耆〔嗜〕司马迁、韩愈之书，谓二子诚亦深博而颇窥古人属文之法。今论者不究二子之识解，辄谓迁之书，愤懑不平；愈之书，傲兀自喜。而足下或不深察，亦偶同于世人之说，是犹睹《盘》、《诰》之聱牙而谓《尚书》不可读；观郑、卫之淫乱，而谓全《诗》可删，其毋乃漫于一概而未之细推也乎？

孟子曰："君子所性，虽大行不加焉，虽穷居不损焉。"仆则谓君子所性，虽破万卷不加焉，虽一字不识无损焉。离书籍而言道，则仁义忠信反躬皆备，尧舜孔孟非有余，愚夫愚妇非不足，初不关乎文字也。即书籍而言道，则道犹人心所载之理也，文字犹人身之血气也，血气诚不可以名理矣，然舍血气则性理亦胡以附丽乎？今世雕虫小夫，既溺于声律绘藻之末，而稍知道者，又谓读圣贤书，当明其道，不当究其文字，是犹论观人者，当观其心所载之理，不当观其耳目言动血气之末也，不亦诬乎？知舍血气无以见心理，则知舍文字无以窥圣人之道矣。

周濂溪氏称文以载道，而以"虚车"讥俗儒。夫"虚车"诚不可，无车又可以行远乎？孔、孟没而道至今存者，赖有此行远之车也。吾辈今日苟有所见，而欲为行远之计，又可不早具坚车乎哉？故凡仆之鄙愿，苟于道有所见，不特见之，必实体行之，不特身行之，必求以文字传之后世。虽曰不逮，志则如斯。其于百家之著述，皆就其文字以校其见道之多寡，剖其铢两而殿最焉。于汉、宋二家构讼之端，皆不能左袒以附一哄；于诸儒崇道贬文之说，尤不敢雷同而苟随。极知狂谬，为有道君子所深屏，然默而不宣，其文过弥甚。聊因足下之引诱而一陈涯略，伏惟悯其愚而绳其愆，幸甚幸甚！

答刘蓉道光二十五年

孟容足下：

二年三辱书，一不报答，虽槁木之无情，亦不恝置若此。性本懒怠，然或施于人人，岂谓施诸吾子，每一伸纸，以为足下意中欲闻不肖之言，不当如是已也，辄复置焉。日月在上，惟足下鉴之。

伏承信道力学，又能明辨王氏之非，甚盛甚盛！国藩窃有见于仁义之说者，敢略陈大凡，吾子取证而裁焉。

盖天下之道，非两不立，是以立天之道，曰阴与阳，立地之道，曰柔与刚，立人之道，曰仁与义，乾坤毁则无以见《易》，仁义不明则亦无所谓道者。传曰："天地温厚之气，始于东北而盛于东南，此天地之盛德气也，此天地之仁气也；天地严凝之气，始于西南而盛于西北，此天地之尊严气也，此天地之义气也。"斯二气者，自其后而言之，因仁以育物，则庆赏之事起；因义以正物，则刑罚之事起。中则治，偏则乱。自其初而言之，太和絪缊流行而不息，人也，物也，圣人也，常人也，始所得者均耳，人得其全，物得其偏。圣人者，既得其全，而其气质又最清且厚，而其习又无毫发累，于是曲践乎所谓仁义者，夫是之谓尽性也。推而放之凡民而准，推而放之庶物而准，夫是之谓尽人性、尽物性也。常人者，虽得其全而气质拘之，习染蔽之，好不当则贼仁，恶不当则贼义，贼者日盛，本性日微，盖学问之事自此兴也。

学者何？复性而已矣。所以学者何？格物诚意而已矣。格物则剖仁义之差等而缕晰之，诚意则举好恶之当于仁义者而力卒之。兹其所以难也，吾之身与万物之生，其理本同一源，乃若其分，则纷然而殊矣。亲亲与民殊，仁民与物殊，乡邻与同室殊，亲有杀，贤有等，或相倍蓰，或相什佰，或相千万，如此其不齐也。不知其分而妄施焉，过乎仁，其流为墨；过乎义，其流为杨。生于心，害于政，其极皆可以乱天下，不至率兽食人不止。故凡格物之事所为委曲繁重者，剖判其不齐之分焉尔。

朱子曰："人心之灵，莫不有知。"此言好恶之良知也。曰："天下之物，莫不有理。惟于理有未穷，故其知有不尽。"此言吾心之知有限，万物之分无穷，不究乎至殊之分，无以洞乎至一之理也。今王氏之说，曰致良知而已，则是任心之明，而遂曲当乎万物之分，果可信乎？冠履不同位，凤凰鸱鸮不同栖，物所自具之分殊也。瞽瞍杀人，皋陶执之，舜负之；鲧堙洪水，舜殛之，禹郊之，物与我相际之分殊也。仁义之异施，即物而区之也。今乃以即物穷理为支离，则是吾心虚悬一成之知于此，与凡物了不相涉，而谓皆当乎物之分，又可信乎？朱子曰："知为善以去恶，则当实用其力，务决去而求必得之。"此言仁义之分，既明则当，毕吾好恶以既其事也。今王氏之说，曰"即知即行"，"格致即诚意功夫"，则是任心之明，别无所谓实行。心苟明矣，不必屑屑于外之迹，而迹虽不仁不义，亦无损于心之明，是何其简捷而易从也。循是说而不辨，几何不胥天下而浮屠之趋哉？尧、舜、禹、汤、文、武、周公、孔子之学岂有他与？即物求道而已。物无穷，则分殊者无极，则格焉者无已时，一息而不格，则仁有所不熟，而义有所不精。彼数圣人者，惟息息格物，而又以好色恶臭者竟之，乃其所以圣也。不如是，吾未见其圣也。自大贤以下，知有精粗，行有实不实，而贤否以次区焉。

国藩不肖，亦谬欲从事于此。凡伦类之酬酢，庶务之磨砻，虽不克衷之于仁，将必求所谓蔼然者焉；虽不克裁之于义，将必求所谓秩然者焉。日往月来，业不加修，意言意行，尤悔丛集，求付一物之当其分而不可得，盖陷溺者深矣。自维此生，纵能穷万一之理，亦不过窥钻奇零，无由底于逢原之域，然终不敢弃此而他求捷径，谓灵心一觉，立地成圣也。下愚之人，甘守下愚已耳。智有所不照，行有所不慊，故常馁焉。不敢取彼说者，廓清而力排之。愚者多柔，理有固然。今足下崛起僻壤，乃能求先王之道，开学术之蔀，甚盛甚盛！此真国藩所祷祀以求者也。

此间有太常唐先生，博闻而约守，矜严而乐易，近著《国朝学案》一书，崇二陆二张之归，辟阳儒阴释之说，可谓深切著明，狂澜砥柱。又有比部六安吴君廷尉、蒙古倭君，皆实求朱子之指而力践之。国藩既从数君子后，与闻末论，而浅鄙之资，兼嗜华藻，笃好司马迁、班固、杜甫、韩愈、王安石之文章，日夜以诵之不厌也。故凡仆之所志，其大者盖欲行仁义于天下，使凡物各得其分；其小者则欲寡过于身，行道于妻子，立不悖之言以垂教于宗族乡党。其有所成与？以此毕吾生焉；其无所成与？以此毕吾生焉。辱知最厚，辄一吐不怍之言，非敢执途人而断断不休如此也。

贱躯比薄弱不胜思，然无恙，合室无恙。郭大栖吾舍，又有冯君卓怀课吾儿，都无恙，且好学。国藩再拜。

002. 做官的诀窍：忍耐

黄廷瓒字麓溪，湖南长沙人。道光二十五年进士，此时任江苏长洲知县。针对黄的具体情况，曾氏为这个同乡后进提供两点参考。一、相对于朴重的湖湘风气而言，江南尤其江苏省会苏州官场浮华，劝黄不要追慕，而要把自己的本职——案牍律例工作做好，时间久了，自然会引起各方注意，获得上司器重。二、基于此，曾氏送给黄一个“耐”字：耐得寂寞，耐得清苦，耐得辛劳，耐得冷淡。曾氏并告诉黄，江苏政务重点在两件事上，一为缉捕盗贼，一为征收赋税。把这两桩事做好，又能有耐心，不愁仕途不顺。

黄廷瓒只是一个做事的官吏，不属于曾氏那批胸有大志的朋友圈中人，故而曾氏不对黄说被世俗视为迂阔一类的话，说的都是平实而可操作之言。

答黄廷瓒道光二十六年

两接手书，阙然未报，疏懒之咎，靡所于辞，夙邀德鉴，亮获宽宥。比想道履清娱，政祉佳畅，甚善甚善。

苏垣为仕宦鳞萃之场，以弟所闻，大抵挥霍者蒙卓声，谨守者沉散秩；生辣者鹊起，和厚者蠖伏；标榜者互相援引，务实者独守岑寂。揆斯三者于吾兄，俱未为谐叶。然君子之道，不汲汲于名望，要在案牍律例之中，诚能三折肱而九折臂，则阅时稍久，亦终为僚友所推，上官所许。弟有一言，奉吾兄于数年之内行之者，其曰“耐”乎。不为大府所器重，则耐冷为要；薪米或时迫窘，则耐苦为要；听鼓不胜其烦，酬应不胜其扰，则耐劳为要；与我辈者，或以声气得利；在我后者，或以干请得荣，则耐闲为要。安分竭力，泊然如一无所求者，不过二年，则必为上官僚友所钦属矣。此二年中，悉力讲求捕盗之法，催科之方，此两事为江南尤急之务，一旦莅任，则措之裕如。人见其耐也如此，又见其有为如彼，虽欲不彪炳，其可得乎？来书过自抑退，所属望于弟者甚深，故特以迂腐之辞上贡左右，阁下以为然耶？否耶？

弟居官依旧，殊无佳状。去遘癣疾，比已十愈其九，根株未拔，终恐复萌。翰林不得外差，其清况盖甚于外吏，然弟一毫不敢萌妄念。目前所处，既已忝居非分多多矣，而况敢再觊乎？

六舍弟逐队入场，亦颇妥善，足慰垂注。舍下大小平安。书不宣尽，诸惟心照，顺请升安。

003. 书生的血诚遭胥吏唾弃

胡大任为湖北监利人。曾氏信中有“与可亭同年熟商”一句话。可亭为金国均之号。金乃湖北黄陂人，道光十八年的进士，与曾氏同年。曾氏在信中提金国均时，用“可亭同年”这样亲切的字眼，估计胡也可能是道光十八年中的进士。又从“郎署浮沉”、“茫乎未有畔岸”来看，胡为低级京官。从“祥琴未届”四字可知，胡此时在老家为父母守丧。

胡有事要向朝廷建白，官职既低，又为守丧之身，诸多不便，于是托同年侍郎曾氏代为上奏。但曾氏并未替他代奏，原因有二：一、咸丰帝登基以来，虽广开言路，要求官员们建言献策，但这些言与策到后来都成为一纸空文。曾氏本人就是一个热心者。从道光三十年到咸丰元年，他上过五道事关国计民生的奏疏，但这些呕心沥血的奏疏的最终结果，令他十分心灰。他对胡所说的“书生之血诚，徒以供胥吏唾弃之具”，实乃他本人的真实感受，决不是对胡的敷衍塞责之言。古往今来，许多胸有大志而身沉下僚的读书人，都想借上书一路来引得高层的重视，并幻想成为晋身之阶，这其实只是一厢情愿而已。历史上，或许有过几个成功的例子，但实在少得可怜。百分之九十九点九九的献纳，到头来都是竹篮打水。

原因之二是此时胡的身份不对。守制之人，理应不干预公事。替胡代奏，不但不起作用，反而授人以柄，若托别人的名则达不到胡所期望的目的，故而干脆不上达。

值得注意的是，曾氏在这封信里直言不讳地提出“官逼民反”是导致太平天国起义的主要原因。作为一个朝廷大员，曾氏能有如此清醒认识，确乎难能可贵。

这封信里的“仿汉代绣衣直指之说”，或许会让一些读者费解。绣衣直指乃官名。汉武帝末年，不少地方爆发农民起义，朝廷特派官员穿绣衣持节前往镇压，并有权节制并处置当地的地方官员。这种钦差大臣的官名即云绣衣直指，或称直指绣衣使者、绣衣使者。

胡大任建议朝廷委派林则徐、周天爵二人担任汉时的绣衣直指之职，曾氏说本想将这一建议转达，但林则徐已在不久前去世，而周天爵已任命为广西巡抚。这一建议也就无需再提了。从这点来推测，胡的献纳，可能也多空疏之言。曾氏不好明说这一层原因，便只得以其他理由来推辞。但胡颇受曾氏的信任，在后来的兵戎事业中，胡是曾氏的得力助手。

复胡大任咸丰元年

莲舫仁兄同年左右：

去腊奉到手书，恳恳数千言。昔睹皵蔑之面，今知故人之心。别纸所陈数事，空山忧戚之中，乃能藎伤民瘼，遂欲拯桑梓于水火，起疮痍而沐浴之。其为恻怛，岂胜钦挹。

以世风之滔滔，长民者之狭隘酷烈，而吾子伏处闾巷，内度身世，郎署浮沉，既茫乎未有畔岸；外观乡里，饥溺满眼，又汲汲乎有生涯日蹙之势，进不能以自效，退不足以自存，则吾子之迫切而思，以吁于九阍者，实仁人君子之至不得已也。然事顾有难者，自客春求言以来，在廷献纳，不下数百余章，其中岂乏嘉谟至计？或下所司核议，辄以“毋庸议”三字了之，或通谕直省，则奉行一文之后，已复高阁束置，若风马牛之不相与。如足下所条数事，盖亦不能出乎交议、通谕之外，其究亦归于簿书尘积堆中，而书生之血诚，徒以供胥吏唾弃之具。每念及兹，可为愤懑。故初奉尊书，本思投匦径献；继念身处山中，而属他人上书阙下，近世已无此风，且足下祥琴未届，反授人以口实。故与可亭同年熟商，若其托名他氏，无难缕晰入告；若以尊名特达，则恐无益于民，先损于身，固未可率尔以尝也。中如林、周二公仿汉代绣衣直指之说，良足以铲剧贼而惩墨吏。国藩将据以上请，会林公遽归道山，周公奉命抚粤，而粤西盗贼亦日炽，而不可向迩，于是事有专重，而治盗之使不复能旁及矣。

今春以来，粤盗益复猖獗，西尽泗镇，东极平梧，二千里中，几无一尺净土。推寻本原，何尝不以有司虐用其民，鱼肉日久，激而不复反顾。盖大吏之泄泄于上，而一切废置不问者，非一朝夕之故矣。国藩尝私虑，以为天下有三大患：一曰人才，二曰财用，三曰兵力。人才之不振，曾于去岁具疏略陈大指；财用、兵力二者，昨又具疏言之。兹录一通，敬尘清览，未审足下以为有补万一否？如以为可行，则他日仍当渎请也。

国藩学识短浅，自以猎跻高位，不敢不悚切讲求，奈疾病相寻，心血亏损，夜不善寐，稍一构思，辄心动手颤。年方壮岁，境亦安荣，而脆耗如此，理不可解。蒲苇之质，势难坚强以谬附于松柏，辱足下知爱，合倾诚相告耳。至于簪绂之荣，骄人之态，虽在不肖，犹能涤此腥秽；足下乃以衔版见投，毋乃细人视我而鄙为不足深语？今亦不复相璧，但求捐此陋俗，而时以德言箴我，幸甚无量！书不详尽，伏维鉴察。并乞多谢王君子寿，倘有药石，幸贶故人。瞻望云天，企伫曷已！

004. 为何不奉旨出山

咸丰二年八月下旬，因奔母丧，曾氏回到阔别十二年的家乡。此时，太平军正在攻打长沙，湖南全省陷于战争的惊恐之中。十一月中旬，汉阳失守。月底，曾氏收到由湖南巡抚转来的令其出任湖南团练大臣的圣旨。在这样的背景下，曾氏给欧阳秉铨写了这封信。

欧阳秉铨是曾氏的内兄。曾氏岳父欧阳凝祉生有二子二女。长子即秉铨，次子秉钧。秉铨此时住在北京，料理曾氏家务。这封信主要说的是为何不奉旨出任团练大臣的事。原因有两点：一、守制期间出办公事为不孝。二、事情难办，最难办的是劝捐。若认真地去募集资金，则为效不大而扰民过多。若不认真去办，则尸位素餐而招致闲话。他将拟好尚未发出的奏折誊抄了一份，请内兄送给京中素日关系较密的朋友如袁芳瑛、袁甲三、毛鸿宾、黄倬、黎樾乔、王庆云、庞际云、邵懿辰、李鸿章、吕贤基等人看，请他们理解。

十天后，曾氏又给内兄寄去一信，告知京师亲友：鉴于武昌失守，巡抚张亮基诚邀以及好友郭嵩焘的规劝，他已奉旨并来到长沙就任团练大臣一职。所做之事，以稽查长沙城内的土匪奸细为主，次则督促湘乡千名乡勇日日操练。曾氏从此走进时代的漩涡之中，不可自拔。

致欧阳秉铨咸丰二年十二月十五日

牧云仁兄大人左右：

十一月十八发家信一件，交湖南抚台转寄；十二月初七发家信一件，交益阳县李筱泉明府，托其申常德交云贵折差转寄。其弟李少泉编修不知何时可到京中，十月十二所发之信，已于十二月初六接到矣。九月之信至今未到。弟身体极好，面色红润发胖，在京十余年，无此气象。合家大小平安，尊府人人清吉。

十二月十三日申刻湖南巡抚专差送到咨文，十一月二十九奉旨，命弟在本省帮同办理团练乡民、搜查土匪诸事务。弟闻讣到家，仅满四月，葬母之事，草草权厝，尚思寻地改葬，家中诸事尚未料理，此时若遽出而办理官事，则不孝之罪滋大，且所办之事亦难寻头绪。若其认真督办，必须遍走各县，号召绅耆，劝其捐资集事，恐为益仅十之二，而扰累者十之八；若不甚认真，不过安坐省城，使军需局内多一项供应，各官多一处应酬而已。再四思维，实无裨于国事。是以具折陈情，恳乞终制。兹将折稿寄京，相好中如袁、毛、黎、黄、王、袁、庞诸君，尽可令其一阅。此外如邵蕙西、李少荃、王雁汀、吕鹤田有欲阅者，亦可一阅。盖欲使知交中谅我寸心，不必登诸荐牍，令我出而办事，陷于不孝也。

弟自奉旨后，始知汉阳失守，乡间音问难通，即县城亦无确信。眷口在京，或归或否，惟兄与内人裁度。或由浙江、江西一路，或由樊城一路，或竟作久住之计，全不作归家之想，均由兄为主。弟僻处乡间，消息不明，不遥决也。纪泽儿身体不健，宜常常行动，或坐车至圆明园一二次亦可。无事总宜读书习字，余不一一。

005. 不要钱不怕死

曾氏出任团练大臣之后，在咸丰二年十二月至次年正月间，写了三封公开信。一封写给各州县主管官员，希望各州县主管官员配合他严办土匪。一封写给省会长沙的绅士们，希望他们配合他安定人心、查拿奸细，以便更好地防守省城。这里所录的是第三封，其对象为湖南各州县公正绅耆，也就是写给湖南省内那些对社会抱有责任心的地方头面人物。

绅耆为社会的灵魂与主心骨，在地方上有很大的号召力与组织力，也是官府联结民众的桥梁与纽带。身为中央任命的省级团练大臣，曾氏希望湖南各地各乡镇村寨都建立团练组织，既能自保，又可与省垣联成一气，上下贯通。能出面办好这桩大事的，只能是当地公正绅耆。

绅耆不是国家官员，不食朝廷俸禄，不能以职责要求他们，只能以大义相劝，希望他们做“忠义贯金石，肝胆照日星”的乡党豪杰。曾氏知道，自己也不能以“团练大臣”的官位去督责他们，只能以人格力量来感化。“不要钱、不怕死”这六个字，便是他能动员绅耆、激发民间的人格力量之所在。

与湖南各州县公正绅耆书咸丰三年正月

启者：

自逆匪窜扰湖南以来，我百姓既受粤寇杀戮之惨，又加以土匪之抢劫，潮勇之淫掠，丁壮死于锋镝，老弱转于沟壑，种种毒苦，不堪言状。而其最可痛恨者，尤有二端。

逆匪所到之处，掳我良民，日则看守，不许外出，夜则围宿，不许偷逃。约之为兄弟，诱之以拜上。从之则生，背之则死。掳入贼中，不过两月，头发稍深，则驱之临阵。每战以我民之被掳者列于前行，而彼以牌刀手压其后，反顾亦杀，退奔亦杀。我民之被掳者，进则为官兵所擒，退则为牌刀手所杀，不得已，闭目冒进，冲锋力战。数战之后，终归于死。生为被胁之民，死为含冤之鬼。但见其从逆，谁怜其苦衷？此其可痛恨者一也。

潮勇在楚，奸淫抢掠，诚所不免。然现已遣回广东，其在湖南滋扰之时不甚久，经过之地不甚多，岂比粤寇之穷凶极恶？粤寇所淫之妇，何止万数；所焚之屋，何止十万；所屠之民，何止百万。近因恶潮勇之故，遂有一种莠言，称颂粤寇，反谓其不奸淫，反谓其不焚掠，反谓其不屠戮。愚民无知，一唱百和，议论颠倒，黑白不分，此其可痛恨者二也。

现在逆匪已陷湖北，凶焰益炽。湖南与之唇齿相依，烽火相望，若非人人敌忾，家家自卫，何以保我百姓安生而乐业哉？国藩奉天子命，办理本省团练事务。是用致书各州、县公正绅耆，务求努力同心，佐我不逮。

团练之道非他，以官卫民，不若使民自卫；以一人自卫，不若与众人共相卫，如是而已。其有地势利便，资财丰足者，则或数十家并为一村，或数百人结为一寨，高墙深沟，屹然自保。如其地势不便，资财不足，则不必并村，不必结寨，但数十家联为一气，数百人合为一心，患难相顾，闻声相救，亦自足捍御外侮。农夫、牧童皆为健卒，耰锄、竹木皆为兵器，需费无多，用力无几，特患我民不肯实心奉行耳。

国家承平日久，刑法尚宽，值兹有事之秋，土匪乘间窃发，在在有之，亦望公正绅耆，严立团规，力持风化。其有素行不法，惯为猾贼造言惑众者，告之团长、族长，公同处罚，轻则治以家刑，重则置之死地。其有逃兵、逃勇，经过乡里劫掠扰乱者，格杀勿论。其有匪徒痞棍，聚众排饭，持械抄抢者，格杀勿论。若有剧盗成群，啸聚山谷，小股则密告州县，迅速掩捕；大股则专人来省，或告抚院辕门，或告本处公馆。朝来告，则兵朝发；夕来告，则兵夕发，立时剿办，不逾晷刻。除丑类以安善良，清内匪以御外患，想亦众绅耆所乐为效力者也。

国藩奉命以来，日夜悚惕。自度才能浅薄，不足谋事。唯有“不要钱、不怕死”六字，时时自矢，以质鬼神，以对君父，即借以号召吾乡之豪杰。湖南之大，岂乏忠义贯金石、肝胆照日星之人？相与倡明大义，辅正除邪，不特保桑梓于万全，亦可荡平贼氛，我国家重有赖焉者也。时艰孔亟，翘企维殷。书不十一，诸惟心鉴。

006. 救世唯仗忠愤耿耿者

彭申甫字丽生，湖南长沙人，官宦家庭出身，举人功名，陶澍女婿，为曾氏文字交。从信中可知，彭与曾氏一样，都对当时世风沉沦、人心陷溺的社会深为痛恨。挽救颓风，要靠一大批正人君子的努力。

正是基于这种认识，在湘军草创之初，曾氏便明确地认识到，无兵无饷不是最大的困难，眼下最为难的是缺乏具有忠愤之心的人才。罗致各方德才兼备的人才，是初任湘军统帅的曾氏的当务之急。平日的好朋友郭嵩焘、刘蓉、罗泽南此刻都在长沙，与曾氏共举大业，曾氏也亟盼彭申甫参与。彭不久即入曾氏幕。

复彭申甫咸丰三年正月

丽生仁兄大人左右：

前承惠书，存唁不孝。顷又蒙手书，所以期勖故人，甚笃且勤。国藩积愆丛慝，无实行而盗虚声，为神明所不容，乃不陨灭我躬，而延祸于吾母，椎心悔憾。盖不得自比于人数，其又何经济之足言！

顾如足下所称，“今日不可救药之端，惟在人心陷溺，绝无廉耻”云云，则国藩之私见，实与贤者相吻合。窃尝以为无兵不足深忧，无饷不足痛哭，独举目斯世，求一攘利不先，赴义恐后，忠愤耿耿者，不可亟得。或仅得之，而又屈居卑下，往往抑郁不伸，以挫，以去，以死。而贪饕退缩者，果骧首而上腾，而富贵，而名誉，而老健不死。此其可为浩叹者也。足下与某公书，言之至为深痛。积年痒疥，为君一搔，忧患余生，得少快慰。

国藩来此，盖以鄂中失守，恐其回窜，不得不出以自别于畏死者之徒。至于求有补济，则肮脏之性，将以方枘周旋于圆凿之中，亦知其龃龉而鲜当矣。刻下所志，惟在练兵、除暴二事。练兵则犹七年之病，求三年之艾；除暴则借一方之良，锄一方之莠。故急急访求各州县公正绅耆，佐我不逮。先与以一书，然后剀切示谕之。

年来饱更世故，又经忧患，齿发稍侵，精神颓败。幸故人一来顾我，相对叙论，收召散亡之魂魄，祓濯如山之尘垢，庶生新机而还旧识，即拯时艰于万一，亦未可知。郭筠仙、刘霞仙、罗罗山及平日交旧，都来此间。尚望足下惠然命驾，无任伫企。书不十一，诸惟心照，顺问近安。

007. 盼早日会后共纾桑梓艰危

胡林翼字润之，湖南益阳人。胡父达源嘉庆二十四年探花，供职于翰林院。胡林翼二十五岁中进士点翰林。道光二十年，曾氏在翰林院任职时，胡氏父子都在北京。曾氏与胡的友谊从那时开始建立。此时的胡正在贵州任黎平府知府，已在贵州五六年的胡氏，积累了丰富的治理地方与搜捕匪盗的经验。身为湘籍官员，又是时任湖南巡抚衙门师爷的左宗棠之姻亲，胡自然很关心湖南的时局与曾氏所组建的湘勇。

曾氏此信是对胡信的回复。在信中，曾氏表达了对胡的倚重。正是基于对胡的这种倚重，一年多后，当胡统率六百黔勇援救武汉滞留湖南时，曾氏奏请朝廷令胡参与湖南军事。胡的加盟，对湘军事业的发展有着重大作用。

读者可能会奇怪，胡比曾氏还小一岁，曾氏为何称胡为“老前辈”呢？原来，在翰林院，凡称比自己先进翰苑者皆用“前辈”字眼。若称比自己早进两科及其以上者，则用“老前辈”呼之。胡道光十六年点翰林，比曾氏早一科，可称“前辈”；称“老前辈”，则是曾氏的特别客气。

复胡林翼咸丰三年正月

润之老前辈大人左右：

顷奉手示，辱承厚赙，所以存恤不孝，甚周且挚。

国藩以七月二十五在安徽太湖县途次闻先慈大故，自维平日亢心骄气，隐慝虚名，宜干神谴，乃不降灾我躬，而延祸吾母，尤用内疚，悔憾无穷。时以长沙被围，匍匐间行，于八月二十三抵家，即以九月中旬权厝先慈于居室后山，尚思另寻善地，稍竭微忱。腊月十三忽奉帮办团练之命，又闻武昌沦陷之信，义不敢潜身顾私，以自邻于退缩畏死者之所为，遂于二十一日驰赴省垣，日与张石卿中丞、江岷樵、左季高三君子感慨深谈，思欲负山驰河，拯吾乡枯瘠于万一。盖无日不共以振刷相勖，亦无日不屡称台端鸿才伟抱，足以救今日之滔滔。而恨不得会合，以并纾桑梓兵后之余虑。

正月四日石翁忽有权督两湖之命，会垣局势为之小变。今日之急，廓清土匪，可收实效。三四十年来一种风气：凡凶顽丑类，概优容而待以不死。自谓宽厚载福，而不知万事堕坏于冥昧之中。浸渍以酿今日之流寇，岂复可暗弱宽纵，又令鼠子锋起？闻台端划除强暴不遗余力，鄙怀欲取为伐柯之则，倘肯授我方略，时示成法，实为厚幸。书不十一，敬鸣谢悃，借请台安，诸惟心鉴。

008. 意气风发的团练大臣

曾氏朋友圈中有始有终且具生死交情的，欧阳兆熊可算是一个。欧阳字晓岑，乃湘潭人，道光十七年中举。道光二十年六月，曾氏在北京参加完翰林院散馆考试后，住京师万顺客店。那时曾氏肺病发作，几于不治，全赖同住的欧阳延医照料，终于转危为安。欧阳终身未仕，同治四年在南京主持金陵书局，刻印《船山全书》。曾氏死后不久，欧阳对曾氏有过“一生三变”的生平概括，深中肯綮。

这时，欧阳以挚友身份，给团练大臣写了一封信。就时局及团练等事，向曾氏提供一些建议和意见。这封信，即曾氏的回复。

清制，凡在家守丧的官员，朝廷停发俸禄，有的人便会在丧期谋取兼职。由科举出身者，半多会到当地书院去做老师，书院也很乐意聘请他们。从这封信里可知，曾氏也收到书院的聘书，但他辞掉了，专心专意来办团练。信中提到“移驻衡州”之事。半年后，他果然这样做了。可见，曾氏后来从长沙迁移衡州，固然是与省垣文武不谐的

“走为上策”，但也确乎是他通盘谋划中早已有安排的一步棋。

这封信给读者最深的印象，可能就是他对欧阳所提出的“建立文案”、“集思广益”两条的答复了。它很能体现初为团练大臣的曾氏的精神面貌与行事作风。

当时的曾氏，在精神上是意气风发的。曾氏京城的仕途极为顺畅，十年七迁，遍兼五部。这种罕见的亨通经历，造成曾氏内心深处的自视甚高与期许甚大。

他痛恨社会的腐败，鄙视官场的不作为，厌恶官员的圆滑庸碌。他欲凭钦命之尊、朝廷大员之贵，借法家的严峻威厉，大刀阔斧大展宏图，企图立竿见影，速见成效。

野史上说，曾氏的老师唐鉴在竭力保荐他的同时，也说过曾氏未做过地方官，不察世情，早期免不了要碰钉子，请皇上假以时日，以资历练。做过多年司道的唐鉴既熟谙世事，又深知学生的欠缺。曾氏的这种一厢情愿，很快便让他尝到苦头。

复欧阳兆熊咸丰三年二月

晓岑尊兄左右：

顷奉赐书，不特识解度越吾辈，即文气之深厚，亦似夫张子厚之《理窟》，张太岳之《书牍》。尊兄宏量精思，近日遂尔臻此。庄生所谓闻任氏之风俗，殆未可与辁才讽说之徒，简发而道一一也。所论数事，国藩盖亦粗识指归，谨以复于左右。

书院之说，诚为进退失据。接来教之次日，即将关聘却去，今仍以属陈水部。耒阳、常宁一带，顷有土匪窃发，已调楚勇五百、湘勇三百前往进剿。若扑灭稍迟，则国藩当移驻衡州。藉令无事，而东南如衡、永各郡，西南如宝庆各属，实为匪徒渊薮，亦宜径驻彼处，搜求洞穴与草薙而禽狝之，未可讲学会垣，转荒职事。

保甲之法，诚为善政。然刊定科条，散布乡愚，求能行法之人，不苛敛于民间，盖或百里而不得一贤焉。世教既衰，人人各逞其亡等之欲，鱼肉孱民而刀匕之，官司布一令申，徒以供若辈横索暴敛之名目。故团练、保甲皆今日之要务，而鄙人妄谓皆不可卤莽以行，灭裂以举。人心陷溺，固已抵此。独严缚匪党，动与磔死，差令乡里善良得以伸彼之气，而应吾之令耳。

梅里之兄子顷携尊兄书来，欲教湘勇以技艺，已收畜在此。武弁中有塔齐布，颇晓军事，仆亟欲与之诱掖。又周金城在府署，教技亦有师法。将来操练，即倚此三人。

文案不立不足兴事，诚如尊谕。顷已在公馆立审案局，派知州一人刘建德、照磨一人严良畯承审。匪类解到，重则立决，轻则毙之杖下，又轻则鞭之千百。敝处所为，止此三科。巨案则自行汇奏，小者则惟吾专之，期于立办，无所挂碍牵掣于其间。案至即时讯供，即时正法，亦无所期待迁延。昨城内捆献土匪，本交善化县。敝处闻信即提来，已立枭二人矣。

至于集思广益，本非易事，而施之于会城之内，尤易为人欺蔽。日之抵吾门者，或上书献策，或面陈机宜，大抵不出尊书三端之外，抑所谓阳鲚者也。然因此而尽废吐握之风，则又不可。要当内持定见而六辔在手，外广延纳而万流赴壑，乃为尽善。我思古人，殆应如此，而区区则未逮矣。

潮勇淫掠，极为毒害。近有他处溃兵逃勇，假托于潮，以张其莫敢谁何之威，亦有并非兵勇，游匪四出，而国人相惊呼以为潮勇者。抗之则力有不能，遣之则资有不济，招之则患且无休。今方谋择其桀悍者，日磔几人，然后再谋递解之法。若云拒孤城以壑邻国，则初意原不如是也。

捐输之例，百无一良。若以属之鄙人，惟当敬谢不敏。

署中丞君明白晓事，近与仆谋事，意见多合，第相吁相濡，尚未能忘足忘要，或稍久更当融叶。

此八事者，尊兄之所虑，亦仆所日夜筹维者也。谨一一铨覆，即有不当，幸无惜更迭辨论以示榜檠，企望企望！或乘兴扁舟，又复翩然来过，弥慰私怀，祷祀求之，不敢必也。

009. 为江忠源募勇万人

江忠源是湘军运动中的极重要人物。江号岷樵，湖南新宁人。道光十七年中举，二十四年大挑得教谕。道光二十七年就在家乡办起团练，后任浙江秀水县代理知县。咸丰元年，江忠源训练楚勇五百，赴广西加入广州副都统乌兰泰的部队。由此开创湖南乡勇出境作战的历史。咸丰二年四月，江忠源率部在蓑衣渡与进军湖南的太平军交战获胜。江因此一仗而名声大噪，并越级超擢。咸丰三年九月授安徽巡抚，不久便战败投水而死。

曾氏是江忠源最早的赏识者与荐举者。早在道光二十四年，曾氏与江初次见面，便料定他日后能成大事。咸丰元年，他又竭力向朝廷推荐江忠源，江也因此而进入咸丰帝的人才库。

此时，江忠源正在江西协助巡抚张芾守南昌，而曾氏则刚由长沙率一千大团移驻衡州府。江给曾氏来信，建议曾氏在衡州训练水师。曾氏采纳这个建议，在衡州府组建十营五千人的水师队伍。

绿营打仗的最大弊病是“胜则争功，败不相救”，造成这种现象的主要原因是体制。鉴于此，曾氏组建湘军时，以地缘、业缘、血缘为纽带建立军营，并实行营官由统领挑选、哨弁由营官挑选、什长由哨弁挑选、勇丁由什长挑选的层层挑选制度，以便达到这封信里所说的“互相救应”、“万众一心”的目的。

从这封信里我们可以看出，无论是在长沙筹建时期，还是在衡州扩建时期，曾氏的想法还是为在前线打仗的江忠源提供兵源，并未有自己做统帅的打算。咸丰三年十二月，江忠源战败自尽，无人可以统带这支队伍，曾氏便只有亲自挂帅了。曾氏成为湘军统帅，完全是时势所然，并非是一开始便有预谋的。当然，曾氏的志量不可低估，他也可能有自为湘军之主的打算。但至少在组建初期，他没有向社会公布这个意图。主帅、自领等等，或许是他心中的预案。

与江忠源咸丰三年八月三十日

岷樵仁弟足下：

二十八、初一日两次探差回，接手书，具审一切。又得罗山兄书，知安福于十三日收复，泰和于十八日收复，省围未解之候，已有余力分办各属土匪，足以见阁下之整暇而夺逆匪之残魄。

木筏直下冲撞，诚为此时攻贼舟之善策，惟闻贼营有大火药包，一抛掷，则所烧之地甚宽，而其为时颇久。木筏不甚宽长，不审有法能御之否？又彼所谓大药包者，其形制若何，吾能为之以焚贼舟否？

国藩每念今日之兵，极可伤恨者，在“败不相救”四字。彼营出队，此营张目而旁观，哆口而微笑。见其胜，则深妒之，恐其得赏银，恐其获保奏；见其败，则袖手不顾，虽全军覆没，亦无一人出而援手拯救于生死呼吸之顷者。以仆所闻，在在皆然。盖缘调兵之初，此营一百，彼营五十。征兵一千而已，抽选数营或十数营之多，其卒与卒已不相习矣，而统领之将，又非平日本营之官。一省所调若此，他省亦如之。即同一营也，或今年一次调百人赴粤，明年一次调五十赴楚，出征有先后，赴防有远近，劳逸亦遂乖然不能以相入。“败不相救”之故，半由于此。又有主将远隔，不奉令箭不敢出救者；又有平日构隙，虽奉令箭，故迟回不往救者。至于兵与勇遇，尤嫉恨次骨，或且佯为相救，而倒戈以害勇，翼蔽以纵贼。种种情态，国藩尚得之闻问，阁下则身经百战，目所亲见者也。今欲扫除而更张之，非营营互相救应不可。欲营营互相救应，非得万众一心不可。

阁下前在九江奏片有云“调云贵、湖广兵六千，募勇三千，合为一万，自成一军，誓灭此贼”等语，今募勇三千，仆已于六月办齐发往矣。至于添兵六千，则鄙意以为不如概行添勇。盖兵勇嫉妒不和之说，已尽于上云云矣。而六千之多，必有二三镇将统之，其势不能相下。而将弁中又多卑庸，无足与语，终恐不能为阁下一出死力。鄙意欲再募勇六千，合成万人，概交阁下为扫荡澄清之具。

敝友王璞山，忠勇男子，盖刘琨、祖逖之徒。昨二十日仆以一书抵璞山，璞山亦恰以十九日为书抵我，誓率湘中子弟慷慨兴师，即入江西，一以愤二十四之役，为诸人报仇雪耻；一以为国家扫此逆氛，克复三城，尽歼群丑，以纾宵旰之忧。其书热血激风云，忠肝贯金石。今录一通往，阁下试观之，洵足为君添手足之助矣。

国藩拟即日添募义勇，以湘乡、宝庆人为主，而他县人亦时用之。一面训练技艺，一面劝捐助饷，大约璞山以十月率勇二千前往。又别求忠勇之士，十一月率二千前往，十二月再率二千前往，合现在江省之楚勇、湘勇，足成一万之数。士皆忠愤，将尽同心，阁下可以驰驱中原，所向披靡矣。当于九月中旬入奏拜折后，即令璞山遄行。其折尾，或书会同阁下入奏，盖计虽出自鄙人，统此军者则阁下也。是否有当，务祈即日示复。璞山之行，或仍从樟镇顺流而下，或由义宁出修水下流兜截而上，概求详细复答。

国藩已于二十七日到衡，诸事顺平，足慰存注，诸惟心照。

憩亭、石樵、筠仙、罗山诸兄，均皆致候。

010. 向老师汇报一年来的诸多要务

这是曾氏写给他的会试老师吴文镕的信。吴号甄甫，江苏仪征人。嘉庆二十四年进士。道光十八年，曾氏第三次参加会试，吴为其座师。吴后来先后出任福建、江西、浙江巡抚。道光三十年擢云贵总督。此时正以湖广总督身份带兵与太平军交战。

在这封信里，曾氏向老师汇报他在湖南办团练的情况。他主张遍地兴团而谨慎办练，并奉行法家理念：以重典治乱世。信中还较为详细地谈到他在长沙与绿营的矛盾冲突，为后世留存曾氏离开长沙移驻衡州的背后苦衷。

与吴文镕咸丰三年九月初六日

受业制曾国藩顿首谨启甄甫夫子大人钧座：

顷接同门仓少平来函，知吾师于十八日自沅江解缆，重九前后可到长沙。并由朱亮甫同年寄声，令国藩晋省迎候，面聆训诲。国藩久违师范，迫欲抠谒，一展依恋之忱。且乡团各务，亦思亲奉提命，冀有秉承。只以茶陵土匪窜据城垣，近闻裹胁颇多，此间安仁、衡山、酃、攸等县风鹤相惊，文报沓至，衡郡不无讹言，一有动摇，恐居民相率迁徙。且王县丞鑫约日内来衡，与国藩面商一切。近剿茶陵之匪，远谋兴义之师，亦须留此与之熟商。函丈在望，不获亲炙，怅歉奚如！

茶陵之事，中丞已调塔将带兵勇八百余，王丞带道标勇三百余前往。其上游张太守荣组所带之兵五百，王县丞鑫所带之湘勇四百，国藩在此，当催其即日同往兜剿。共计兵勇二千有奇，攻数百残败复然之匪，亮可一鼓歼灭。

至粤匪窜据九江，鄂省有张石翁在彼，重以我师之威望，应可无虞。南省城守之具，自六月以来，差为完备。在外之师，则调往茶陵者二千，岷樵所统湘楚各勇四千，亦皆首尾相应。惟两省饷项并皆支绌，几有朝不谋夕之虑，而鄂中更甚。南省本有催提广东之饷八万，索偿江西垫款二万八千，计已解送在途，而未知何日可到，良深焦灼。

国藩以去秋差次闻讣旋里，其时长沙之围未解，乡里讹传，草木皆怖，仓皇葬母于居室后山。风水之说，慎终之礼，诸多未讲，只积罪疚。腊月十三，奉到帮办团练之命，本思陈情不出，为辞折将发矣，十五日忽闻鄂中沦陷之耗，义不敢深居不问，以自邻于畏死趋避之徒。遂驰抵省门，厕身于不官不绅之间。

春间与乡人细究团练一事，咸以为“团练”二字当分为两层。“团”即保甲之法，清查户口，不许容留匪人，一言尽之矣。“练”则养丁请师，制旗造械，为费较多，乡人往往疑畏不行。今练或择人而举，团则宜遍地兴办。总以清查本境土匪，以绝勾引为先务。遂设一审案局，与乡人约：凡捆送会匪、教匪、抢犯来者，立予正法。前后杀戮二百余人，强半皆绅耆擒拿。国藩因博武健之名，而地方颇收安静之效。

初到之时，即奏请练勇以为剿办土匪之用，亦欲求三年之艾，阴养劲旅以为讨贼之储。会张石翁招湘勇千人到省，遂日日训练，分为三营：中营为罗教谕管带，昨援江西，剿安福贼者是也；左营为王县丞管带，衡山、桂东、兴宁屡著战功者是也；右营为监生邹寿璋管带，目今浏阳守卡者是也。此三营者皆久经操练，缓急可恃。因练勇之便，时与塔将言及城中各兵亦可抽演试操，四五月间兵勇会操，居然严明，时予薄赏，以示鼓励，亦欲作其亲上死长之气，以惩窳惰骄蹇之习。塔将独能勤劳奋发，以是器之，而清副将为湘中万口所不许，又宴逸不事事，亦遂恶之。由是清大不满于塔，忮恨次骨。六月初提军来省，乃媒孽其短，百端构煽。于是文武不和，兵勇不睦之象，渐次成矣。国藩以黑白颠倒，薰莸同器，大拂舆情，为保塔而劾清。适会张石翁保塔劾清之折同时并发，不谋而合。石翁又有札，严责塔将何以不操练。提军遂疑石翁与国藩并力以排之，而不留余地也。疑尽涉私见，而非公忠之道也，吾师试察究焉。石翁之公荩固无论，即国藩亦岂若是之浅小哉？平日之忠信光明，不足见孚于人人，内愧而已。

七月十三湘勇试枪，误伤一提标长夫。标下弁兵执旗吹号，操军火器械于城外校场寻湘勇而开仗。国藩以勇系湘乡，夫系常德，事涉嫌疑，但将此勇送城上，面责二百棍，而彼兵则置之不论，冀克己以和众也。八月初四，永顺兵与辰勇以赌博细故，又执旗吹号，下城开仗。国藩以屡次称兵内斗，将来何以御贼，思按军法治之。咨文甫出，而有初六夜之变，毁坏馆室，杀伤门丁。国藩思据实入告，为臣子者不能为国家弭大乱，反以琐事上渎君父之听，方寸窃所不安；欲隐忍濡迹长沙，则平日本以虚声弹压匪徒，一旦挫损，鼠辈行将跳踯自恣，初终恐难一律。是以抽掣转移，急为衡州之行，盖二月曾经奏明衡、永、郴、桂匪类极多，将来驻衡数月也。

至于粤匪猖獗，神人共愤。国藩虽愚昧闲散，亦未尝须臾忘灭贼之事。痛夫今日之兵，东调五十，西调一百，卒与卒不习，将与将不和，胜则相忌，败不相救，万无成功之一日。意欲练成一万，以资廓清扫荡之具。顷有与江岷樵、王璞山各一书。璞山亦有书来，若合符契。兹并录呈清览，吾师视之，亦足以察微志之所在。惟捐项极难，事不遽就，尚求秘而不宣，至幸至幸！

本拟遣厉伯符大令至省迎谒，道达一切，因恐大旆东指，是以缕书奉闻，言虽繁冗，尚不百一。统俟续布，诸惟心鉴，敬请钧安。

011. 长沙城内兵勇内斗

咸丰三年八月，原署理湖广总督张亮基因田家镇之败，被免职调任山东，留下的总督一职由吴文镕接任。此时，张尚留在湖北未走。张亮基乃江苏铜山人，咸丰二年出任湖南巡抚，时值太平军进军湖南。接到朝廷令曾氏出任团练大臣的圣旨后，张本人又亲自修书，派专人送到湘乡，恳请曾氏出山。曾氏到长沙后，张与曾氏共事和谐。不久，张调至武昌任湖广总督，骆秉章接任湘抚。骆在曾氏与湖南军方的冲突中袒护军方，这令曾氏不快。

在给张亮基的信中，曾氏较为详细地叙述了他严格训练团练的情况，以及他与湖南提督鲍起豹的矛盾。信中再次提到八月初六日，发生在长沙城内的营兵冲击曾氏公馆的哗变一事。

曾氏早有南下的想法，哗变一事促使他迅速成行。一个星期后，他具折上奏，不待批示，便于当天率一千勇丁离开长沙。

读者可能会问：为什么曾氏称张为“大公祖”？原来，过去人们称家乡的县令为父母官。照此推，家乡的知府可称为祖父母官；若称家乡的巡抚、总督，则可再加码。张做过湖南巡抚、湖广总督，所以曾氏称他为“大公祖”。

与张亮基咸丰三年重阳日

石卿仁兄大公祖同年大人阁下：

二十五日奉惠书，未即笺复，比闻简调山东，自以密迩畿辅，重资鸿筹，作镇海岱。惟两湖吏治方就整饬，军政亦有起色，遽尔移节东征，不独文武方振之纲莫为赓续，即南北绅庶，亦若失所依倚。

弟自今岁以来，所办之事，强半皆冒侵官越俎之嫌，只以时事孔艰，苟利于国，或益于民，即不惜攘臂为之，冀以补疮痍之万一，而扶正气于将歇。练勇之举，亦非有他，只以近日官兵在乡，不无骚扰，而去岁潮勇有奸淫掳掠之事，民间倡为谣言，反谓兵勇不如贼匪之安静。国藩痛恨斯言，恐民心一去不可挽回，誓欲练成一旅，秋毫无犯，以挽民心而塞民口。每逢三、八操演，集诸勇而教之，反复开说至千百语，但令其无扰百姓。自四月以后，间令塔将传唤营兵，一同操演，亦不过令弁委前来听我教语。每次与诸弁兵讲说，至一时数刻之久，虽不敢云说法点顽石之头，亦诚欲以苦口滴杜鹃之血。练者其名，训者其实；听者甚逸，讲者甚劳。今各弁固在，具有天良，可覆按而一一询也。国藩之为此，盖欲感动一二，冀其不扰百姓，以雪兵勇不如贼匪之耻，而稍变武弁漫无纪律之态。迨六月初，提军到省，谓防堵不宜操兵，盛暑不宜过劳，遂切责塔将，而右护清将。而中丞亦疑弟不宜干预兵事。会弟与老兄有举塔劾清之折同时并发，而尊处又有札斥塔将何不操练，提军遂疑兄与弟并力排之，皆挟私见而非公忠也，岂其然哉！岂其然哉！嗣后兵勇相争，弟虽常持正议，而每抑勇而伸兵。自谓寸心无私，可见谅于人人。逮初六日，兵哗之变出，论者或谓是有指嗾，或谓早伏阴机，何不预为之所。君子直道而行，岂肯以机械崄巇与人相竞御哉？惟弟本以乡绅，半涉官事，全恃虚声以弹压匪徒，一有挫损，则宵小得以窥伺，而初终恐难一律，是以抽掣转移，暂驻衡州。盖因二月一奏，曾言上四属土匪极多，将来请驻衡数月也。

到衡不十日，而茶陵、安仁相继失守，去衡州较近，距长沙略远。弟奏中亦虑及此，曾言吉安土匪恐被江西剿急，窜入安、酃一带，不幸言中。弟来衡似不为无益，现已命塔副将、王同知之勇，自北往攻；王县丞及舍弟之勇，自西往攻。东南两路，令驻扎兴宁之湘勇兜截，未审能即日扑灭否。然究系乌合，想无足深虑。

至于粤贼大局，若以各处兵力剿之，恐终难了此。鄙意欲练勇万人，概归岷樵管带，或犹能指挥如意。除岷老现带之楚勇、湘勇四千外，拟再练六千人。弟别有寄岷老信、寄王县丞鑫信，王君亦有与弟书，三件皆抄呈敝座师甄甫先生，计日内已到。阁下如有暇，试一取阅，亦足以知微志之所存。其练勇之费，不能不取之捐输。国藩虽不才，敝乡之仁人君子，犹当有起而应我者。不审鸿裁果以为然否？

粤贼竟据九江，田家镇之师，不审果足资堵御否。如贼势稍纾，大旆当即北发，相去益远，会合无因，依依之情，笔不能罄。诸惟心照，顺请台安。

012. 人才招聘书的范文

这封信没有收信人。笔者揣测，这可能是一封示范信，即招募人才的标准信函，只要将开头填上收信人的姓名，又将信中的“有自某处来者”的“某处”注明，便任何招募对象都可通用。

曾氏移驻衡州后，迅速将勇丁人数从一千扩大到一万，另有长夫七八千，俨然成为一位三军统帅。然而，这位统帅的面前有着许多事情，诸如募集银钱、准备包括粮食在内的各种后勤物资、购置军火器械、训练勇丁、管理营务、设置情报联络机构等等。一桩桩一件件，都十分重要十分迫切十分具体。事情之多，办理之难，十倍百倍于当年礼部侍郎的公务。曾氏即便是铜打铁铸，他一个人也无法应付。

他急需帮手，尤其需要德才兼备的高端人才。他说他对人才的渴望是“数月以来梦想以求之，焚香以祷之，盖无须臾忘诸怀”。当时，三湘四水许多蛰伏于民间草莽的英才纷纷出动，有的主动前来投奔，有的则是被人荐举。可以想见，被荐举的人才中，不少人会怀揣这样的招募信。在衡阳渣江镇上为母守丧的落魄秀才彭玉麟，便是握着三封这样的信函来到曾氏大营的。

招某绅耆书咸丰三年九月二十四日

启者：

国藩奉命帮办团防，查拿土匪，受任以来，夙夜忧惧，恐见闻不广，思虑不周，孳孳勤求，冀得乡邦贤士不我遐弃，肯辱惠临，借以博采周咨，用匡不逮。故或奉书促驾，或倒屣迎宾，延揽英豪，咨诹善道，耿耿此心，想蒙谅也。

有自某处来者，具道大兄之为人公正老成，乡闾共式。国藩心焉慕之，道里寥远，末由亲晤，快领麈谈，我劳如何。方今贼氛浸急，江波不靖，鲸鲵穴于金陵，蛇豕突于楚境，普天民庶，畴不发指眥裂，此正志士慷慨击楫之秋，贤者仗策行筹之会也。

国藩不肖，妄欲招勇数千，亲加训练，整饬戎伍，扫荡群凶，上以纾圣主宵旰之忧，下以拯生灵涂炭之苦。而军饷不继，筹画维艰。现今移驻衡州，一应事宜，尚未就绪。意欲借茅茹之汇征，为梓桑之保障。大厦非一木所支，宏业以众智而成。苟其群贤毕集，肝胆共明，虽金石而可穿，夫何艰之不济？伏望足下即日束装来衡，藉慰渴思，兼资商榷，幸勿以国藩为不足与道，裹足不前也。时艰孔急，翘企良殷。心所欲倾，笔不能宣，望切祷切！先此顺候文祺，余惟面罄，不一。

013. 背相很重要

彭洋中是曾氏的湘乡同乡，此时任宝庆府训导。曾氏就任团练大臣以来，彭与他多有联系，积极建言献策。信中提到的“不苛求乎全材，宜因量以器使”，便是彭有关人才使用的极有见地的建议。“因量器使”日后成了曾氏用人的一个重要特点。

这封信里，曾氏谈到他的识人用人的三条基本原则：血性、廉洁、明白。所谓血性，指的是为国家为团队牺牲个人利益的精神，属于德的范畴。曾氏认为这是人才的根本之地。廉洁，也属于德的范围。明白，即晓事明理。曾氏还将“明”细分为高明与精明。别人见近我见远，此为高明；别人见粗我见细，此为精明。明白是才干的基础。在三条基本原则中，属于“德”层面的占了两条，足以见出曾氏的以德为主的识人特色。

在谈到具体对某个人的识别上，曾氏说到“即相其背，亦未必能大贵”。这句话透露出两个信息：一、曾氏好以相鉴人，二、背相于人很重要。

不管信不信相学，人们都喜欢看人之长相如何，尤其是初次接触，长相会给对方以很重要的影响。但人们看长相，习惯于看正面，对背面较为忽视。曾氏在这里启发我们：背相很重要！至于看相一事，笔者在评点曾氏日记中的“鉴人”一节中多有阐述，此处即不赘述。

与彭洋中咸丰三年九月二十六日亥刻

筱房仁兄大人左右：

使至，得惠书，具审一切。自弟发书后不数日，局势又大变矣。湖北田家镇之江防，已于十三日被贼攻破。武昌事急，长沙警报日至。万一省城复如去秋之事，弟仍当前往援应。

前弟索荫翁之上驷，本为随身亲兵之计。今既不能满三百六十之数，则望转告荫翁，竟就现存郡署、县署三百之中，择百人以见惠。宝剑酬交，家酿供客，想荫翁亦不惜割爱一赠也，务求左右玉成。此外或稍附益，则就来书所谓经练之勇可得百数十人者，即于其中精选焉；或再得数十人附于上驷百人之末，但求其精，不必取盈三百六十之数，若买菜求益也。自邵至衡之路费，各勇既不能自备资斧，望左右代为付给。共需若干，乘便即行奉璧，但望速令赴衡。如贼果南窜，弟日内即回省也。

操演之口粮，以勤惰为增减，容当试行。带勇之人，诚如来示“不苛求乎全材，宜因量以器使”，然血性为主，廉明为用，三者缺一，若失輗軏，终不能行一步也。

夫已氏之材，以弟观之，亦不过百夫之长；察其心迹，似尚无他，即相其背，亦未必能大贵。本欲陶熔其质，去其贪心，就我范围，惟近日抱病，不常来见，交臂失材，弟亦未敢尔也。

楚勇散归之事，弟近日亦饱闻之。来示各层，见幾极明，虑患极确。事变之来，冥冥中若别有主持者。鄙人才薄，无术治此棼丝，而预为之所也。岷樵既逢此不怿之事，而兴国失陷，田镇大挫，湖北是其宦游，长沙又其梓里，而逆帆南指，两省同惊，麾下溃散，四顾茫茫，恐吾岷老愤懑忧郁，不复能自知保重，奈何奈何！

东安之事，弟极不忘，容再筹之。手泐，复请著安。诸希心照，不一。

014. 锋芒毕露王璞山

王鑫字璞山，乃湘军中的著名将领，湘乡人，罗泽南的弟子。王少有大志，道光二十九年，便在家乡以兵法部勒民众，安定地方秩序。咸丰二年四月，太平军初进湖南，王鑫即上书湘乡知县建议募勇自保，随即在湘乡组练团丁。咸丰二年底，曾氏在长沙建大团，立左、中、右三营，分别以王鑫、罗泽南、罗信南三人为统领。

王志大才大，骁勇善战，然年轻气盛，刚愎自用，在募勇打仗之事上，与曾氏多有分歧。

咸丰三年八月，罗泽南援江西之师不利，王鑫闻讯欲招募三千人赴江西报仇。曾氏以三千人太多不同意，但王还是募集了三千。这三千人，很快被曾氏裁汰，只剩七百。王鑫在自己的军营中另行一套制度，与曾氏制定的湘军营制不同。这些，都令曾王之间出现裂隙。咸丰四年一月，罗泽南率部随曾氏东征，王鑫被骆秉章留下防守湘南。自此，王与曾氏脱离。同年八月，王病逝于江西乐安军中，年仅三十三岁。

在这封信里，我们可以看到在银钱募集与使用以及勇丁的裁留等大事上，曾氏与王的不同意见。在曾氏的眼中，王忠勇有为敢于任事，是难得人才。曾氏很赏识器重他，希望通过自己的开导培植，能使王成长得更为顺利。但从以后的事实来看，王并未信服曾氏，也没有按照曾氏的路数办。

与王錱咸丰三年十月初八日三更

璞山仁弟左右：

初二日接到二十八日惠书，初六日又接初三手函，具悉一切。

荆、襄扼长江之上游，控秦、豫之要害，诚为古来必争之地。然以目前论之，则武昌更为吃紧。盖贼首既巢金陵，近穴镇、扬二城，远处所宜急争者，莫要于武昌。昔人谓江自出蜀以后，有三大镇：荆州为上镇；武昌为中镇，九江次之；建业为下镇，京口次之。今粤逆已得下镇矣，其意固将由中镇以渐及上镇。闻九江、安庆近已设立伪官，据为四窟。若更陷鄂城，上及荆州，则大江四千里，遂为此贼专而有之。北兵不能渡江而南，两湖、两广、三江、闽浙之兵，不能渡江而北，章奏不克上达，朝命不能下宣。而湖南、江西逼近强寇，尤不能一朝安居。即使贼兵不遽渡湖南窜，而沅、湘固时时有垒卵之危。然则鄂省之存亡，关系天下之全局固大，关系吾省之祸福尤切。鄂省存，则贼虽南窜，长沙犹有幸存之理；鄂省亡，则贼虽不南窜，长沙断无独存之势。然则今日之计，万不可不以援鄂为先筹，此不待智者而决也。足下义气薄云霄，忠肝贯金石，望率湘勇三千，即日渡湖而北，与岷樵、石樵之师相合，力保鄂城，以固全局，则不特湖南受其利，天下实有赖焉。惟近日省局支绌，处处皆须节省慎重。即以三千勇援鄂，一切用费，不宜过二万金，乃为妥善。国藩六月招楚勇一千，湘勇二千，赴援江西，共用去二万二千有奇。在家初出之途费途费宝勇二千，湘勇五百，起行月余之口粮六月初二至十七发坐粮，十八以后发四十天行粮，及兴办各件之杂费，与朱石樵、郭筠仙另支之储款，皆在其内。此次湖北行程较近，天气较好，足下办理若能少此更妙，至多亦不宜过二万二千也。

前者足下欲募勇二千，往报湘人七月之仇；国藩欲添勇数千，往助岷樵一臂之力，两书往还，不谋而合。厥后足下来衡，面商大概规模，约定饷需不必支之藩库，器械不必取之省局，足下自许可劝捐饷银壹万，可私办军装数项，盖以为此吾辈私兴之义举，非省垣应办之官事也。嗣足下二十二书来，言二十四走省请饷一万，仆已讶其与初议相刺谬矣。适会田家镇之败，鄂省大震，长沙戒严，中丞命足下带勇防守省城，仓卒兴举，一切皆取之于官，此则局势与前议大变，止可谓之官勇，不得复谓之义师也。既为官勇，则值此官项支绌之秋，不得不通盘筹划。目下兵勇万余，倾库中所藏，仅付两月之需。而足下寄来禀稿，乃云须再发银二万，各勇须预支月半口粮，将来招足万人等语。是则足下未能统筹全局，不知措饷之艰难也。又云帐房三百架，硝磺等项，委员解县。招勇本以援省，而多此一番周折，是亦足下阅历太浅，不善省财、省力之咎也。仆素敬足下驭士有方，三次立功；近日忠勇奋发，尤见慷慨击楫之风，心中爱重，恨不即游扬其善，宣暴于众，冀为国家收澄清之用。见足下所行未善，不得不详明规劝。又察足下志气满溢，语气夸大，恐持之不固，发之不慎，将来或至偾事，天下反以激烈男子为戒，尤不敢不忠告痛陈。伏冀足下细察详玩，以改适于慎重深稳之途，斯则爱足下者所祷祀求之者也。

刻下康、杨带回之勇千人，罗、李与邹将归之勇亦千余，合足下之三千，计会城共有湘勇五千余人。若足下能带三千，毅然援鄂，则省城所存之二千余，宜酌量裁汰，止存千余为妥。若足下不往援鄂，尤宜大加裁汰，止存二千余为妥。然以足下之志之识，亮必慨然以援鄂为己任也。其存省之兵，望一概用坐粮之例，每日一钱，盖行粮本过优，亦宜与往鄂者示有区别耳。古来名将得士卒之心，盖有在于钱财之外者；后世将弁专恃粮重赏优，为牢笼兵心之具，其本为已浅矣。是以金多则奋勇蚁附，利尽则冷落兽散。昔尝与岷樵细论此层，兹更为足下进一解焉。书不详尽，诸惟心照。

罗山、岳屏二兄已到省否？斗山、宝峰并乞与之一阅，共商援鄂之策。策定后禀告中丞，并望飞书复我，由中丞驿递，二日可到也。即候勋祺。

015．花九十多两银子可以买个从九品

骆秉章字籲门，广东花县人，道光十二年进士，历官中外，道光三十年擢升湖南巡抚。骆在湖南任职达十年之久，直到咸丰十年才离开湖南赴四川。但曾氏初到长沙出任团练大臣时，骆并未在湖南，其巡抚一职由张亮基署理，不久即重返湘省。骆与曾氏打交道的初期，对曾氏的一些强硬作法不太配合。随着湘军军事的进展，骆转而全力支持曾氏。在整个湘军运动中，从政府高级官员这个层面上来看，骆应是出力甚大、贡献甚巨的一个。

从这封信里可知曾氏筹饷的艰难。从咸丰二年组建到打下南京后的大规模裁撤，十多年里，湘军的军饷一直是个大问题，早期尤为困难。

早期军饷的来源，主要出自捐输。捐输一事说白了，就是政府为筹款卖官鬻爵，民间为自身利益花钱买官买名。信中说，在衡州

捐一个从九职衔，价码为百二十千。当时的银钱兑换，是一千三百文钱折合一两银，则花九十二两银子可以买一个从九品官。从九品是极低级官阶，若买个八品七品，显然要花更多的钱。从所收不足三千两来看，买的人不多。湖南贫穷，即使眼巴巴地想着一套官服，但没有银子也只能干瞪眼。

买衔买功牌，总共只收到五千两银子。信中说，衡州府以北的地方，没有人响应此事："痛哭之书函，严厉之札催，剀切之告示，友朋之陈说，委员之守提，诸术并穷，迄无一应。"没有地方实权的曾氏，这个团练大臣当得有多窝囊！

复骆秉章咸丰三年十一月初五日亥刻

籲翁老前辈大人阁下：

初五日辰刻接奉初二戌刻惠函，具悉一切。

令江忠濬带勇先行赴皖，侍见与尊见恰同，望赶紧饬其起行。此勇到省，即令往应岷樵之求，尚不虚此一招也。

成名标今日到衡，人尚明白，所解船只修整大不容易。侍所改造小舨船，今日已试一只，尚在可用之列。而船身较小，木料不坚，总似儿戏办法。又造一新船，亦今日试验，竟不可用。此间竟无好料，修整湖北之七船，尚须往湘潭买料。匠工又笨，天雨又多，真闷人也。

今日接仓少平书，言侍在衡捐从九职衔，减价为百二十千。此间捐输事件，概由陶令一手经理，其用项亦系该令经管，据称委无擅行减价情事，现已札饬明白禀复。此必省城富室捏造谣言，倡为衡州价少，长沙价多之说，致令捐生摇惑裹足，于省局大有妨碍。

必须将造言之人严拿惩治，庶省局捐输稍有起色，求阁下饬查为荷。

此间捐输，皆托绅士下乡苦劝各县绅士来衡者皆请酒席，然尚不满三千金。其捐功牌者，亦有二千余金。侍到衡以来，添招乡勇六百，制造军器，造筏买船，及街团之经费，两局之用项，皆取诸此。即舍弟与储玫躬两营，虽由省局业发坐粮，而安仁、常宁两次出征，此间实发行粮，即四委员之薪水银两，亦由侍设法付给，而少平责侍不应给功牌，亦不谅外郡之艰苦，百倍于省城也。

至云此间减价，故省局有碍。其实此间所劝，皆衡城以上之人，至于衡山以下，如湘潭、宁、益等县，竟无一人一钱至者。痛哭之书函，严厉之札催，剀切之告示，友朋之陈说，委员之守提，诸术并穷，迄无一应。省局之冷落，亦不过衡郡鲁卫而已，又将谁咎乎？因书附及一二，以见薄材竭蹶之状。伏惟亮察，即请台安。

侍制曾国藩顿首

016. 希望李鸿章帮助江忠源

曾氏一生严格意义上的学生只有李鸿章一人。道光二十五年，二十三岁的李鸿章由安徽来到北京，拜曾氏为师。在曾氏的指导下，两年后考中进士入翰苑。咸丰二年，李随工部侍郎吕贤基回皖办团练。此时，江忠源以皖抚身份率领湖南团练在安徽与太平军作战。曾氏对学生寄予很大的期望。他盼望安徽的团练能够有战斗力，所以把自己对绿营弊病的认识，以及另起炉灶训练新军的做法告诉李鸿章。

曾氏希望他的学生以及眼下对安徽时局影响重大的吕贤基（鹤田）、袁甲三（午桥）能全力支持江忠源，同时也希望李鸿章能为江忠源网罗皖中名士。信中提到的陈鼐（作梅），后来进入曾氏幕府，成为他的好朋友。

与李鸿章咸丰三年十一月十七日

少荃仁弟世讲足下：

久疏音敬，想企为劳。时从令兄处得见家书，知吾弟统领练勇，驰驱戎马，懋勋令望，实用慰仰。

今日兵事最堪痛哭者，莫大于“败不相救”四字。当其调兵之时，东抽一百，西拨五十，或此兵而管以彼弁，或楚弁而辖以黔镇，虽此军大败奔北，流血成渊，彼军袖手而旁观，哆口而微笑。此种积习，深入膏肓，牢不可破。秋间仆与岷樵中丞书道及此弊，以为须尽募新勇，不杂一兵，不滥收一弁，扫除陈迹，特开生面，赤地新立，庶收寸效。今岷樵开府贵乡，知必以此意与足下熟计。

目今逆舟满万，横行大江。皖、楚、江西，祸无息日。欲为四省合防之计，亦宜各练精勇，以剿为堵。仆前有募勇六千东下讨贼之议，岷樵业经入奏。闻足下所带之勇，精悍而有纪律，务望更加训练，束以戚氏之法。明年楚勇过皖，即与尊麾合成一军，将士一气，万众一心，一洗向日营伍之陋习。纵不能遽立勋绩，亦聊欲稍变气象，一泄积愤也。

岷樵到庐，求贤孔殷。足下及鹤翁、午翁如有所知，幸尽告之。庄牧庵先生天下奇士，不知能延致否？陈作梅近在何处？能邀之入幕否？淮安有鲁通父一同，足下知其踪否？无惜为岷君广求之。书不十一，诸惟心照，顺问近好。

017. 对李元度的三不忘

李元度是曾氏亲友圈中的一个特殊人物。湘军早期，李元度统率的平江勇丁，是曾氏的主力军。咸丰十年八月，李元度丢失徽州，曾氏严参李。李后来改投浙江巡抚王有龄，曾氏再次严参。同治初，贵州巡抚张亮基奏请李赴黔，官复原职，后卒于贵州布政使任上。曾氏晚年，对参劾李元度一事深为后悔，并与李定下儿女亲家之约。

这封信里，曾氏言辞恳切表示对李的三不忘。五个月后，他又亲笔给李的老母亲写了两封信，重申对李的三不忘。这封信应是研究曾李之间关系的一份重要史料。

与李元度咸丰七年闰五月初三日

次青仁弟左右：

闰五月初三日专丁至，接五月十五日惠缄，敬悉一切。借承兴居佳畅，勋望日崇，至以为慰。

国藩抵里，倏及三月。顷于近宅七八里觅得葬地一区，闰五月初三日发引，计十五六日可以负土成阡。江右军事，刻不去怀。目下瑞、浔、临、吉皆驻劲旅，所难者不在筹兵，而在筹饷。以兵事言之，则得将军、中丞二人，固可妥商调遣，而绰有余裕。以饷事言之，则理财本非鄙人所长，而钱漕、劝捐、抽厘等事又属地方官之专政，将越俎而代谋，动猜疑之丛生。即足下去年之枵腹从事，自捐自养，而其不见亮于人者亦已多矣。至口食不继，谓以国藩相处较久之故，欲以甘言抚慰众心，尤属可暂而不可常。反复思维，纵使迅速赴军，实不能有裨于军国之万一。而两次夺情，得罪名教，乃有孝子慈孙百世莫改之愆。前此博询众议，求衷至是。近得各处复书，如吴南屏、冯展云辈，皆谓宜奏请终制。顷于五月二十二日具折陈请，抄稿敬呈仁览。〈六月〉二十一二可奉朱批，届期再当布闻。

自维即戎数载，寸效莫展，才实限之，命实尸之，即亦无所愧恨。所愧恨者，上无以报圣主优容器使之恩，下无以答诸君子患难相从之义。常念足下与雪芹，鄙人皆有三不忘焉。雪芹当岳州败时，正棹孤舟，搜剿西湖，后由龙阳、沅江偷渡，沉船埋炮，潜身来归，一不忘也；五年春初，大风坏舟，率破船数十号，挈涓滴之饷项、涣散之人心，上援武汉，二不忘也；冬间直穿贼中，芒鞋徒步，千里赴援，三不忘也。足下当靖港败后，宛转护持，入则欢愉相对，出则雪涕鸣愤，一不忘也；九江败后，特立一军，初志专在护卫水师，保全根本，二不忘也；樟镇败后，鄙人部下别无陆军，赖台端支持东路隐然巨镇，力撑绝续之交，以待楚援之至，三不忘也。生也有涯，知也无涯。此六不忘者，鄙人盖有无涯之感，不随有生以俱尽。

自读礼家居，回首往事，眷眷于辛苦久从之将士，尤眷眷于足下与雪芹二人。龙方伯血性男子，当能青睐相加。耆中丞新政昭融，一改前此旧习。意者贵军有先否后喜之日，保举之案，必不待鄙人之至而后出奏。惟饷项支绌，协款日穷，则同一束手耳。

霞仙来此会葬，因其太公恸念少子，不克应耆中丞之聘。云仙枉吊，聚晤数日，比闻其将赴京供职。润公时有书来，才气宏放，而用意深微，殊不可及。因来书垂询，聊贡一二。诸惟心照，顺问捷安。

附呈折稿一件，与吴南屏信稿一件，墓志一首。

018. 不用霸术用正大

李续宾，字迪庵，湘乡人，罗泽南弟子，湘勇营官。李所统领的军营是曾氏东征的主力部队。咸丰八年八月，李续宾死于三河之役。李续宜字希庵，李续宾之弟。李续宾死后李续宜接统其兄之部。咸丰十年出任安徽巡抚。

在这封信里，曾氏对这两位重要将领谈到胡林翼。胡此时为湖北巡抚，是湘军集团中掌握地方实权的唯一人物。一个多月前，曾氏提前结束父丧假期，再次出山。曾氏与胡关系一向亲密，再次出山后更需仰仗胡的大力支持。

胡是个官宦子弟，天资极高而性情豪放。早期的放荡不羁，足以展示他不受拘束不循常规的为人特色。曾氏信中说："润公聪明，本可移入霸术一路。"这一句话包含的便是曾氏对胡早年为人处世的看法。但胡在入黔做地方官后，完全改变过去纨绔子弟的那一套做派，脚踏实地，刻苦耐劳，对人谦和，气度恢弘。加盟湘军后，这些长处得到更大的发挥空间，湘军也因胡的加入而事业勃兴。胡还很受朝廷的器重。他以黎平知府的身份入湘入鄂，仅仅只用一年零两个月的时间，便超擢为湖北巡抚。与曾氏带兵九年而一直客寄虚悬相比，胡之顺利，难以想象。

胡受如此重用，除与朝廷“以湘制湘”着意火箭提升有关外，胡的用兵打仗、行政管理上的才干不可低估，尤其是他圆熟老到的政治智慧更为出众。这些，都是受格外赏识的重要因素。就打仗行政的理事才能来说，胡在不少方面要强过曾氏。只可惜天不假年，胡英年早逝，不仅没能让自己的抱负大获施展，也对湘军事业带来很大的不利。

致李续宾李续宜咸丰八年七月十五日

迪庵、希庵仁弟亲家大人阁下：

十五日接十一夜惠书，先于十三夜已得胡伯母仙逝之信，不独仆与贤昆仲、厚、雪数人者失所依倚，实关系东南数省大局安危。闻鄂省众议，欲官帅奏请润帅于百日后强起视事，不知润帅肯为苍生行此权宜否？此事殊难协宜，古来似此关系绝大之人亦不多也。

润公聪明，本可移入霸术一路。近来一味讲求平实朴质，从日行俗事中看出至理来。开口便是正大的话，举笔便是正大之文，不意朋辈中进德之猛有如此者。其于友朋，纯用奖借，而箴规即寓乎其中。一旦以忧去位，不特公事棘手，而吾辈亦少切磋警惕之益。

国藩十一日至九江，十二日至湖口，暑后伤风。病中闻胡伯母噩耗，怆然不复能为怀。想贤昆仲必有同情也。

迪帅前约来九江面商一切，不知果已成行否？调朱品隆回文已发否？筱石不遽来，亦须有一回文。拨朱品隆二营饷文已发否？均祈速办。江西委员接国藩晋省一行，如迪公不来浔，则仆当一赴章门。此复，即请台安。湖口石钟山发。

019. 必须实权在握才能办事

咸丰八年七月，胡林翼的母亲在湖北抚署中去世。按清制，胡应当离职为母亲守制三年。但此时军务重担在肩，朝廷命胡“穿孝百日，期满仍以署理巡抚”，但胡坚持要庐墓三年，不愿夺情。胡的这个表态既不符朝廷的意愿，更令湘军高层尤其令曾氏深感不安。刚一闻讣，曾氏便致信胡：“自闻尊处家艰，寸心彷徨，如有所失。欲劝阁下权宜夺情，则非夙昔以大贤君子相佩相期之意；欲听阁下执经守礼，则侍与杨、彭、二李诸君失所依倚。”眼下曾氏与各路湘军正转战于长江中下游一带，不仅行军打仗等战略战术上时时得与胡商讨，更重要的是粮饷厘税等方面要仰仗胡的全力支持。此刻的东南战局，胡若一旦缺位，其损失之巨大将是不言而喻的。

在曾氏与众人的劝说下，胡的态度有所松动。他给曾氏回信：“讨贼则可，居官则不可。”这正是六年前曾氏所持的态度：既仗义，又守礼，看起来似乎是忠孝两全。经过几年的实践后，曾氏才深知，若无地方实权，则领兵打仗极为不便。咸丰七年六月，他向朝廷大吐苦水，最后归结为一句话：“细察今日局势，非位任巡抚有察吏之权者，决不能以治军；纵能治军，决不能兼得筹饷。”

曾氏这封信，就是要将自己的这份真切认识告诉胡，同时以前代为鉴，将此一认识予以深刻化，希望胡放弃书生幻觉，求实务本。半个月后三河之役爆发，李续宾统率的六千精锐之师全军覆灭。于公于私，胡都不能再在家守制。咸丰八年十一月，胡离益阳老家北上。他有信函致僚属：“林翼此出，势处万难，盖出则非礼，不出则非义；出则于事未必有济，不出则于心大有不安……惟既以兵事出，当驰往下游，治兵为先，借受印信，不过筹调饷糈、董戒州县耳，断不敢冠冕堂皇，偃然自处。”看来，胡是接受了曾氏的规劝，按照朝廷的安排署理湖北巡抚。

致胡林翼咸丰八年九月二十九日

润之宫保老前辈大人礼次：

二十六日接岳阳舟次惠缄，二十八日得希庵书，敬悉扶奉灵榇八月杪安抵里门，至以为慰。日内酬接纷繁，悲喜交集，冗忙之状，抑可想见。犹闻荩怀刻刻不忘天下至计，鄂中军民暨杨、彭、二李并敝处事件时切萦虑。襟抱之宏，风谊之笃，金石可穿。岂仅吾党数人次骨而已！

张凯章一军于二十四日拔营由杉关入闽。萧军二十七八拔营由广昌石城入闽中。洋口之匪为周天培所破，现已归并顺昌，数不满万，土匪居多。汀州之贼，亦甚散漫无纪。闽境山多水寒，米贵异常，贼之死于无食，死于地气者，动以千计。沿途狼藉，无人掩瘗。现在州县次第收复，贼党无心恋闽，将告肃清，实不尽由官军之善战也。

敝军自抵建昌，病者极多。张营三千七百，病者近八百人。吴营一千三百，病者逾四百人。不知入关以后，气候更复何如，日夜焦虑。九舍弟以二十六日抵建，所部撤去其半，带千二百人来此。

鄂中八、九、十月饷尚未见到，日内枯涸特甚，已缄商骆帅。

湘省请益万金，虽恃季公内应，未知果允否也？

“讨贼则可，服官则不可”，义正辞严，何能更赞一语？惟今日受讨贼之任者，不若地方官之确有凭借。晋、宋以后之都督三州、四州、六州、八州军事者，必求领一州刺史。唐末之招讨使、统军使、团练使、防御史、处置应援等使，远不如节度使之得势，皆以得治土地人民故也。叨在道义知交之末，万不敢以夺情服官，奉浼强起。然离土地人民而以奉使自效，则介而离山，砀而失水，亦恐不足发抒伟抱，尚望熟思而审计之。尊体素非甚强，年来提振支撑，不无亏伤。及此庐居少暇，保啬珍护，慎惜天下之躬，以副中外之望。幸无多分忧虑，致违葆练。诸维心照，不尽百一。

020. 吴嘉宾非办事之才乃著述之才

这是曾氏写给其同年兼儿女亲家陈源兖之弟陈源豫的一封短信。

曾氏以善识人用人著称，对吴子序的安排即为一例。

江西南丰人吴嘉宾（字子序）是曾氏的翰林同年。曾氏在京时与他关系亲密，经常往来，对他的经学甚是称道，但吴的官运不佳。咸丰五年，他从北京前来投奔正在他家乡打仗的曾氏，曾氏将他留在幕府办理文案。然吴不安于书生之事，希望到江西福建交界之处去办团练建功立业。曾氏深知老友的长项与短项，没有同意他上前线，而是安排他去建昌书院教书。尽管曾氏说吴办事是外行，偏而且戆，但因有著书是好手、多而且精的夸奖在先，吴氏虽未如愿但却“笑不可仰”。

曾氏识人用人之才于此可见一斑。曾氏后来给吴嘉宾每季度五十两银子，又以从六品衔的同知保举他。曾氏待老友之情谊亦厚矣。

加陈源豫片 咸丰九年二月初十日

再，子序同年上禀请办江、闽交界团练，去冬曾戏批责之，中有云："该员著书是好手，办事是外行；著书多而且精，办事偏而且蠢。"合营鼓掌，序兄亦笑不可仰，厥事遂寝。今年主讲建昌书院，仆每季贻之五十金。顷又附案以同知保之，但不令其办公事耳。所以处宿学之士，颇有当否？再问季牧仁弟亲家日安。

021. 广信绅民攀留沈葆桢

这封信，让我们看到一个主管官员在战乱时期忠诚履职而得到百姓真心拥戴的感人情景。这个官员即沈葆桢。

沈字幼丹，福建侯官人，道光二十七年进士。咸丰五年以御史身份出任江西九江知府，因九江在太平军手中，遂进入曾氏幕府料理文案，后署理广信知府。

咸丰六年八月广信府被太平军包围。沈亲上城楼督战，沈之夫人亲自煮饭烧茶劳军，后在援军配合下保全广信府。沈之表现，在当时的江西官场极为罕见。曾氏将沈氏夫妇的事绩上报朝廷，并为之请功："沈葆桢系原任云贵总督林则徐之甥，又系其女婿，讲求有素。此次守城，吏民散尽，衙署一空。其妻亦同在危城，无仆无婢，躬汲爨具壶浆以饷士卒。沈葆桢与杨升徒步登陴，昼夜辛勤。两年以来，江西连陷数十郡县，皆因守土者先怀去志，惟汪报闰守赣州、沈葆桢守广信，独能伸明大义，裨益全局。"

因为守广信的功劳，沈被擢升为九江道员。一年后，曾氏署理两江总督。在拜发谢恩折的同时，曾氏便越级保荐沈葆桢为江西巡抚。

复胡林翼咸丰九年四月十五日

润翁宫保老前辈大人阁下：

十四日专丁至，接奉惠缄并参茸丸二瓶，感何可言。正月间得闽中八宝印色，以一匣分诒次青，次青致谢，因戏语之曰："是当效刘姥姥辞别大观园时，念几十声佛也。"今此拜赐，又当一效次青之所效矣。

希庵回家一行，上慰倚闾之望，甚好。国藩昨有一缄，劝其俟陈玉成犯楚击退后，再行请假回籍，彼时但知陈逆猛扑定远，尚未知其东趋浦口也。鄂中战争当在七月后矣。

耆中丞檄沈幼丹赴九江关道本任，广信绅民攀留迥异寻常，走制府及敝处具呈者，前后十余起，士人罢考，河口罢市，修房者停工，赁屋者退租。城中为留官事偶设一局，醵微资以备众赴两院之盘川，商民输钱赴局者如蚁，已凑三千余金，约轿夫有舁沈大人者杀之，船户有载沈大人者烧之。中丞持前议颇坚，而商民汹汹如此，亦近来所未见者也。来示以塔公期罗将，塔拙罗巧，决非其伦。沈君极精明，而其过人处在拙，故不可量耳。

濬川援湘亦不甚缓，左公责之甚峻，容当譬解之。

来示以服药后神力必王，金丹之锡，自足箴膏肓而起废疾，抑人亦有言：“泽雉畜乎樊中，神虽王不善也。”然则同一神王，又有善不善之分，兹又何说？愿闻之。肃谢。敬请台安。

022. 衡才应不拘一格

收信人庄受祺字卫生，江苏阳湖人，道光进士。从信中来看，咸丰四年时，庄在湖北任过职。大约是庄给曾氏写信，请教如何识用带兵将领之事，曾氏就此发表自己的看法。

在曾氏看来，书上所说的那些古代名将如何地完美无缺，那是著书人的美化尊崇，并非真实。无论何等样的人物，都是有缺陷的，选拔人才要不拘一格，要不苛求完备，不能因小失大，因瑕弃玉。海纳百川，因量器使，这正是历代英主成事的气度，也是曾氏人才学的重要内容。

复庄受祺咸丰九年七月二十一日

卫生仁兄大人阁下：

六月杪接奉惠书，奖借溢量，伏增悚汗。敬维勋望崇闳，兴居多祜，至以为颂。曩岁湘人援鄂，无艺之供，有求必应，万众诵德，至今弗谖。比复雄藩懋建，内以富民，外而荡寇，风猷峻迈，跂想何穷。

承询选将一节，猥以湖湘俊彦朋兴，推求汲引之原，鄙人瞀瞀，奚足以言衡鉴？风云际遇，时或使之，生当是邦，会逢其适，于鄙钝初无与也。抑又窃疑古人论将，神明变幻，不可方物，几于百长并集，一短难容，恐亦史册追崇之辞，初非当日预定之品。要以衡才不拘一格，论事不求苛细，无因寸朽而弃连抱，无施数罟以失巨鳞。斯先哲之恒言，虽愚蒙而可勉。更愿南针远赐，证此不逮。

弟迭奉防蜀之命，所部除分起援湘外，尚挈七八千人以行，已于十九日舟次湖口，稍与料捡，即当赴鄂瞻对雅范，愿言之愫，非朝伊夕。先此布复，顺候勋安。

愚弟曾国藩顿

023. 大处着眼小处着手

吴廷栋字竹如，安徽霍山人，以贡生供职于刑部。吴研求性理之学，又精通医理，为曾氏在京师时的密友。此时在山东布政使任上。

曾氏曾有“大处着眼，小处着手；群居守口，独居守心”的联语广为流传，这封信可以算是这则联语上联的注释。

在办军务的实践中，曾氏明白凡事皆有大小两个方面。所谓大处着眼，即要有宏观意识，也就是说要有大方向、大格局、长远、通盘上的思考计虑，这属于见识、眼光的范畴。所谓小处着手，即在微观上，也就是说在局部、细节、点点滴滴上都得一一落到实处，一一做好，这属于真抓实干的范畴。若光有宏大的设想，没有一一落实的措施，一切都成泡影；若只埋头在琐事烦杂之中，没有大的远的规划，也成不了大气候。所以要将陆九渊的“立大”“知本”与朱熹的铢积寸累互相结合，才能完美。

鉴于官场军界说空话大话者多的普遍现象，曾氏治军，不谈大道理，专从小处实处用功。他将这种作法称之为钝拙。这种钝拙是曾氏为人处世的显著特色，也是他成就大功业的秘诀。他自称一生“不行架空之事，不言过高之理”。对待部属，他也是要他们“自安于拙”，“不可弄巧卖智”。这种笨拙工夫，来源于“诚”，故而他又称之为拙诚。打下南京后，他总结湘军成功的原因，其根本之点就是这种拙诚。

在这封信里，曾氏还说到“人情”坏事的话题。中国是个“人情”的国度。从古有之，于今更烈。这可能算是中华文化的一个情结。基于血缘而建立的亲亲文化，要去掉人情，何其难哉！

致吴廷栋咸丰九年十月二十一日

竹如仁兄大人阁下：

九月初接奉惠书，得悉夏秋两缄均尘台览，敬谂德业闳富，学道不厌，钦企曷既。

阅邸钞，知复陈臬畿辅，未审左迁果缘何案。圆凿方枘，龃龉乃分所应尔，幸圣明在上，犹觉直道得行耳。

桐城方君援儒入释，阁下辩绌田巴，角摧五鹿，竟能引异为同，范围不过，此黄鲁直所谓“能就心地收汗马之功”者也。

近年军中阅历有年，益知天下事当于大处着眼、小处下手。陆氏但称先立乎其大者，若不辅以朱子铢积寸累工夫，则下梢全无把握，故国藩治军，摒去一切高深神奇之说，专就粗浅纤悉处致力，虽坐是不克大有功效，然为钝抽计，则犹守约之方也。所最难者，近日调兵拨饷、察吏选将，皆以应酬人情之道行之，不问事势之缓急、谕旨之宽严，苟无人情，百求罔应，即举劾赏罚，无人情则虽大贤莫荐，有人情则虽巨憝亦释，故贼焰虽已渐衰，而人心殊未厌乱。每独居深念，憾不得与阁下促膝密语，一摅积愫。

国藩自景镇克复，即率师西上，会湖南巨股尽窜广西，蜀可无虞，谕旨饬令会剿皖贼，现拟四路进兵，沿江两路：一由石牌以规安庆，一由潜、太以取桐城；傍山两路：一由英、霍以捣舒城，一由商、固以规庐州。弟与胡中丞分任其事，声势颇盛。惟群盗如毛，我军尚单，未知能否得手。

珂乡数百里内，友朋死于此者至多，如江岷樵、陈岱云、邹叔绩在庐州，吕鹤田、朱卧云在舒城，何丹畦在英山，郭雨三在定远，戴存庄在桐城，舍弟及迪庵等在三河，思之至痛。若能廓清一方，为亲友少雪此积愤，亦一快也。肃汾，敬请德安，不戬。

024. 望告取人者和与人者

咸丰九年二月二十八日，曾氏在日记中写道："日内作一联云：取人为善，与人为善；忧以终身，乐以终身。上二句见《孟子》，下二句见余所作《圣哲画像记》。"从信中可知，不久后他将这副联语赠给了李榕。

李榕字申夫，四川剑州人，道光二十七年进士，授礼部主事。咸丰九年六月，由同年郭嵩焘推荐，经曾氏奏调来到江西军营。曾氏器重李榕，对他寄予厚望。就在写此信的前一天夜里，曾氏还给李写了一封信。信中教李榕临敌观气色：若部队有浮淫溢漫之色，则为骄气，若有晦滞晦暗之色，则为惰气。骄、惰之气皆不好，宜设法补救。

信中曾氏又将所赠的“取人”“与人”之联，与李榕细论。值得我们注重的是，曾氏认为当从小处实处向别人学习，而送给别人者以大处空处为宜。为什么要这样呢？以笔者揣摩，小处实处宜于模仿，宜于移植，多留心便可收到实效。指导别人，重要的在于指出一个方向，标明一个目标，对方一旦明了方向与目标后，自己可以寻路到达，不需要太细微。

复李榕咸丰九年十月二十六夜

申夫仁弟左右：

来缄已悉。后帮今日住马岭，去枣子岭六里，去蕲水城十六里也。

前曾语阁下以“取人为善、与人为善”，阁下默记，近数日内取诸人者若干事、与人者若干事？大抵取诸人者当在小处、实处，与人者当在大处、空处。号手悠扬可听，亲兵驱使愈喜，或亦取诸人者乎？抑亦独得于心者乎？以后望将取诸人者何事、与人者何事，随时开一清单见示，每月汇总账销算一次，或即卜氏所云“日知”、“月无忘”者乎！顺候日安。

025．“用人”二字慎之又慎

处曾、胡这样的高位，做曾、胡这样的大事，何者才是他们心中第一等重要的？曾氏在这封信里说得很明白，即用人。

人用对了，事情做成了，脚跟也就站稳了，飞短流长自然也就不起大作用了。反之，若人用错了，事业不成，即便没有任何闲言闲话，根基也不会稳当的。领袖群伦的最紧要之点就在这里。倘若缺乏识人用人的真本事，最好不要居领袖之位。

复胡林翼咸丰九年十一月十六日

润之宫保前辈大人阁下：

得十三日书，知玉体小不适，至以为系。能移住民房为佳。侍扎宿松城外，今日新盖瓦屋矣。

闻有以取利多而民怨、参劾多而官诽告者，非不当自省，但不宜以郁蓄心中耳。吾辈所慎之又慎者，只在“用人”二字上，此外竟无可着力之处。古人云：“吾辈若从流俗毁誉上讨消息，必至站脚不牢。”侍平日短处亦只是在毁誉上讨消息，近则思在用人当否上讨消息耳。

揆帅欲以义渠一军绕赴淮北，似尚妥叶，侍已允诺。鲍超思归甚迫，已来此间，当面为慰劝也。陈伯陵亦过此。即请台安。

026. 与吴南屏的笔墨官司

这是一封颇为有名的信函，因为牵涉到一桩当时的文坛公案。

曾氏挚友欧阳兆熊的儿子欧阳勋英年早逝。欧阳兆熊为儿子刻印一部文集，请曾氏为之作序。曾氏向以诗文自许，尤其对古文研究颇深。在文章写作上，曾氏对自己也有很大的期望。于是，借为欧阳勋文集作序的机会，笔墨恣肆地议论一番当今文坛。

他说，今日文坛是姚鼐所开创的桐城派的天下，南京、安徽、山东、江苏、江西都有姚鼐的传人。姚鼐曾经典试湖南，但很长时间，桐城文风在湖湘影响不大。直到当代，有吴敏树对姚“笃好而不厌”，以及杨彝珍、孙鼎臣、郭嵩焘、舒焘“亦以姚氏文家正轨”，于是桐城文派在湖湘亦大倡。

曾氏对姚鼐很尊崇。曾氏说他“初解文章，由姚先生启之”，赞成姚鼐将学问之途分为义理、词章、考据的说法，尤其佩服姚鼐以阳刚、阴柔来区分文风的卓越见解。

他将姚列为他心目中的圣哲。曾氏很高兴看到桐城文派在湖湘的传播与继承。他将吴敏树列为桐城在湖湘传人的首位，心里隐隐地有抬高吴的意思。谁知，曾氏的好心不但未得到好报，反而招致吴敏树强烈的不满。吴并不特别看重姚鼐，更不愿意将他的名字与杨彝珍、孙鼎臣、郭嵩焘、舒焘等人相提并论。他甚至还认为，曾氏本人内心深处也不情愿做一个桐城派别中的人。

如何回应吴敏树，这是一件很棘手的事。

以吴当时在文坛上的名气，的确要高于杨、孙等人。以曾氏的私心所愿，也是想开宗立派，并不情愿只做桐城传人。这两点，都被吴点着了。曾氏引《史记》李耳韩非同卷一事为自己作说辞：即便同列，也不意谓就同在一个水平线，这里也有高下之分。这点司马迁心中有数。曾氏背后的话就是我心中也有数：你要比他们高。同时，也坦然承认自己不愿居梅曾亮之后的想法。最有趣的是，曾氏愿意修改他的这篇文章，删去吴的名字，交换的条件是吴得“捐输巨资”。

这当然是曾氏的幽默！吴绝对不会捐巨资，曾氏也不愿意改写。于是，吴为姚鼐湘中传人这句话，便依然随着《欧阳生文集序》保留在曾氏全集中。

复吴敏树 咸丰九年十二月初二日

南屏仁兄大人阁下：

去岁辱惠书，久未奉报，顷又接到九月赐缄，敬承动履康愉，纂著闳富，至以为慰。

筱泉前寄示尊书，以弟所作《欧阳生集序》中称引并世文家，妄将大名胪于诸君子之次，见谓不伦。李耳与韩非同传，诚为失当，然赞末一语曰：“而老子深远矣。”子长胸中固非全无泾渭。今之属辞连类，或亦同科。至姚惜抱氏虽不可遽语于“古之作者”，尊兄至比之吕居仁，则亦未为明允。惜抱于刘才甫不无阿私，而辨文章之源流，识古书之正伪，亦实有突过归、方之处。尊兄鄙其宗派之说，而并抹杀其笃古之功，揆之事理，宁可谓平？至尊缄有曰："果以宗桐城为派，则侍郎之心殊未必然。"斯实搔着痒处。往在京师，雅不欲混入梅郎中之后尘，私怪阁下幽人贞介，何必追逐名誉，不自闷惜。昔睹黢蔑之面，今知君子之心。吾乡富人畏为命案所污累，至靡钱五百千摘除其名。尊兄畏拙文将来援为案据，何不捐输巨资，摘除大名，亦一法也。

见示诗文诸作，质雅劲健，不盗袭前人字句，良可诵爱。中如《书西铭讲义后》，鄙见约略相同。然此等处颇难于著文，虽以退之著论，日光玉洁，后贤犹不免有微辞。故仆尝称古文之道，无施不可，但不宜说理耳。送人序，退之为之最多且善，然仆意宇宙间乃不应有此一种文体。后世生日有寿序、迁官有贺序、上梁有序、字号有序，皆此体滥觞，至于不可究诘。昔年作《书归熙甫文集后》，曾持此论，讥世人不能纠正退之之谬，而逐其波，而拾其沈，异时当就尊兄畅发斯旨。往岁见寄之书，似尚不逮今秋惠书暨复筱岑书之雅深。

国藩自癸丑以来，久荒文字，去岁及今兹作得十余首，都不称意，兹抄五六首奉呈教正。平生好雄奇瑰伟之文，近乃平浅，无可惊喜。一则精神耗竭，不克穷探幽险；一则军中卒卒，少闲适之味，惟希严绳而详究之。诗则八年不作，今岁仅作次韵七律十六首，不中尺度。尊兄诗骨劲拔，迥越时贤。姚惜抱氏谓诗文宜从声音证入，尝有取于大历及明七子之风。尊兄睥睨姚氏，亦颇欲参用其说否？

令戚王庆奎在此，诸臻妥适。弟约束文武，略似塾师之待弟子，不至纵弛。杨芋庵暂给薪资，尚未授事，或俟筱岑及尊兄枉过时，再议所以处之。

去夏惠书有另纸箴规二事，研生父子之在敝营，弟相待之意，始终本末，尚不至失之过薄。至卑官失礼一节，甲辰秋有此事，外间以为口实，至今亦尚亲爱，视世之口不言而心衔之者有间。迩来仪文弥加检点，而真意反逊于前，将求一中行之道而从事，又不可以遽几，盖慊然也。肃复。顺候近祺，诸维心照。

027. 少年时期当专心读书

咸丰十年二月，李秀成率部攻克杭州，浙江巡抚罗遵殿及其夫人、女儿自杀。罗为安徽宿松人。此时，曾氏正驻扎宿松，迎护灵榇、举办丧仪等事，便自然落到他的头上。出于对为官清廉的罗遵殿的尊敬与怜惜，曾氏也很关心其遗孤的教育培养之事。值得注意的是，曾氏对少村的要求是“专心读书”，既不要沾染官场习气，也不要过早识透世态人情。为什么？因为早识透，则人的本性将会趋向浇薄；一旦变为浇薄，就不可能再返回醇厚。

曾氏这几句并非刻意为之的话，既让人深思，也令人寒冷。沾染官场习气之后，人将不再秀挺；识透世情之后，人将不再醇厚。这样说来，人世岂不太可怕了吗？

复李续宜咸丰十年闰三月二十四日

希庵仁弟亲家阁下：

得二十二夜惠缄，敬悉。云崖信来，言禀请尊处派三、四营扎高桥岭以防运道，未审已荷允准否？一月以后，宿城或有二营可拨往前敌。目下尚不能拨，求筹派为荷。

罗淡公之灵榇与夫人、小姐共三棺，皆到江干。少村由雪琴处赶回，当在二十九、三十日。

昨信询及台端是否来宿吊奠，兹前敌两路进兵，阁下恐难远离。罗家屋小，须搭芦棚，月初乃能就绪也。

少村英年秀挺，自以专心读书、不染官场气习为妥。即世态人情，亦不宜遽令识透。早透则漓其本质而日趋于薄，既薄而返之醇厚，千难万难，当以尊见与润帅商之。

书目阅悉，佳编不少。顺问台安。

子白兄近当枉过，不另答书，乞道意。

028. 什么是书生带兵

正当江南大营被太平军攻破，苏南形势陡变，大局危殆之时，曾氏在给带兵大将李续宜的信中，居然大谈救急的根本在于勤、诚、公、厚四字；又以很大篇幅谈读书：读十三经，读二十四史、《资治通鉴》、读十子（老子、庄子、墨子、荀子、吕氏春秋、管子、列子、韩非子、淮南子、鹖冠子）、读《昭明文选》、一百零三名家文选，以及读唐宋人的专集等，这不是太迂腐了吗？这不是与他们眼下的身份与肩负的责任隔得太远了吗？然而，我们从中也就看出了什么是“书生带兵”，什么是当时湘军的特色。

二十世纪二十年代，梁启超对他的清华国学院的弟子们说：“我们一回头看数十年前曾文正公那般人的修养。他们看见当时的社会也坏极了，他们一方面自己严厉地约束自己，不跟恶社会跑，而同时就以这一点来朋友间互相勉励，天天这样琢磨着，可以从他们往来的书札中考见。”这封给李续宜的信，足可以作为曾氏与朋友互相勉励之书札的代表。

复李续宜咸丰十年四月二十六日巳刻

希庵仁弟亲家大人阁下：

接惠函并赐名马，感纫无似。凡受惠皆须即日申谢，惟受马宜略缓再谢。近日风气，马之上驷，必自珍秘，而以下驷应客，恐贤者或不免为习俗所移。今早试骑一次，诚有德骥之风，而无厌之求，更觊觎得一力骥也。

苏、常失守，杭州亦岌岌可危。东南大局，决裂至此，不知尚有何术可以挽回。国藩昨办一咨，咨两湖、江西各帅，兹抄稿呈览。应如何保全江、楚三省以为恢复下游之根本，敬求阁下深思熟计，详悉见示。此贼断非能成正果者，吾辈若同心协力，早作夜思，未必不可挽回于万一。大约勤字、诚字、公字、厚字，皆吾辈之根本，刻不可忘。而目前规画大局，御贼匪秋间两路大举之狡谋，则尚有非此四字所能救急者。现奉寄谕，饬国藩往援苏、常，盖不知苏、常已失也。鄙意楚军刻不能救援下游，且当竭三省全力御贼匪秋间之大举。如能于秋间两路大捷，然后有余力兼谋下游，目前实有不逮。尊意以为何如？

桐城乡间此时尚有书可买耶？鄙人尝谓古今书籍，浩如烟海，而本根之书，不过数十种。经则十三经是已，史则二十四史暨《通鉴》是已，子则十子是已五子之外，管、列、韩非、淮南、鹖冠，集则《文选》、

《百三名家》暨唐宋以来专集数十家是已。自斯以外，皆剿袭前人之说以为言，编集众家之精以为书。本根之书，犹山之干龙也，编集者犹枝龙护砂也。军事匆匆，不暇细开书目。阁下如购书，望多买经史，少买后人编集之书为要。是否有当？肃请台安，诸维心照。

029. 包揽把持

这是一封与胡林翼磋商调兵遣将的信，最值得注意的是信尾的一句话："'包揽把持'四字，当谨遵守。"

"包揽把持"，出自胡林翼咸丰十年五月初六日给曾氏的信："吴督之任，总以包揽把持、恢廓宏远为用。"

几天前，曾氏被朝廷任命为署理两江总督。这是曾氏本人以及整个湘军集团都十分巴望得到的地方实职。信中的"吴督"即两江总督，又称之为江督。做过多年湖北巡抚的胡林翼送给好友八个字：包揽把持、恢廓宏远。曾氏仅拾出"包揽把持"四字来，可见他对这四个字看得更重。

什么是包揽把持？就是把军、政、财三大权力全部紧握在自己的手里，别人不得插手，不得分润，更不得干涉。这是战时的需要，也是对当时权力格局的重大改变。

清朝廷在地方上实行巡抚、布政使、按察使三大衙门分权的体制，其目的在于不让权力过于集中，以免造成尾大不掉的现象。但战争年代必须权力高度集中才能应对危局，胡林翼在湖北早已实行包揽把持，眼下他又把此一秘方传给曾氏。曾氏自然心领神会，照此办理。后来，别的由军事将领提拔为地方督抚的湘军将领，也一个个依样画葫芦。到了清末，各省权力完全归于巡抚一人，满人设计的分权体制被彻底破除。

复胡林翼咸丰十年五月初七日未刻

润之宫保老前辈大人阁下：

得初五一缄，初六未刻一缄，敬承所示，条复如左：

一、直夫将军之行，既不能奏明停止，似应厚为装遣。昌营应全调去，除发欠饷外，应裹带十万两以行。侍与希庵所见略同，不知鄂力能勉强办此否？

一、敝处南渡兵单，凯章一军承阁下代为催索，侍亦必隔日一缄、三日一咨催之。此外新添之勇，曾将寄商左公之咨录咨尊处。惟人数已逾三万，若再添募，饷项实无所出。道州、辰溆二支，暂可不招。无好统将、好营官，虽百炼精勇无益也。且待左公咨复到日，再行商酌。

一、次青成军后，须在广信与沈、饶会齐。浙江有急，次军应由衢州援浙。浙江无事，次军应由孝丰、安吉以趋广德州。

一、淮扬暂无人去。若侍明年能赴淮安造战船，则于淮扬有益。而上下水师，亦可两头凑合于东、西梁山等处耳。“包揽把持”四字，当谨遵守。即请台安。

国藩顿

030. 一再坚请沈葆桢出山

曾氏在咸丰十年四月二十八日，从官文寄来的咨文中，得知朝廷已任命他以兵部尚书衔署理两江总督。直到五月初三，他仍然没有接到朝廷的正式公函。军情危急，责任重大，曾氏不能再等了。遂于当天向朝廷谢恩，并就任江督。这一天，他给朝廷一口气上了七道折片：一道谢恩、一道通筹全局设想，两道谈钱粮，两道谈调兵，还有一道便是奏请起用沈葆桢。他在奏折中如此评价沈："该道器识才略实堪大用，臣目中罕见其匹。"可知沈葆桢在曾氏的人才夹袋中有非常重要的地位。

在拜发这道奏折之后，曾氏又给沈写了这封私人信件。这封信表达曾氏心中的三层意思：一是在日益败坏的大局中尽心尽力，做得几分是几分；二是至诚至意邀请沈出山，不达目的决不罢休；三是福建也不会是久安之地，迟出不如早出。

沈在几经推辞之后，终于在咸丰十一年十二月出任江西巡抚。沈以按察使衔道员升任巡抚，显然是超越常规的提拔。这固然是沈的德才所至，但曾氏的竭力保举有至关重要的作用。按理说，沈应是曾氏的人，但在同治三年，因饷银一事两人闹得势不两立。沈既然是一个正派刚直的官员，那岂不是从反面证明曾氏在处理这件事上，甚至在对待整个江西事务上有不当呢？他是不是太"包揽把持"了呢？

加沈葆桢片 咸丰十年五月初八日

再，四月之季胡润帅、左季高俱来宿松，与国藩及次青、筱荃、少荃诸人畅谈累日，咸以为大局日坏，吾辈不可不竭力支持，做一分算一分，在一日撑一日，庶冀挽回于万一。因屈指海内贤者，朋辈志士惟阁下高卧林泉，置身事外，因定计坚请台从出山，一奏再奏，以至三五奏，数十缄请，总以出而握手之日为止。

次青体气羸弱，惫于戎事，本不欲更以介胄之事苦之，因弟初膺艰巨，逆氛日炽，不得不浼其复出御侮，为弟干城腹心之助。阁下若能慷慨投袂，助鄙人即助次青也。且计贼踪若由浙省而蔓及衢、信，即珂乡亦万无独全之理也。而阁下菽水之资、稻粱之谋，固当不足于三年之蓄，早迟终不免于一出，不如趁此时机犹是贤者众志交孚之时，伏冀上念国家，下念桑梓，中念友朋，翻然遽起，以慰喁喁之望。翘企何既！顺候日安，诸维心鉴。

愚弟曾国藩再拜

031. 血性与官气

曾氏很提倡血性。什么是血性？血性是指敢于流血不惧生死的牺牲精神。曾氏认为，在官场军队普遍弥漫着只追求一己私利而没有道德信仰的那个时代，唯有血性才可以挽救倾颓挽救世道。而血性也便成了他心目中的第一品德，是他识人用人的第一要素。

湘军组建之初，他在给友人的信中说："带勇之人，第一要才堪治民，第二要不怕死，第三要不急急名利，第四要耐受辛苦……大抵有忠义血性，则四者相从以俱至；无忠义血性，则貌似四者，终不可恃。"在这封信中，曾氏又将血性多与官气少并列在一起，可以看出在曾氏看来，当时的官场是最无血性的地方。正因为此，身为两江总督的高官曾氏，要从自身做起：打掉官场的颓风陋习，对他的到来"无迎接，无办席，无放大炮"，稍远的营官"不必禀见"，一切虚浮的礼节都不要，"力求实际"。

这封信的收信人杨岳斌，在这方面是曾氏完全的志同道合者。杨岳斌原名载福，字厚庵，湖南善化人。他本是绿营的低级武官。曾氏对绿营有很深的成见，但却非常器重杨，就是因为杨身在绿营而无军营习气，作风朴实，身先士卒。杨最后能以行伍身份做到陕甘总督，亦为少见。

复杨岳斌咸丰十年五月十四日

厚庵仁弟大人阁下：

十三日得初九日惠缄，具悉一切。

枞阳攻克，是安庆克复之先几，犹九江之克湖口也。国藩精力疲乏，忽膺艰巨，大局溃坏，补救无方，大惧陨越，以贻良友之羞。即日帅师南渡，先赴黄石矶尊营一展良觌，面询远略。

韦部出力异常，少迟应归敝处发给口粮，以示同仁之谊。目下棉力未遑，鄂饷亦绌，应如何支撑二三月，俟会晤再行熟商。

红单船之事，非礼义所能号令，似须劫之以威。前缄已道其略，亦俟会晤再行详商。

希庵来此旬日，畅叙一切。以为楚军水陆好处在血性多而官气少，此后宜常保而不失。国藩赴水营，请阁下告诫各营，无迎接，无办席，无放大炮。除黄石矶三五里外，上下游各营均不必禀见。方今东南糜烂，时局多艰，吾辈当屏去虚文，力求实际，或者保全江西、两湖，以为规复三吴之本。整躬率属，黜浮崇真，想阁下亦有同情也。诸维心鉴，顺问台安。

国藩顿

032. 处高位者的“四不敢”

这是曾氏给京师时期的好友毛鸿宾的信。

毛鸿宾字寄云，是曾氏翰林同年，山东历城人。在京师时，曾氏与毛关系亲密。咸丰二年八月，曾氏在回乡奔丧途中给儿子写信。在交代京中应办各种事项中，多次提到毛鸿宾，要儿子请他代办或与他商量，足见曾氏对毛的信赖。此时毛在江苏做布政使，不久，毛即出任湖南巡抚。

因为是多年相知的老朋友，曾氏此信写得实在。他眼下所面临的背景是“大局溃坏”，本人的状况是“精力疲惫”，但又想竭力做好，而不愿意给自己也给好友们蒙羞。曾氏说的这些话应是实情。

处于这等位置，面临如此大任，曾氏的自我防范主要在哪几个方面呢？有以下四处：不能厌恶别人的批语劝谏，不能有贪图安逸的念头出现，不能自以为是、嫉贤妒能，不能拉帮结派、排斥异己。曾氏的这四点防范，值得每一个处高位担重任的人借鉴。

复毛鸿宾咸丰十年六月初四日

寄云仁兄同年大人阁下：

五月二十三戈什哈自襄樊归，接奉蒲节前三日手示，挚爱之意，期望之厚，溢于楮墨。闻偶患清恙，比想兴居康吉，荩抱多娱，至以为颂。

弟于四月之杪奉命承乏两江，菲才薄德，本不足以有为，又值精力疲惫之后，大局溃坏之秋，深恐陨越，诒知己羞。所刻刻自惕者，不敢恶规谏之言，不敢怀偷安之念，不敢妒忌贤能，不敢排斥异己，庶几借此微诚，少补迂拙。特是从军日久，资望弥深，虚名弥盛，旧交则散如落落之星，新知或视如岩岩之石，用是誉言日多，正言日寡。每一念及，悚怵无地。敢求我兄常惠箴言，并赐危论。如闻弟有用人不详慎、居心不光明之处，尤当随时指示，无俾覆辙相寻，诒辱兰谱，至感至祷。

弟于五月望日自宿松启行，由安庆水营经过，与杨、彭晤叙一切。安庆围兵，关系淮南全局，未敢撤动，令九舍弟留彼统辖。弟带鲍镇及朱镇马步万人渡江而南，先驻祁门，以保江西之门户而联徽州之声援。俟左季高京堂由湖南续募之二万人到皖，再行分途进剿。

左公由襄阳至敝处，盛称阁下德望才略，润帅亦两次具疏荐公之贤，吉音计当不远。方今太难未平，虽专任地方，亦不能不主持军事。望阁下留意人才，以备折冲御侮之选。三年之艾，不以未病而不蓄；九畹之兰，不以无人而不芳。至要至要。

可亭同年比来襄否？年伯仍主鹿门讲席否？哲嗣今年在署读书，想益精进，便中示及一二。建德途次

033. 位高望重者之惧

收信人邓汪琼字寅阶，是曾氏两个儿子纪泽、纪鸿的老师。中国传统，东家不管做多大的官，发多大的财，对家中所请的塾师即西席，至少在面子上是很尊敬的，这就叫做尊师重道。从这封信来看，曾氏应是从心里对这位邓塾师尊敬。曾氏称赞邓汪琼对他的两个儿子的教育是“时雨之化”。儿子写的诗，他很满意，也把它归之于老师教得好。两年后，刚满十四岁的纪鸿一举考中秀才，曾氏奖赏邓师一百两银子，又特赠送十两银子给邓师的儿子。

曾氏对邓汪琼的尊敬，还体现在他恳切地请邓能“常以药石之言相绳”。曾氏深知，一个人的地位愈高，则赞誉的话就会听得愈多，而规谏的话就会听得愈少。同时他也知道，一个声望愈重的人，别人对他的期待也就越多，而理解宽恕的人也就越少。我们由此可以看出，位高望重的人，其实活得并不自在。

这封信还给我们透露一个信息，即曾氏的日记是可以让他的亲近人看的。曾氏早年在京师翰林院的日记，是为修身而记的，他请他的师友们看，并借此让师友了解他、帮助他。这样做，我们可以理解。但现在他身为湘军统帅，做着军国大事，他的日记似无必要让别人看。曾氏这样做，是否有这样几个目的：一让关心他的亲朋好友借日记来知道他每天的作为；二让别人知道他是如何“吾日三

省吾身”的，从而为世间立一个当代圣贤的形象。

一个人的日记，如果从他写的时候，便想到有别人来看，想到它以后所带来的社会作用，从人的本性来说，他在下笔时便会有所顾虑，有所取舍，有所粉饰。读曾氏的日记须得存这份心，读古往今来所有要人名人的日记也得存这份心。

复邓汪琼咸丰十年六月十四日

寅阶仁兄大人阁下：

顷奉惠书，猥以弟承乏两江，辱蒙奖借，感惭交并。即维道德光华，兴居多祜，至以为颂。

二小儿仰荷时雨之化，日有进步。昨陈作梅寄到一诗，意厚辞圆，喜出望外。想系先生全加斧削，原本所存无几，否则雕琢朽木，变化神速，感激何可言喻。

弟菲材薄植，本无远图，加以数年在外，精力极疲。今全局败坏，艰巨忽膺，大惧陨越，诒知己羞。此座前车屡踬，覆辙相寻。盖位愈高，则誉言日增，箴言日寡；望愈重，则责之者多，恕之者少。阁下爱我，迥越恒俗，望常以药石之言相绳。弟每日行事，有日记一册，附家报中，阁下如有不谓为然之处，即恳逐条指示，不胜铭感。肃泐布复。诸维心鉴。

034. 有操守无官气，多条理少大言

这是一封关于识人用人的信件。李桓，号黼堂，湖南湘阴人，前总督李星沅之子。此时署理江西藩司。李瀚章，字筱泉，乃李鸿章之兄。上个月曾氏奏调李桓、李瀚章二人一道办理江西通省牙厘事务，其实就是为湘军筹集军饷。

厘局的工作很重要，故而曾氏着重谈了厘局人选的标准，一共有四条：一为有操守，二为无官气，三为多条理，四为少大言。这四条中有操守、无官气、少大言三条都属于德性范畴，多条理这条属于才能范畴。曾氏识人用人，始终坚持以德为主，以才为辅的原则。我们从这封信里也可以看出他的这个原则。对于德性方面，他关注得多，考虑得也多；对于才能方面，则相对来说，要求得少些。

对于负有识人用人之责的领导者而言，宜特别重视曾氏所说的“少大言”。大言很动听，故常为处下位者所使用，也常被处上位者所欣赏，然大言多空泛，落实很难，于事并无益处。不用好说大话的人，是曾氏一条重要的用人原则，也是他成事的一个重要原因。

致李桓李瀚章咸丰十年七月初一日

黼堂尊兄、筱泉年兄大人阁下：

前接详牍，知牙厘各务，仰蒙擘画周详，综理密微，曷胜佩仰。此事究系倡始于生意场中，故鄙意注重于“除官气、裁浮费”二语。

顷意城寄函润帅，亦以二君子专驻省垣，恐耳目不能周遍，劝令参用绅士，互相查察。国藩于江西绅士熟识无多，闻见亦不甚广。即于湖南绅士，亦不似润帅之博采广询，左右逢原。仍求阁下就近悉心搜罗，或函商意城，于湖南厘卡最得力之员，借用一二人，将来即可保作江西之官。如向未在厘局当差者，亦可仿湖北之例，楚材晋用，但当礼罗江西贤绅，兼进并收，不宜过示偏重，使豫章才俊，有向隅之感。其自湘来者，先给薪水，优加礼貌，不必遽授以事。收之欲其广，用之欲其慎。大约有操守而无官气，多条理而少大言，本此四者以衡人，则于抽厘之道，思过半矣。务求及时罗致。鄙人亦当帮同采访。樟树、三江口等处，筱泉可亲往经理一番否？诸维心照。

035. 李元度之短

曾氏与李元度相处既久，对李的长处短处也知之甚深。这封信里，曾氏请即将重返江西的沈葆桢考察李在信州府所用的文武官员。这是因为曾氏知道李用人太过宽松，也就是说李这个人太好说话。

一个月后，曾氏派李元度去徽州赴皖南道之任。李赴任前夕，曾氏与之约法五章：戒浮，戒过谦，戒滥，戒反复，戒私。对于戒滥，曾氏的要求是“银钱保举宜有限制”。这就是针对李元度“凡有请托，无不曲从。即有诡状发露，亦必多方徇容”的毛病而说的。在曾氏看来，处高位者，宁可失之过严，也不可失之过宽；宁可遭受一部分人指责，也不可讨众人之好。也就是说，担当重要职责的人，苛严一点要比乡原好。

加沈葆桢片 咸丰十年七月初八日

再，次青擅长过人之处极多，惟弟与阁下知之最深，而短处则患在无知人之明。于在高位者，犹或留心察看，分别贞邪。至于位卑职小，出己之下者，则一概援善善从长之义，无复觉有奸邪情伪。凡有请托，无不曲从。即有诡状发露，亦必多方徇容。此次青之短。将来位望愈高，终不免为其所累。阁下知人之明，远胜侪辈。务求台驾迅出，且先在信州小驻，将次青所用文武各员，一一经法眼甄别，位置得宜，优劣得所。次青去此一短，则众长毕露，幸甚。敝处用人，间有不当，亦望阁下时时惠锡箴言，以资质证，至祷至祷。再颂幼丹仁兄大人台安。

036. 何为官气

半个月前，曾氏给二李写信，提出有操守而无官气，多条理而少大言的识人原则。在这封信里，曾氏将“官气”作了阐述。

什么是官气？曾氏解释：好讲资格，好讲形式，办事平庸，说话圆滑，无朝气，做事行文都得依靠别人，自己不能放下身段，也不能吃苦。

与官气相对应的是乡气。所谓乡气，即乡下人的做派：好逞能，好出新，做事则只想到自己这一面不会去想别人，说话则时常有漏洞，一件事情尚未开始办，便先已招来各方议论。

无论官气还是乡气，两者都有缺失，比较起来，曾氏宁愿用乡气之人，而不愿用官气之人。为什么？因为官气重的人暮气沉沉不能办事；乡气重的人朝气蓬勃，可以办事。曾氏眼下要的是肯做事能做事的人。

致李桓李瀚章咸丰十年七月十七日

辅堂尊兄、筱泉年兄大人阁下：

前寄一缄，道及求人之法，须有操守而无官气，多条理而少大言。日来以此广告各处，求荐才以辅我不逮，尚无应者。两君物色得人否？求人之道，须如白圭之治生，如鹰隼之击物，不得不休。又如蚨之有母，雉之有媒，以类相求，以气相引，庶几得一而可及其余。大抵人才约有两种：一种官气较多，一种乡气较多。官气多者好讲资格，好问样子，办事无惊世骇俗之象，语言无此妨彼碍之弊。其失也奄奄无气，凡遇一事，但凭书办家人之口说出，凭文书写出，不能身到、心到、口到、眼到，尤不能苦下身段去事上体察一番。乡气多者好逞才能，好出新样，行事则知己不知人，语言则顾前不顾后，其失也一事未成，物议先腾。两者之失，厥咎维均。人非大贤，亦断难出此两失之外。吾欲以“劳苦忍辱”四字教人，故且戒官气而姑用乡气之人，必取遇事体察、身到、心到、口到、眼到者。赵广汉好用新进少年，刘晏好用士人理财，窃愿师之。请两君仿此格式，各荐两三人，如假包换为荷。诸维心照。顺问台安。

037. 不满当国大佬

曾氏是个很谨慎的人。尽管他死后留下公私文字千万余言，但议论朝政，尤其是臧否人物的话却很少见。这一方面是出于他的性格，另一方面是他深知自己的身份不一般，一字之褒贬，不仅关系到别人的荣辱，也关系到自己的名望。但这封信里，曾氏却放言议论祁寯藻、杜受田、贾桢、翁心存、僧格林沁。这些人或是宰辅，或是帝师，或为国戚，都是地位崇隆、声望极高的大人物。曾氏对他们的评价，多有不恭。此种情形，非常罕见。

这为我们研读曾氏提供两个信息：一是郭氏兄弟是曾氏极为放心的亲信；二是曾氏在他的亲信中还是很喜欢放言高论的，但他很注意不留下痕迹。

复郭嵩焘郭崑焘咸丰十年七月二十三日

筠仙、意城亲家大人阁下：

二十三日接初八日惠缄，知霞仙往访山居，谈游之欢，至为慰企。

往在京师，如祁、杜、贾、翁诸老，鄙意均不以为然，恶其不白不黑，不痛不痒，假颟顸为浑厚，冒乡原为中庸，一遇真伪交争之际，辄先倡为游言，导为邪论，以阴排善类，而自居老成持平之列。三、四年间，尝以此风为云仙亲家言之，今来示盛推翁公，殆以一荐之惠难忘。去年来示，盛推僧邸，仆与舍九弟曾私虑其不终。人固不易知，知人固不易也。

《匈奴传赞》之言，亦尝肄业及之。然鄙意与外夷交际，但问强弱，不问曲直，不审哲人以为然否？

凯章已于十一日至江西省城，次青十二日亦至。待其抵徽，当以鲍、李、张三公由石埭、泾、旌三路救援宁国矣。广德州于十四日收复。季翁到即由广德进剿苏境。此间一切，取办于国藩与少荃二人之手。少荃八月赴淮扬办水师以后，仅鄙人独为之，万不能给。意城亲家既不入蜀，千求速来一助。八月底到营，帮我三月，年终归家，决不食言。求之不可必，惟有高声念佛而已。顺问台安。

038. 共守准绳

曾氏被誉为“乱世书生的榜样”。这句话，不仅仅是称赞曾氏在世道混乱之时，能走出书斋官衙拉起一支军队，拯时救世，更主要的是指曾氏在纲纪倾圮、人心浮动的时代，能谨守书生的节操、信仰与价值追求。曾氏之所以能做到这一点，这中间很大的原由，应从他早年慎独式的修身历程中去寻找。

君子当慎独，能慎独方可称之为真君子。曾氏在这封信里所说的"吾辈当自立准绳，自为守之，并约同志者共守之"，说的便是慎独。李续宜曾长期跟从罗泽南研习心性之学，故曾氏可将他引为同志而共守。对于别的带兵将领如杨岳斌、鲍超等人，曾氏则不会说这一类的话，对于非读书人出身的将领，只要能打仗，不贪、爱民，那就是很好的带兵者了。

复李续宜咸丰十年八月初六日

希庵仁弟亲家大人阁下：

二十八日接二十三日惠缄，敬悉一切。

此间自凯章于二十四日到营，即令其于二十八日由旌德援宁。春霆未到，亦令宋〈副〉将先攻泾县，以援宁国。不料甫经成行，即闻嘉兴师溃之信，浙江危急万分，请援之文，一日三至。国藩以张、鲍军出，断不能失信于宁国而改援浙江，是以恝置不顾。知我罪我，听之而已。惟是浙江万一不虞，则皖南、江西皆危，而吾湘亦难安枕。不得已，奏请骆公暂缓入蜀，湖南防兵暂不抽动，俾左公得以迅速东来。国藩向极谨慎，今甫当大任，岂敢恃权而冒昧陈奏。此次留骆之奏，实为江楚大局起见。且蜀中崇、曹当道，骆公若去，一国三公，亦必难展布也。方今天下大乱，人人皆怀苟且之心，出范围之外，无过而问焉者。吾辈当自立准绳，自为守之，并约同志者共守之，无使吾心之贼，破吾心之墙子。阁下以为何如？复请台安。

再，水师近日食洋烟者颇多，国藩昨有一咨戒饬之，又有复厚庵一信申戒，兹抄呈一览。不审有所补救否。

039. 天下滔滔江河日下

收信人陈士杰，字隽丞，湖南桂阳人。咸丰三年以小京官身份入曾氏幕，后回籍办团练，自领一支人马，号广武军，积军功历任按察使、布政使，官至山东巡抚。

信中，曾氏指出，当今的祸乱，肇始于吏治人心的涣散与军政战事的虚伪。此种风气由来已久，大局已坏，要想挽救，只能从根本上入手。所谓根本，即曾氏所说的朴诚廉耻。

这是理学信徒曾氏对时局的研判，它是深刻的、本质的。当然，要想人心朴诚、吏治廉耻，单靠二三君子的倡导，大概也是希望渺茫的。

复陈士杰咸丰十年八月十九日

俊臣仁弟大人阁下：

七月二十八日接惠书，具悉一切。

足下秉德孝恭，不忍暂离寝膳，仆亦何敢相强。惟天下滔滔，祸乱未已；吏治人心，毫无更改；军政战事，日崇虚伪。非得二三君子倡之以朴诚，导之以廉耻，则江河日下，不知所届。默察天意人事，大局殆无挽回之理。鄙人近岁在军，不问战事之利钝，但课一己之勤惰。盖战虽数次得利、数十次得利，曾无小补，不若自习勤劳，犹可稍求一心之安。自到皖南，军无起色。宁国顷又失守。左、鲍均尚未到，良深焦灼。

江西一省，鄙意欲力求保全，以冀外图吴越，内固桑梓。敬求阁下仍招桂勇三千，专防南赣一路，每年可归省一次，以慰门闾之望。郴桂有警，亦可率师回援，实属公私两便。

筱泉新授赣道，必不掣阁下之肘，特此飞商，务望相助为理。顺问台安。

040. 普通学人的幸运

这封信，为当政者如何对待文化人留下一个样板。

夏弢甫为安徽婺源地区的学者。曾氏在这年八月初六日的日记中说："中饭后核改信稿三件，内有夏弢甫一信，将渠所著书略翻数种，乃能核改。渠言'朱子之学得之艰苦，所以为百世之师'二语，深有感于余心。天下事未有不自艰苦得来而可久可大者。"日记还说："夜阅夏弢甫著书。"半个月后，曾氏给夏弢甫回了这封信。

一个并不出名的地方学者，一个手握重兵的两江总督，在今人的眼里，其地位之距离无异于天与壤。处今日曾氏这等地位的官员，倘若能亲自读一下信件，就算不错了；倘若能叫秘书回一封应酬性的信函，那可以说是给了这位学者极大的脸面；至于学者们所送的著作，通常只有被束之高阁的命运。

我们看看曾氏是如何对待夏弢甫的。

接到夏的邮件后，先是读信，连夜又读书，而且是认真读，联系到自身所处的环境读，由夏所说的得之艰苦的学问联系到得之艰苦的事业。曾氏为人做事，倡导拙诚，憎恶巧伪。“天道忌巧”，是曾氏的信念。夏的观点，与曾氏深为契合。

曾的回信，绝不是空泛的应酬，而是实实在在的学术交流，平等对话。曾氏称赞夏的《檀弓辨诬》足可与阎若璩的名著《古文尚书疏证》媲美，这是给夏的学术研究以很高的评价，但同时又坦率表示对于转注之说有不同的看法。既有同，又有异，这说明曾氏是认真读了夏的书的。同样，他的复信，也便是认真而不是敷衍的。尤其对夏的“艰苦”之说，更是予以高度的认可，给人感觉他与夏有惺惺相惜之意。

于是，曾氏敞开心胸与之谈学术。曾氏对于学问，一向主张融会贯通。他心中的圣哲，既有属于汉学的许慎、郑玄、杜预、马端临，也有属于宋学的周敦颐、二程、张载、朱熹，更有他所推举的“通汉、宋二家之结”的秦蕙田。曾氏与夏探讨的汉宋之争的这些文字，应是他的一贯主张，因而是诚恳的。

尤其令文士们感动的是，曾氏由夏之文章著述而赏识其人，邀请他入幕，并对他予以高度信任：请他带两三个同道者一起来。作为一个学者，夏弢甫得遇知音，何其有幸！作为一个大员，曾氏以文取人，何其有识！

复夏弢甫咸丰十年八月二十一日

弢甫尊兄大人阁下：

顷接惠书，并送到大著，具见研经耽道，学有本原。军中少暇，不及细心紬绎，但翻阅一二。《檀弓辨诬》发千古之覆，成一家之言，足与阎氏《古文尚书疏证》同为不刊之典。转注说与鄙人所见不甚符合，而《述朱质疑》中所论朱子之学得之艰苦，则国藩生平之宗旨，治军之微尚，有如桴鼓之相应，自以秉质愚柔，舍困勉二字别无入处，而不意阁下尚论大贤，亦以艰苦二字发其微也。

乾嘉以来，士大夫为训诂之学者，薄宋儒为空疏。为性理之学者，又薄汉儒为支离。鄙意由博乃能返约，格物乃能正心。必从事于《礼经》，考核于三千三百之详，博稽乎一名一物之细，然后本末兼该，源流毕贯，虽极军旅战争，食货凌杂，皆礼家所应讨论之事。故尝谓江氏《礼书纲目》、秦氏《五礼通考》可以通汉、宋二家之结，而息顿渐诸说之争。足下讲学有年，多士矜式，如能惠然肯来，启牖愚蒙，实所忻望。婺源大贤故里，有江、汪诸儒之遗风，又得足下熏陶教育，想复英彦朋兴，所有忠义，既经采访详确，造成册结，即照苏、常之例，一体办理。并请携二三学者同来敝处，即入忠义局，月致脩金，分任采访，不胜跂望。泐此复颂著祉，并完芳版，不具。

041. 高明者与卑琐者

曾氏所说的两种人才，一种是有志向进取心强的人，一种是斤斤计较于眼前的人。对于前者，可以忠、廉等高标准来勉励他。此种人可置于大任要位上。对于后者，当以严格的规章制度来限制他。这类人只宜放在低层，放在一般性的位置上。

识人用人，此乃领导者的第一要务。曾氏以善于识人用人著称。这里所说的，是他的经验之谈。

加李桓李瀚章片咸丰十年八月二十一日

此邵位西兄所拟稿。初来此间，于江楚情事，尚不甚熟悉，少迟当自了然。

来示所陈各情，实为切中要害，鄙人无以易之。大抵人才约有两种：高明者好顾体面，耻居人后。奖之以忠，则勉而为忠；许之以廉，则勉而为廉。若是者，当以吾前信之法行之，即薪水稍优，夸许稍过，冀有一二人才出乎其间，不妨略示假借。卑琐者本无远志，但计锱铢。驭之以严则生惮，防之稍宽则日肆。若是者，当以两君此信之法行之，俾得循循于规矩之中。以官阶论，州县以上类多自爱，佐杂以下类多算细。以厘务论，大卡总局必求自爱之士，宜用鄙信之说。小卡分局不乏算细人员，宜用来信之说。

位西之意，亦与两君相同。而鄙说要不可尽废，祈参用之。再颂辅堂尊兄、小泉年兄近安。

042. 西迁之策不足取

这是曾氏给胡林翼的一封绝密要函，信中谈到当时朝廷的一个重大的秘密议案：要不要把都城迁到西安。

咸丰十年七月八日，英法联军攻占天津。八月八日，咸丰皇帝逃亡热河。八月二十九日，英德联军攻进北京。这是当时震惊全国的大事件。虽然没有多久英法联军先后撤出北京，但京师已处于不安全的位置，朝野为之忧虑。于是有人建议，将京师从北京迁到西安。曾氏在信中对此议表示反对。

曾氏反对的理由：一、不能拿出二百万两银子来养两万禁卫军。二、缺乏办理此事的文武大才。

从这封信里我们可以看出，曾氏对眼下的朝廷与时局是抱悲观态度的，悲观的原因是无经纬天地之人才。从道光末年起，曾氏就对朝廷的人才状况失望，看来这种失望一直持续到现在。

西迁之事在咸丰朝没被采纳，但二十多年后，在慈禧手里却变成现实。光绪二十六年七月，八国联军攻进北京，慈禧携光绪帝仓促西逃，一直逃到西安止步。从光绪二十六年九月到次年八月，西安做了一年的临时都城。

复胡林翼咸丰十年十月初一日

润之宫保老前辈大人阁下：

二十八日接手教并严、张二信，又竹如寄渭春方伯信，读之悲愤难任。又于少荃处见公答渭春信稿，敬承一切。

西迁之策，侍连日思之未得端绪。仲远兄陈滦阳之不可久驻，内六盟之未足深恃，诚为切当。必谓关中遂可建不拔之基，似亦无据。朝廷草创，略修宫禁暨坛庙官寺之类，养禁旅卫卒二万人，非二百万金不办，仓卒间何从得此？万一粤匪、捻匪分道西犯，秦中兵勇岂足御之？又，迁都大事，宫府须二三非常之才经纬万端，三辅须熊罴不二心之臣捍御外侮。将仍求之满蒙宗藩勋旧之中，则旧科难改；若求之汉人卿相督抚之中，则亦殊乏妙选。盖有人则可秦可滦，均足自立，无人则滦失而秦亦未必得，斯鄙见所未敢遽决者也。

此间鲍、张二十九日进兵，破卡三处，斩馘二三百人，后日恐成深闭不出之象。池州之贼以数千窜祁门、建德夹缝山中。昨日文报已隔，探称尚非大股，或者仍当退去，抑或两路攻建德普军，均未可知。顺问台安。

043. 中兴在于得人

收信人方翊元字子白，湖南长沙人，此时为曾氏幕僚。在这封信中，曾氏再次谈到迁都之事。

方力主迁都西安。这种观点，也为京师以及湖北、山西、陕西、河南等地方大员们所主张。

曾氏不赞成迁都。他认为，国家的中兴与否，不在地而在人。他以历史上的迁都为例：有迁而兴盛的，如东晋迁金陵、魏拓跋珪迁大同、唐代玄宗与德宗的迁徙、南宋迁临安；也有迁而衰亡的，如汉献帝迁许都、北魏孝文帝迁洛阳、唐代僖宗与昭宗的迁徙、金哀宗迁蔡州。既然迁都不是救亡的唯一之策，所以朝廷不能把指望建立在迁都上。由此，曾氏得出“除得人之外，无一事可恃”的论断。这才是治国的不刊之论。

把人看作第一位，把人的德性看作第一位。这是曾氏人才思想的精髓。

加复方翊元咸丰十一年正月二十三日

正封缄间，又接上月十日惠函，力主迁都长安之议。此事京中具奏者甚多。鄂省司道诸公，亦众口同声，以为目下第一良策。山、陕、河南各疆臣亦皆先后陈奏。

鄙意以为中兴在乎得人，不在乎得地。汉迁许都而亡，晋迁金陵而存。拓跋迁云中而兴，迁洛阳而衰。唐明皇、德宗再迁而皆振，僖宗、昭宗再迁而遂灭。宋迁临安而盛昌，金迁蔡州而沦胥。大抵有忧勤之君，贤劳之臣，迁亦可保，不迁亦可保；无其君，无其臣，迁亦可危，不迁亦可危。鄙人阅历世变，但觉除得人以外，无一事可恃也。张仲远观察持迁秦之说甚力，与鄙见微若龂龂。因阁下垂询，略报一二。伏惟采择，仍赐辨正为荷。再颂著安。

044. 花未全开月未圆

鲍超，字春霆，重庆奉节人，咸丰三年投湘军水师，后为陆军统领，所部号霆军，是曾氏手下得力战将，爵封一等子，官至提督。

鲍超作战骁勇，屡立军功。他也因此而骄矜跋扈，是湘军中有名的骄兵悍将。曾氏在夸奖的同时，劝他常守“花未全开，月未圆满”之戒。

“花未全开，月未圆满”来自北宋蔡襄的诗：“花未全开月未圆，看花得月思依然。明知花月无情物，若使多情更可怜。”（《十三日吉祥院探花》）

曾氏看重这种自然状态，源于他的“求阙”思想。道光二十四年三月，曾氏在给诸弟的信中提到将京师寓所命名为求阙斋。这一年曾氏三十四岁，官居从五品翰林院侍讲。曾氏年纪轻轻，官运亨通，正是通常的踔厉奋发、努力上进的年代，他为什么要“求阙”呢？我们看他信中的话：“兄尝观《易》之道，察盈虚消息之理，而知人不可无缺陷也。日中则昃，月盈则亏，天有孤虚，地缺东南，未有常全而不缺者。”“兄但求缺陷，名所居曰求阙斋。”

原来，曾氏从《易经》中明白宇宙人生中的一个大道理：有阙是常态，圆满只是短暂的瞬间。所以生命的最好状态是花未全开月未圆。

笔者认为，“求阙”是打开曾氏内心世界最深处的一把钥匙。懂得曾氏的求阙心态，才能解开他心灵的密码。

致鲍超咸丰十一年二月初九日

春霆仁弟大人阁下：

顷戈什哈王廷贵自京中回，言京城及沿途道阁下威名甚好，至为欣慰。惟望阁下常守“花未全开，月未圆满”之戒，不稍涉骄矜之气，则名位日隆矣。

胡宫保闻抚、建有警，函止阁下不必往援北岸，甚好！甚好！请阁下即防守江边东流、建德一路。婺源来大股贼十余万，左军全行进剿。现调陈馀庵带四千人速来景镇，余二千人在东、建，请阁下代为照料。顺问台安。

045. 用兵之道在审慎质实

宋梦兰字子久，书生出身的湘军将领。鉴于宋对于兵事阅历较少，曾氏在多次信中与之谈用兵之道。咸丰十年九月三十日，曾氏在给宋的信中说："吾辈读书人大约失之笨拙，即当自安于拙，而以勤补之，以慎出之，不可弄巧卖知，而所误更大。"这封信里，曾氏又对宋谈起用兵之道：强而以弱示之，胜算较多；弱而以强示之，则失败较多。精细审核敌我实力，谨慎应战，胜算较多；草率轻易，盲目行动，则失败较多。

信中反映曾氏审慎质实的一贯行事作风。他曾经尖锐地批评某些带兵书生的轻狂："近来书生侈口谈兵，动辄克城若干、拓地若干，此大言也。又好攻人之短，轻诋古贤，苛责时彦，此大言也。好谈兵事者，其阅历必浅；好攻人之短者，其自修必疏。"宋梦兰大概也属于不够稳重踏实的书生将领。

复宋梦兰 咸丰十一年二月十七日

子久尊兄馆丈大人阁下：

接十五日惠书，具悉一切。

此次休宁之贼弃城而逃，郡贼亦必大不以为然。即窜清华、婺源之贼，亦必憾休贼之轻遁，必酌分贼股，一面添守徽郡，一面再踞上溪，图攻休、渔两处。我军此际办法，不患歙城之不能克，而患休城之不能守；不患贼之直攻休宁，而患贼之先攻渔亭。现派唐桂生驻守渔亭，本是好手，但兵力太薄，弟极不放心。应请阁下督带所部迅回渔亭，深沟高垒，严防婺贼回上溪口而专犯渔亭。老湘营守休邑，城大而兵少，不能分兵援渔。闻阁下向日濠墙不能坚固，此次务祈加修。如渔亭能保守一月平安，则郡城之贼三月必退。此弟之可以理断者也。顺问台安。

凡用兵之道，本强而故示敌以弱者，多胜；本弱而故示敌以强者，多败。敌加于我，审量而后应之者，多胜；漫无审量，轻以兵加于敌者，多败。阁下常犯此二忌，嗣后望勤加训练，不患无交战之时，但患无能战之具耳。特此密及，统希心鉴。

046. 当年至交今日大吏

这是写给新任湖南巡抚毛鸿宾的信。

毛鸿宾初来湖湘，曾氏认为他的工作首在物色将材、引用正人，而用人之要则在“不泥于例而又不悖于理”。所谓不泥于例，即不拘泥于常例。信中说胡林翼“办事不主故常”，指的就是这一方面。处非常之时，行非常之事，得用非常之才。非常之才的启用，要依靠主政者具有“不泥于例”的魄力与见识。但即便如此，也不能“悖于理”，即要用有操守的正派人。对那些心术不正的人，哪怕真的有非常之才干也不能用。这种人一旦凭借功劳居于高位拥有大权，将有可能办大坏事。

“二十余年同年至交，今幸同膺疆寄”，这真是一句让人读后深感欣慰的话。友谊是人类情感生活中的重要部分。世界上美好的友谊，莫过于从小便相知相识，然后一辈子彼此信任，相互关照；倘若能携手合作共同办成一番事业，或者各自都能有所成就，那就是最为美好最为温馨的友谊了。

复毛鸿宾咸丰十一年四月二十三日

寄云仁兄同年大公祖大人阁下：

自今岁以来，敝处危险迭见，日在惊涛骇浪之中，不获频修笺敬。闻台旆开府湘中，亦尚未肃函申贺，歉悚不可名状。四月二十三日接奉三月十九、四月初八两次惠书，伏审即日浮汉东下，由鄂渚荣莅星垣，大云宏荫，使敝乡士民同怀衣我食我、福我寿我之泽，欢抃曷既！

敝处军务，棘手已久。自伪主将黄文金、伪侍王李世贤两股各挟十余万众，窜扰景镇，抄我后路，断我饷道，竭左、鲍两军之力，五阅月之久，几无一日不战，无一路不梗。此外又有伪忠王一股，从广信、抚、建深入江西腹地，连陷吉安、瑞州二府四县。又有伪主将刘官方一股，屡次扑犯祁门老营。直至三月之末，惊魂稍定，驲路稍通。皖南军民方举觞以庆更生，而四眼狗自陷黄、德各属后，又率悍党回援安庆，直拊官军之背。不得已调鲍军驰救江北，弟亦移驻东流，就近调度。仰托圣主威福，能将安庆迅速克复，则湖北之黄、德，江西之瑞州各城，无难次第扫荡，即金陵亦可徐图。若洋船之接济不绝，安庆不克，则饷源日竭，大局日坏。绵薄如弟，深恐上负国家之委任，下辜良友之期望。中夜以思，忧愤何极！

敝乡近年以来，兵勇遍布数省，颇有人才渊薮之称。实则岩搜谷采，楚材晋用，而故山反为之一空。倘有大股阑入，殊恐无以应敌。阁下莅湘初政，仍祈以物色将材为先务。在外如胡、左、李诸公，在籍如郭氏昆仲，皆与阁下契合有年，若一一周咨，则统领之选，偏裨之才，皆可屈指而得之。

来示垂询用人行政利弊得失，窃以人存而后政举。方今四方多难，纲纪紊乱，将欲维持成法，仍须引用正人，随事纳之准绳，庶不泥于例而又不悖于理。胡宫保办事不主故常，而求贤甚殷，耳目甚长。阁下若遇疑端，与之函商，必能裨益高深，胜弟数倍。

二十余年同年至交，今幸同膺疆寄，而来函犹附谦版，万不敢当。谨以奉璧，弟亦不另肃柬。诸惟心鉴，顺请台安。

047. 天妒英才

湖南益阳举人文希范，湖南湘阴举人周开锡，咸丰三年起便参与曾氏的团练事业，后来在胡林翼所主政的湖北做事。胡林翼去世时，他们在第一时间里将此消息报告身在安庆的曾氏。咸丰十一年九月初三日，曾氏在日记中说："巳正接信，知胡宫保于八月二十六日亥时去世，哀痛不已。赤心以忧国家，小心以事友生，苦心以护诸将，天下宁复有似斯人者哉！”

在这封信里，曾氏又从忧国、进德、好贤、驭将、察吏、理财六个方面对胡作了全方位的高度评价。由此可见曾氏对胡的敬重，以及他此刻心中的悲痛。

曾氏对胡的情感是深厚的。早在京师时，曾氏与胡便有过翰林院同事之缘。咸丰四年，曾氏邀请胡加盟湘军。咸丰五年三月，胡就任湖北巡抚，成为当时掌握地方实权的唯一湘军高级将领。胡对湘军的东征所作出的贡献极大。胡对曾氏家族也很照顾，曾氏三个弟弟都蒙受过胡的栽培扶持之恩。对于这种恩德，曾氏始终牢记。他在《母弟温甫哀词》中说：“巡抚胡公奏请温甫统领军事”，在《季弟事恒墓志铭》中说：“鄂帅胡文忠公方广求将材，命季分领千人。”

此时，正处咸丰帝新丧，主少国疑，东南战事艰难的特殊时期，曾氏是非常需要胡这种有权力有才干又心心相印的人的，可惜，胡英年早逝。几天后，曾氏为胡写下沉痛的挽联：“逋寇在吴中，是先帝与荩臣临终憾事；荐贤满天下，愿后人补我公未竟勋名。”

复文希范周开锡咸丰十一年九月初四日

任吾、寿山仁弟阁下：

顷接来缄，知胡宫保于二十六亥刻仙逝，痛心之至！忧国之诚，进德之猛，好贤之笃，驭将之厚，察吏之严，理财之精，何美不备？何日不新？天下宁复有逮斯人者耶？附身附棺，得阁下妥为料理，自必诚信弗悔。此外诸事，亦不必过于耗费，以符润帅晚年醇朴之指。外间奠金概存积为箴言书院之用。书院诸事，鄙人当与希庵中丞主持一切。倘有余资，则惠及胡氏宗族，以佐书院所不逮。

国藩前批书院条约时，亦曾略引其端，不识润帅曾别有布置否。

灵柩还湘，应请两君护送。如族党有更须泽润之处，即早为筹及。在鄂预定一切，到益阳后，两君自措置裕如矣。

贱躯日益脆弱，彻夜不寐，公务丛杂，殊难支撑。顺问近祉。

048. 胡林翼有古大臣之风

李续宜号希庵，为李续宾之弟，咸丰三年始参与其师罗泽南的援赣军事活动，之后一直为湘军集团中的重要将领。咸丰十一年初，晋升安徽巡抚。在胡林翼病重期间，署理湖北巡抚。李续宾的女儿与曾国华的儿子订了亲，故曾氏以“亲家大人”来称呼李续宜。

在这封信里，曾氏除再次全方位颂扬胡林翼外，又具体指出胡的两大贡献：一为咸丰九年建议攻打安庆，二为推荐李续宜、阎敬铭（丹初）、唐训方（义渠）。

安庆是在上游一方最为靠近南京的大码头。安庆失落后，太平天国在上游的最大屏障便没有了，处境更为艰难。李、阎、唐作为重要骨干，都为湘军集团的最后成功作出了重要贡献。尤其是阎敬铭，堪称晚清帝国的栋梁大材。阎是陕西人，以户部主事的身份，应胡林翼之请于咸丰九年从京师来到湖北，总管湖北粮台事务，深受胡的器重，一直升到湖北布政使的高位。阎后来升任山东巡抚，光绪八年升户部尚书、军机大臣，一时有晚清第一能臣之称。

复李续宜咸丰十一年九月初五日

希庵仁弟亲家大人阁下：

初五日接二十五惠书，其时尊处尚未得润帅仙逝之信。此间于初三日接任吾、寿山信，伤痛不能自已。忧国之诚，进德之猛，好贤之笃，局量之宏，吏才之精，不特为同时辈流所不逮，即求之古人，实亦不可多得。国藩自闻国恤，独居惨栗，惄焉如捣。重以润帅沦谢，惘惘如有所失。

身后之事，除附身附棺必诚必信外，似不必过于侈费。箴言书院未竟之事，国藩与阁下当代为主持一切。仍请任吾、寿山送回益阳，综理密微。所可为润帅慰，且为吾党共慰者，渠于九年秋建议攻剿安庆，犹及目击皖城之下；本年鄂疆连陷二府十余州县，犹及见其一律收复。族党皆沾其惠，书院泽及一邑。所荐阁下暨丹初廉访忠亮宏济，义渠亦廉正君子。付托得人，有古大臣德被数世之风。逝者有知，应无遗憾。

阁下料理鄂事就绪后，仍望东来会商一切。国藩意绪萧瑟，体日孱弱，实难独支。伏希鉴亮。即请台安。

049. 翁同书养痈贻患

曾氏在这封信里与河南巡抚严树森谈论安徽巡抚翁同书与苗沛霖的事。

苗沛霖是安徽凤台人，秀才出身，做过塾师。咸丰六年在寿州办团练，与捻军作战，后投靠胜保，跟随袁甲三一道打捻，官至道员。苗后来又投靠捻军，还被太平天国封为奏王。同治元年四月，苗又暗通胜保，诱擒太平军英王陈玉成。次年再度反清，终被陈玉成旧部所杀。

曾氏写这封信的时候，苗沛霖已背叛朝廷。曾氏很憎恨这种反复无常的人。安徽巡抚翁同书在处置苗的事情上犯有许多过错。在曾氏看来，翁对苗的态度就是养痈贻患。两个多月后，鉴于翁两次弃城逃命，以及对苗的姑息养奸，曾氏给朝廷上了一道参折，即近代史上著名的《参翁同书片》。曾氏以峻厉的文辞历数翁抚皖的种种失误，以不容否决的强硬态度迫使朝廷终于严惩翁同书。从此，他也便与两代帝师、叔侄状元的常熟翁家结下深怨。

复严树森咸丰十一年十月二十九日

渭春尊兄大人阁下：

军务旁午，未得时通笺候。昨辱翰教，约以共讨苗逆，并审剿捻大捷。豫省兵事废弛久矣，阁下莅任伊始，创立骁果营，拔将才于下僚，练生兵为劲旅。期年之内，壁垒一新，遂使凶逆歼除，威棱丕著。慕容出奇于东涧；韦睿决胜于钟离。以古方今，亦何多让！东省窜匪迭经败衄，僧邸乘胜逐北，已抵邳州。此股扑灭，齐、豫皆可肃清。新主乘乾，南北迭奏捷书，曷胜庆幸！

苗逆狂悖，罪不容诛。翁中丞始则屡疏保其忠良，以贻养痈之患；继则屡疏表其必叛，以著先见之明；逮苗逆围寿七个月，又屡疏请援请饷；不谓城破之后，既不能引决殉难，反具疏力保苗逆之非叛，团练之有罪。是非颠倒，令人百思不解。然既已入告，自当静候批谕。豺狼之性断难驯扰，勉强羁縻，为患更大。倘竟用抚议，则将来之变且不可问。目下庐郡未复，多都护难以越剿寿春；李希帅新授抚鄂之命，亦难遽来皖境；彭雪帅新擢皖抚，所部但有水军，别无陆师；九舍弟一军分守安庆、庐江、无为、枞阳、运漕、东关六处，只堪自固，无力进剿。且当置苗逆于度外，俟庐州克复，李帅所部全驻六安一带，然后敝处亦拨一旅，会合雄师同讨苗逆。届时再行会奏。此际且姑与之虚而委蛇，与之为无町畦。拙见如此，不审卓裁以谓何如？舍弟回湘募勇，期于年底到营，俟以新兵换出防兵，再筹进取方略。

浙事日棘，萧山、绍兴俱已失陷。纵宁波借夷人之力得以幸完，而宁饷为绍、萧之贼所隔，衢兵为严、兰之贼所隔，省垣诚有坐困之势。杭倘不保，湖州、上海恐为其续，东南海滨逆氛连为一片，更不知如何收拾！

胡润帅竟尔不起，尤深浩叹！忧国之诚，好贤之笃，驭吏之严，治军之整，不特当世所罕见，即古人亦岂可多得？昨具一疏，略陈荩绩咨达冰案，想阁下亦同深感怆也。肃泐布复。并请台安。诸惟心鉴。

050. 高位盛名更需谨慎

这封信给我们透露一个信息，即在参劾翁同书之前，曾氏就此事与湖南巡抚毛鸿宾商量过。

既需商量，就表示自己心里尚有疑虑，拿不定主意。曾氏在参翁一事上的疑虑在哪里呢？他对同年仁兄说得很清楚：不在于与翁家结怨而在于自己声望太高。声望太高，这当然是事实，但还有一个更重要的原因，即权力太大，而且这个权力是军权。曾氏本人不方便挑明这点，毛鸿宾心里自然也明白。握有重权的人，有的凭此或杀伐予夺、毫无顾忌，或聚敛私产、恣肆狂为，但也有的反而更加谨慎。曾氏属于后者。他曾经对他的弟弟说：像我们这种人，一言可以使人得华衮之荣，一言也可以使人受刀斧之灾，千万要谨言。

作为东南战场的最高统帅，前安徽巡抚翁同书的荣辱之间，曾氏的一句话，当起着至关重要的作用，故而在参翁之事上十分慎重。毛鸿宾的意见如何，我们已难以考察了，估计是赞成他“抗疏严劾”的。两个月后，曾氏终于给朝廷发出参劾翁同书的奏片。翁同书也因此被处以“斩监候”的重刑。

复毛鸿宾咸丰十一年十一月初八日

寄云仁兄同年大公祖大人阁下：

冬月初接上月十九惠书并疏稿二件。前件已于邸报中读过；后件弹击承嗣，尤足摧落豪强，维持纲纪，令人肃然起敬。

今年春夏，胡润帅两次贻书，责弟嫉恶不严，渐趋圆熟之风，无复刚方之气。今睹阁下侃侃正言，毫无顾忌，使弟弥惭对润帅于地下矣。近日封疆中如刘鉴泉不遵旨即赴滇督之任，而擅自北上，迟迟吾行；翁药房往年屡疏保苗沛霖之忠良，今春屡疏劾苗沛霖之叛迹，逮寿州被围六七个月，又屡疏请援请饷，乃寿城陷后，不能殉节，反具疏力陈苗逆之非叛，谓曲在寿团，而不在苗党云云。此等行径，鄙人颇思抗疏严劾。则又以愚陋如仆，忝窃高位，又窃虚名，方自攻其恶之不暇，不欲更翘人短以炫己长，以是徘徊未决。祈阁下代为詹尹之卜，何去何从，早惠南针。弟于身家恩怨无所顾惜，所疑者，虚名太盛，又管闲事，恐识者斥为高兴耳。

湘省官吏之贤否，弟不深知，辱承垂询拳拳，后此苟有所闻，必以密达左右。敝处用人行政倘有不当，贱兄弟居家在外，倘有愆尤，亦望随时切实指示。千万之祷！

此间军事，诸叨平安。北岸西梁山等处之贼来窥犯运漕、东关者，均经击退。三河之贼，闻于十一月六日不攻自溃。大约庐州郡城，贼亦无志坚守。南岸鲍军进攻青阳，朱云岩进攻石埭，均于日内前往。惟绍兴失后，杭垣危于累卵，弥月苦无确耗耳。

熊秋白农曹自鄂中来信，极言近状之艰。知渠夙列门墙，沆瀣良深，尚祈时雨宏施，俾得沾润三族，当不徒身受知感也。复请台安。

年治愚弟国藩顿首

051. 朝廷监视湘军的耳目

这是曾氏写给官文的一封涉及战事人事机密的重要信件。官文是个满人，做过头等侍卫、副都统、将军，此时正担任湖广总督。官文的这等身份，自然使得他在与太平军的战局中，有着非同一般的地位：既是这场战事中的高层领导者，又是朝廷监视湘军的耳目。以曾氏、胡林翼等人为首的湘军集团高层，对这点有着清醒的认识。胡林翼生前将这种认识，转化为传奇般的督抚相处的现实。现在胡氏去世了，曾氏继续将它演绎下去。

曾氏与官文商讨四件事。

一、对苗沛霖宜剿不宜抚。眼下暂且不惊动，待李续宜、多隆阿克复庐州后再全力剿苗。

二、同意彭玉麟辞去安徽巡抚。彭目前是侍郎衔的水师统领，其职权自然不能与一省巡抚相比，但彭以事业为重而不以职权为重，难能可贵。曾氏对此深为钦佩。彭的这种品德，满洲权贵官文当然不能理解，曾氏也无须跟他说清，只是从有利于事业这点来与官文讨论。

三、出于对彭的敬重，曾氏希望改调彭为鄂抚，仍做水师统领的事情，由唐训方或阎敬铭来代理鄂抚。

四、对于节制浙江一事，曾氏有意辞谢，希望官文在这件事上帮他说话。

这四件事，以后的情形是：苗反复无常，不久又暗通胜保，剿苗一事自然暂缓；安徽巡抚一职由李续宜担任；湖北巡抚由原河南巡抚严树森平调；至于节制浙省一事，既是朝廷周密考虑的通盘大计，也是战事的需要，后来在语气坚定而恳切的圣旨面前，曾氏也不再推辞了。

致官文咸丰十一年十一月十七日

秀峰宫太保中堂大公祖阁下：

日未奉问，伏想勋福臻绥。连接寄谕，似朝廷有绝大处分，尚未得见明文。鄂中已有十月中旬邸钞否？敬求示及。兹有要事数件，密函奉商如左：

一，十月二十三日，寄谕问苗练应剿应抚，彭玉麟能否赴颍、寿，曾国荃能否赴滁、全，自应即日复奏。鄙意此时楚师之力，但能防苗，不能剿苗。苗沛霖罪大恶极，必应剿灭，万无抚理。目下姑置之不议不论之列。俟李、多二军将庐州克复，和州、含山一律肃清，桐、舒一路，鄂省无须设防，然后移兵剿苗，势顺而易。盖苗与诸捻为积仇，但患其与发匪勾结，不患其与捻匪联络也。应请阁下主稿，会弟与彭、李四衔复奏，备陈苗逆宜剿而不宜抚，楚师宜先庐州而后寿州。是否有当？敬候卓裁。敝处已另备咨牍奉商矣。

一，雪琴专差具奏辞皖抚一席，目下道途多梗，不知何日始奉朱批。渠方以辞谢后即可不问皖事，而朝廷已以皖中兵事责之矣。雪琴之辞皖抚，弟所以不再三阻止者，以私衷言之，渠久带水师，较有把握，若骤改陆路，招集新兵，恐致败挫，后功难图，前名易损；若不改陆路，断无长在船上为巡抚之理。以公事言之，长江上下数千里，水师船只近千号，非厚庵一人所能照料。万一贼匪再回窜江、鄂，杨、彭二公宜以一人驻湖北上游，以一人驻安庆下游，鄙意亦不欲雪琴去水而改陆。拟奏明听从雪琴辞去巡抚，仍带水师，以后但用巡抚体制专折奏事，却不办陆路军务，庶责任稍轻，公私两益。

一，希公九月十二之折，辞鄂而仍就皖抚，不知近奉谕旨否？前旨令希仍驻鄂、皖之交，弟意以为不如从希之请，实授皖抚较为顺手。盖目下剿庐州，将来剿苗逆，办两路之转运、夫船，收皖属之丁漕、捐厘，皆须实任皖抚，呼应方灵。前此润帅费尽气力，尚多掣肘，希帅未入皖境，更难办矣。弟拟奏请希庵仍任皖抚，雪琴改调鄂抚。希庵一入桐、舒、霍、六，便可接受皖抚之篆；雪琴仍驻水营，但食鄂抚之廉，不接鄂抚之篆，请旨于唐、阎两司中派一人署理抚篆，而阁下总其成。鄙见如此，请阁下与希帅密商示复。弟专疏具奏，不会尊衔，但云函商相同而已。

一，接十月十八日谕旨，令弟兼办浙江军务，有“节制四省”字样。位太高，权太重，才太短，时太艰，皇悚之至！即日当具折辞谢，而荐左帅督办浙江军务。恐朝廷疑我畏难推诿，求阁下于便中附奏及之，言曾某不必有兼辖之名，自不敢存畛域之见，必当竭力谋浙等语。旁敲侧击，胜于弟之自陈矣。我楚军之所以尚足自立者，全在不争权势，不妒功名。若弟权势太盛，泰然居之而不疑，则将来暗启人之争心、妒心而不觉。弟拟再三辞谢，得请而后已。弟与阁下均居崇高之地，总以维持风气为先务。以后弟有大过，敬求俯赐箴规；兄有小失，弟亦必效献替。聊布区区，诸惟心鉴。敬请台安。

此缄或请与希庵亲家、义渠仁弟、丹初同年密商示复，但不宜传播太广。至恳至祷！

052. 渴望与韩愈并列

这封信可议之处有二：一为第一段之“曾文节”，二为胡氏义塾。曾氏在称赞李续宜的疏稿、告示时，说李的这两篇文字“可与曾文节并驾齐驱”。信中又说左宗棠的祭润帅文“几欲与韩昌黎、曾文节鼎足而三”。读者已经在脑子里想：曾文节是谁？而曾氏偏偏还要加以提醒：“你道是谁？”

聪明的读者或许已想到：“曾文节”是不是曾氏的自称？笔者很乐意肯定这种想法：不错，曾文节就是曾老夫子的自道！

曾氏为何要自称曾文节呢？“文节”二字实乃谥号。清制，翰林出身二品以上的官员，生前若无大过，死后可获一“文”字的谥号。而“文”后面的字，则据生前的作为表现而定。曾氏曾经开玩笑地说，他死后可得“文韧”的谥号。“韧”，指坚毅。曾氏自认为属坚毅一类者。节，指忠义。自领兵以来，曾氏便抱着死于战场的志向。自称“曾文节”，实际上是在向世人宣布此志。

曾氏自称曾文节，又把曾文节与韩昌黎并列，似乎是在跟李续宜调侃，说笑话。曾氏这个人其实并不乏幽默感。他喜欢跟幕僚说笑话，别人笑他自己不笑。他把自己硬着头皮挺住的无奈之举称之为挺经，他要吴敏树拿巨款来贿赂他，以求他删去文章中对吴不利的话等等，都是他幽默一面的表现。在这封信里，曾氏跟李续宾是既在玩幽默，但也不完全是。曾氏一向对自己的诗文有很高的评价，早在京师时，他在给诸弟的信中就说过“余于诗亦有工夫，恨当世无韩昌黎及苏黄一辈人可与发吾狂言者”。战争年代，他又对儿子说自己于“古文尤确有依据，若遽先朝露，则寸心所得遂成广陵之散”。曾氏自信他的文章在当今应属一流，甚至海内第一。对于前人的文章，社会上公认的第一人是韩昌黎（翰林院中设有昌黎祠）。曾氏的心中深处，是渴望世人或许还渴望后人将他的文章与韩昌黎并称，自己先把这个排列说出来，实际上是借玩笑话的形式，说出久藏于最深处的心声。

胡林翼重病期间作出一个大的决定，即筹建箴言书院，作为胡氏族群子弟读书的场所，并请曾氏为之作序。捐出私囊创办学校，这是过去时代大官富商的义举，无论他们出自什么目的，这种行为都是值得大力嘉奖的。为成全胡林翼这番善心，曾氏在对胡身后奠金的处置上，特别指出要给箴言书院留下一笔款子，不能全部被家人分掉。曾氏的这种处置，当然极具远见。

复李续宜咸丰十一年十一月二十七日

希庵仁弟亲家大人阁下：

接二十二日惠书并奏稿一件、告示稿一件，而令酬以一、二赞词，谨遵命赞之。一赞曰：疏稿则分肌擘理，诚贯金石；告示则词严义正，字挟风霜，纯是一种正气弥纶其中，故无影响嗫嚅之处。二赞曰：寓刚劲于和平之中，可与曾文节并驾齐驱。昨左季帅寄示《祭润帅文》，余赞之曰：“几欲与韩昌黎、曾文节你道是谁鼎足而三。”所以酬左公者优矣，渥矣！今之酬阁下者足乎？否乎？至前承惠良马，并拟于一、二赞词之外，又加三、四赞之，五、六赞之。因拙作《润帅荩绩》阒然未闻世人一字之赞，人之多吝，余亦何独不吝？宁令此马之抱屈，不愿鄙人之先施也。

雪琴未带陆兵，势不能不辞皖抚一席。皖中群盗纵横，有发、有捻、有苗，非手握马步强兵，不能龛此大乱；非心精力果，不能辨顺逆邪正之幾，明剿抚先后之序。鄙意实思奏请阁下仍任皖抚，驻扎桐、舒一带，或驻扎安庆，常至桐、舒、霍、六等处一行。不特与袁、翁、贾、李交涉事件，可以一一熟商，即筹饷转运诸细节，亦非旦夕函商，不能妥协。前有信寄揆帅，此时复书想已在途。其鄂中吏事、饷事应如何而后可循润帅之旧，尚祈缕示一切。

润帅浅厝花桥，想因山向不利，抑系未得佳壤，姑厝此而另择耶？其奠分二万金，以五千为胡氏义塾，则宗族咸悦，正所以维持箴言书院久而不敝也。此五千金，不知已交现银否？尚祈留心。斯事妥，则无一不妥矣。鲍春霆续致之二千金，舍弟亦将致三四百金，似均可为箴言书院之用。湖南如毛中丞诸公，计亦必有奠仪，均可增助书院膏火。尊处拟再解书院之千金，似可不必，留待他日赠遗赐福可也。

任吾寄梅村作《行状》，嘱作神道碑，义不容辞。而久不作文，艰于构思。

作梅兄已至尊处，甚慰甚慰。顷阅严中丞奏保耆硕二十人，作兄与焉？如奉文进京，则请速来安庆一叙。顺问台安。

053. 对洋人入侵的本质认识

湖南巡抚毛鸿宾欲就洋务问题向朝廷上折，将奏稿送给当时的洋务行家老友曾氏，请曾氏提意见。曾氏对毛的奏稿提了三点意见：一、外船进入中国，必须先经过粤海以后才能到崇明。这是完全错误的说法。二、长江上可以由商船自由往来没有稽查机构。这说的不是事实。三、对薛焕的指责也不公允。

曾氏在批评毛鸿宾奏稿的同时，提出“商战”的概念。“商战”二字，可谓把当时中国与诸列强的纠葛，从本质上予以揭示。

当时与中国打交道的西洋各国，其本质上是为了谋利，因利而起争斗，故谓之“商战”：为商而战，战而为商。可惜的是，当时的中国从上至下，有这种清醒认识的人不多，而大多数人则从情感意气上出发，认定洋人是在存心欺侮中国。

如果当时上下都清楚洋人是为了与中国做生意谋取利益的话，我们则完全可以敞开国门，与之商谈平等交易。但当时许多人认为，开放口岸就是丧权辱国。闭关锁国，孤陋寡闻，给近代中国带来多大的误会与灾难！今天想起来，真令人痛惜。

正是出于对洋人的本质认识，信的最后，曾氏提出与洋人“相安无事”的外交国策。也可惜，因为种种原因，曾氏的这个治国理念无法付诸实现。

复毛鸿宾同治元年正月二十六日

寄云仁兄大公祖同年大人阁下：

接展华函，并录大奏，属为推敲疑义。国藩愚陋，于夷务无所通晓，即各国通商条约，亦未尝悉心研究。浅之如起货、落货、验货、剥货、舱单、税单、红单、保单之类，均不能缕晰其名，确指其地。说者或谓内江水道浅狭，与外洋迥异，洋货一抵中国，五口必须加装捆扎，大船换小，重载改轻，乃能驶赴内江；起货是初抵五口之名，剥货是换船入江之名。亦未知其果否，未敢执是与阁下相辩诘也。惟就鄙人平日所知，与来示疏稿所指，则亦有不合者。请献其所疑一二端，仰祈反复开示，冀彼此俱臻涣然豁然之境。

来示谓由江出洋，不必从上海经过，且言内洋只粤海一口。以弟所闻则殊不然。长江之入海，犹敝省湘水之入江也。江口有孤悬之崇明，犹湘口有孤悬之君山。江初出口，循右而下之有吴淞江，犹湘初出口，循右而下之有旋湖港也。吴淞江内六十里为上海县，该监督与领事官虽皆住上海城厢，而关卡则设于吴淞出海之黄浦口；亦犹旋湖港内之人设卡于该港出江之擂鼓台。洋人由海入江，不能不由黄浦口经过，亦犹之鄂人由江入湘，不能不由擂鼓台经过也。沪上绅士来此请援者，携有上海地图，附呈一阅。阅毕，另摹存查，请以原图掷还敝处。至疏稿谓夷船入内洋，必先经过粤海而后可达崇明，尤非事实。西人由印度海而来，一过苏门答腊，即可粤、可闽、可浙、可苏，不必定由粤省经过。如必过粤，则绕越当在五千里以外。而阁下以与黄浦入沪仅绕六十里者相比，亦太不伦矣。此国藩之献疑者一也。

大疏谓内江各口无榷税之权，欲其呈验报单且不可得，遑问稽查，弟亦尝以此层为虑。惟检阅长江章程，在上海有由领事官赴道署领江照之法，又有领军器执照之法，又有派员役同驾送往镇江之法，又有海关红单之法，又有商客人名数单之法；到镇江后，又有呈验单、照四件之法，又有禀递舱口单载明货件斤两、价值之法，又有给镇江红单之法；至九江、汉口，又均有呈验单、照五件之法，均有禀递舱口单注明货件斤两、价值之法。其归也，有镇江派员役送回上海之法。其运油、麻、钢铁等物也，有请汉关、浔关给执照之法，又有呈具保单之法。计洋船由沪至鄂，往返不过十日，而为文凭者八事，为法禁者十三事。种种关防，层层稽查，网亦密矣。而大疏乃云长江数千里防维尽失，往来贸易不受稽查，岂笃论乎？自古圣王以礼让为国，法制宽简，用能息兵安民。至秦用商鞅以“耕战”二字为国，法令如毛，国祚不永。今之西洋，以“商战”二字为国，法令更密如牛毛，断无能久之理。然彼自横其征，而亦不禁中国之榷税；彼自密其法，而亦不禁中国之稽查；则犹有恕道焉。咸丰三年刘丽川攻上海，至五年元旦克复，洋人代收海关之税，犹交还七十余万与监督吴道。国藩尝叹彼虽商贾之国，颇有君子之行。即今沪、镇、浔、汉凡有领事官之处，皆令我国管关者一体稽查、一体呈验舱口单，正税、子税较我厘金科则业已倍之、三之。在彼固自谓仁至义尽矣，而阁下与揆帅必欲令其改赴汉口输纳，沪与鄂同一中国也，朝三暮四，旋令旋改，在沪关必怨楚人之攘利，在西人且笑晋政之多门。此国藩之献疑者二也。

长江通商章程十二条，据总理衙门咨，系恭亲王与英国卜公使议定。又洋货税单、土货运照、三联报单亦据总理衙门咨，系恭亲王所定。而大疏中指劾薛中丞贪婪蒙蔽，极辞丑诋，且云与恭亲王前奏绝不相符。不知阁下因恭邸亲贤柄政，不敢指斥，故嫁其咎于薛公乎？抑别有确据，知此章为薛公所定乎？薛公之于夷务，往岁事不可知。自庚申冬以来，大事秉承恭邸，小事一委吴道，似无所短长于其间。恭邸先以长江有贼，不准通商，旋因英国固请，乃始允许。其不卖军器及油、麻等保单各条，皆辛酉七月以后所定。尊疏尽以诬诋薛公，似不足以服其心。此国藩之献疑者三也。

方今发、捻交炽，苗祸日深，中国实自治之不暇。苟可与洋人相安无事，似不必别寻衅端。汉口纳税之说，发之于沪税未定之先则可，争之于沪议既成之后则不可。大疏发此难端，英、法诸国不从。将默尔而遽息乎？则是壮颁而启侮。将争辨而不休乎？则且废好而兴戎。二者必居一于此。区区之愚，愿阁下与筠仙亲家熟商审处，幸甚！如鄙言全不当理，则请详晰剖示以资质证。专此布复。

谨璧谦简。顺请台安。

054. 李鸿章组建淮军

咸丰十一年十月中旬，上海各界公推户部主事钱鼎铭赴安庆，请求曾氏派兵救援上海。曾氏早就有招募江淮子弟组建新军的想法，趁此机会，命李鸿章回乡募勇。同治元年元月下旬，李鸿章募集淮军六千人来到安庆，按湘军营制予以编练。曾氏又调拨程学启开字营加以补充。钱鼎铭筹银十八万两雇洋船七只运送。三月上旬，李鸿章率第一批三千人，由安庆乘船赴上海。就在李赴沪的同时，曾氏上疏朝廷，密保李“才大心细，劲气内敛”，可为江苏巡抚。

收到此信的李鸿章，正以江苏巡抚、淮军统领的身份驻扎上海滩。这封信有两点值得特别注意。一是曾氏以忠、信、笃、敬四字，指导初与洋人打交道的得意弟子。包括李鸿章在内，当时绝大多数人认为洋人贪图利益，不讲信义，不能跟他们讲中国的传统道德。曾氏不赞同此说。他认为忠、信、笃、敬这些中国传统道德同样适应与洋人打交道。曾氏的这种外交理念，常被人讥为迂腐，实则为长久之策、根本之道。

二是曾氏对郭嵩焘的识与用。曾郭交情很深，既是多年老友，又是儿女亲家，而且曾氏对郭的才学也很器重。按世俗观念，曾氏是希望郭的官越高越好，权越大越好，但曾氏不这样。在曾氏的眼中，郭是学者作家，是一个著书立说的人才，而不是能胜任实际事务的行政官员，所以他不宜做上海的海关主管官员，只能任清闲之职，做李的高级顾问。

郭嵩焘后来做广东巡抚，与两广总督瑞麟闹矛盾，被罢黜；做出使英法大臣，与副使刘锡鸿不和，遭朝廷批评，死后连个谥号也没有。这些事实，都说明郭不擅长做实事。

曾氏在这封信中对郭的评价，再次验证他的识人用人的过人之处。

复李鸿章同治元年三月二十四日

少荃仁世弟大人阁下：

二十一日接三月十五日惠书，敬悉一切。所应复者，条列于左：

一，夷务本难措置，然根本不外孔子忠、信、笃、敬四字。笃者，厚也。敬者，慎也。信，只不说假话耳，然却极难，吾辈当从此一字下手。今日说定之话，明日勿因小利害而变。如必推敝处主持，亦不敢辞。祸福置之度外，但以不知夷情为大虑。沪上若有深悉洋情而又不过软媚者，请邀之来皖一行。

一，上海所出之饷，先尽沪军，其次则解济镇江，又次乃及敝处。坏营劣勇不可不裁，民怨夷谤俱可不顾，但须忖量撤去之勇万一滋事，吾力足以制之否耳。羽毛不丰，不可高飞；训练不精，岂可征战？纵或洋讥绅恳，中旨诘责，阁下可答以敝处坚嘱不令出仗。二三月后各营队伍极整，营官跃跃欲试，然后出队痛打几仗。

一，阁下此次专以练兵学战为性命根本，吏治、洋务皆置后图。吴公关道一席，目下断不可换。筠公芬芳悱恻，然著述之才，非繁剧之才也，若任以沪关，决不相宜。阁下若挚爱迫求，或仿篪仙之例，奏以道员归苏提补，而先署苏臬。得清闲之缺以安其身，收切磋之益以助阁下，庶几进退裕如。否则暂不出奏，待渠到皖后，赴沪一行，再议进止。阁下与筠公别十六年，若但凭人言冒昧一奏，将来多般棘手，既误筠公，又误公事，亦何及哉?

一，陈飞熊营已到，整齐可慰！马先槐未到，到即飞缄奉达。火药必按月协解，请派洋舟来接，但恐不能如数耳。

一，翻刻营制营规、《爱民歌》、《劝诫浅语》之类，皆系从外面说去，不从骨里用功。阁下此时除选将、练兵、筹饷，别无政事；除点名、看操、查墙，别无工夫。诸件若未刻，则停刻；已刻，则停散。少一分播扬标榜，即多一分真实蕴蓄也。至嘱至嘱！

一，此间自十六日克复青阳后，十八日又克复铜城闸，十九日克复雍家镇。现在沅弟已进巢县。若能攻克裕溪口，则淮阳水师驶下时，仅过九洑洲一关矣。惟尚须由尊处解银二万速来，拟熊、垣二营发一个半月，水营添发半个月，皆不可少。

外零件开一单，祈饬办。复请台安。

055. 粤厘：湘军饷银的重要源头

这封信说的是当时湘军军饷的一个重要来源：广东厘金。广东富庶，又为南国门户，海外贸易发达，更兼粤盐生产兴隆，朝廷命以广东厘金接济江浙军务。

此时的两广总督正是收信人劳崇光。劳是湖南望城人，乃曾氏的湘中前辈。早在京师时，曾氏即对劳礼遇，二人关系良好。这种安排，显然是朝廷出于对曾氏的关照。

广东厘金事关湘军命脉，曾氏对此高度重视。他向朝廷奏请他的同年好友晏端书以左副都御使身份，出任广东厘金督办，坐镇广东韶关。同时，曾氏又委办他的几个心腹理财能手李瀚章、蔡应嵩、黄冕、赵焕联为襄办。厘金向为各方垂涎，为免争执，也为杜绝截留，曾氏在信中将“所有粤东厘金”的如何分配说得清清楚楚，明明白白，没有半点含糊、迟疑之处。

此信可见书生出身的曾氏干练的行政长才。

致劳崇光同治元年五月初十日

辛阶老前辈大人阁下：

久疏音敬，时切依驰。去岁冯内翰焌光购炮入广，诸荷青垂，饬属照料，纫戢尤深。即审鼎铉延釐，节楼介祉。寰海清而威宣铜柱，两粤销兵；台星朗而望重金瓯，九重锡命。翘瞻景祠，曷罄蕤轩。

侍任重材轻，备经艰险。前岁围困祁门，岌岌然不可终日；去秋连克数城，机势渐转，而冬月杭垣沦陷，全浙皆贼，分股四出，窥伺江西，窜扰皖南，大局又将决裂。诸军苦战苦守，转危为安。左中丞往来徽、衢之间，东援西剿，力遏伪侍王、伪辅王两大股，不令上窜。敝处亦于春末夏初迭有驱除。揆度时事，似尚可为，而饷项支绌万分，动形棘手。

江浙三省凋敝已极，无可罗掘。江西、两湖历有协解，亦皆疲于供亿。左帅虽任浙抚，并无尺寸之地，较敝处尤为艰窘。朝廷以东南恢复无期，时劳轸念，而内臣亦皆急于责效。宋雪帆侍郎、朱海门侍御两疏，皆欲各省通力会筹，宋则意重合兵，朱则意重增饷。因思岭南素称富庶，重以仁风布护，益臻繁盛，当此万难之时，不得不呼将伯之助，爰于议复朱侍御折内，奏请抽办全粤厘金，分济江浙军饷。奉旨允准，命晏彤甫星使赴粤兴办。续奉寄谕，知耆九峰中丞亦请于省城、韶关两处抽厘济饷，廷议恐涉两歧，命晏星使与阁下及耆帅会商。耆军本为援浙，事归一致，自当通盘计画。晏公初抵棠疆，于地方情形尚待访求，且不无主客攸分，难遽融洽，总求大力维持，共成盛举。

至分济各省之法，此时贼势以浙江为最多，欠饷以皖军为最巨，即临淮袁军、镇江冯军亦皆贫苦异常。所有粤东厘金，拟以五成济浙，三成济皖，二成济苏；其韶关、省城两处济浙之五成，则以二成半归左，二成半归耆；此外各卡则济浙之五成全交左处，济皖、苏之五成全交敝处，或以六成归敝处分拨各路，尤为允协。是否有当，求阁下综揽全纲，与耆、晏两公商定见示。至祷至荷！

其襄办大员已于江西派李道瀚章、蔡道应嵩，于湖南派黄道冕、赵道焕联，并于贵属派蒋道志章。此数君者，才识闳通，条理精当，必能禀承指授，相与有成。至本地官绅如何添派，均祈鸿裁卓夺。奏稿二件、廷寄两件，另文咨达。专此布恳。敬请台安。诸维心鉴，不宣。

056. 保住实力

僧格林沁乃蒙古亲王，属朝廷的皇亲国戚。此时正奉朝命统辖山东河南两省军务。从信中看来，僧格林沁希望曾氏派出一支人马协助他剿捻。曾氏强调种种困难，予以婉拒。曾氏所说的都是实情，然而联系咸丰十年九月曾氏拒绝派出鲍超霆军北上勤王一事，可知曾氏一向不愿将自己的部属交出来而由别的强势统帅指挥。

笔者曾说过，曾氏对于朝廷施予他的“又用又疑”之策，向来以委曲求全应之，但他不愚忠，他有底线，保住实力就是他的底线之一。像僧格林沁这样的人，将能作战的部队交给他，无异于肉包子打狗，与其日后因索回而生隙，不如一开始就不同意。

复僧格林沁同治元年闰八月二十八日

曾国藩顿首上书僧亲王钧座：

八月初毛旭初星使函述尊谕，嘱楚师会剿捻巢，当将艰难情形恳毛帅缕陈转复，谅蒙鉴察。顷奉本月初一钧函，旋准初七大咨，仰荷谦光下逮，诲示周详，且感且佩！大军所向克捷，拯民水火，秉钺十年，建古今罕有之功勋，尝人世非常之劳苦。贤王大名，中外同仰，德威远被，钦企弥殷。

国藩才识庸愚，谬膺重寄。今岁春夏以前，事机较顺。嗣后波折迭生，动形棘手。南岸疾疫大作，无营不病，死亡枕藉；北岸多将军援陕西行，袁、李两帅同时去位。目下金陵、宁国两军万分危急，敝处八月二十九、闰月十二、二十七等日具奏军情三件，抄呈台览，即可略见鄙人竭蹶之情与近日艰危之状。

李中丞初丁母忧，适当袁帅病退之时，国藩以长淮无人主持，本拟奏请夺情，劝以移孝作忠；旋见其旧恙复发，吐血咳嗽，实难支持，渠又具疏力陈哀悃，奉旨赏假百日。顷唐中丞到皖，李帅即于二十三起程回籍，名为陈情归里，稍展孝思，实则病势已深，有万不能不调养之势。至李帅部下人数无多，除留鄂三军外，来皖境者不过万余人，分守颍州、寿州、六安、霍邱、固始五城，三河尖、正阳关两隘，皆系最要之区，实无余力进剿亳南捻巢。楚师虽有虚名，不能耐劳苦，又素乏马队，于追逐捻匪，驰骋中原，亦非所宜。国藩知之最深，不敢不以实告。

苗练之事，李中丞前此壹意主剿，系遵照屡次密谕办理；厥后擒获狗逆，始遵旨宽其既往，予以自新。蒋凝学等不甚知李中丞前后张弛之道悉秉圣谟，犹或拘泥春间办法，不免阳抚阴防之意；又或计谋厘卡之小利，致启苗练之猜嫌。刻下李中丞回籍，蒋凝学等均归敝处调遣，已嘱其坦白相待，不设机心。鄙意待苗之道，赦其罪而不资其力，少假以利权，而不予以威权。谨将复奏一折抄呈，伏乞详示。敬请钧安。惟希涵鉴。

057. 总督对属下的考评

这封给官文的信告诉我们一件事，即清代总督负有考核所辖省份文武官员的责任，每年都得将考语以密折的形式报告中央。曾氏咸丰十年四月就任两江总督。按规定，咸丰十年底，咸丰十一年底，他都应该向朝廷密报江西、江苏、安徽三省文武官员的为官表现，但因情况特殊，此一应办之事那两年都未办理。今年再不能不办了，曾氏于是讨教已做过多年湖广总督的官文，请他提供一份范本，以便依样画葫芦。同治二年二月中旬，曾氏给朝廷上了一道题为《同治元年安徽江西文武各官密考折》。因为江苏省的南部仍在太平军的掌控中，而苏北“道路阻隔，文报寥寥”，故而江苏的考评阙如。

曾氏的密考至今仍然保存着。我们对此略加分析，借以窥视当时地方上的最高领导，对所辖文武官员年终考核的大致情形。

从对江西、安徽两省的文职官员密考清单中可知，曾氏向朝廷汇报的对象是布政使、按察使、道员、知府，上不包括巡抚，下不包括州县。此类评语如何写？我们且看曾氏对江西布政使李桓的考查："江西布政使李桓，年三十四岁，湖南廪生，同治元年二月到任。该员才能肆应，治事精敏，署内上下约束有法，惟机心太多，惮于艰险，委办粮台牙厘局，经理未善。"李桓以廪生出身，三十四岁便做到从二品衔的布政使，在官场属少见。原来，李的父亲李星沅是一个做过总督的大官员，他以荫生的身份获得道员衔，踏上仕途时起点就如此之高，难怪他年纪轻轻便做到一个省里的二把手。从这段评语中，我们可以看出，曾氏认为李有能力，但德上有欠缺。曾氏是特别看重德的人。由此可知，曾氏并不看好李。事实上曾氏也的确不喜欢李。五个月前，曾氏在向朝廷汇报江西厘金情形时，就批评了李："该藩司李桓总办粮台，兼管厘局，漫不经心，玩视饷务。"

再看曾氏对安徽布政使江忠濬的考查："署安徽布政使江忠濬，年四十八岁，湖南从九品职衔。同治元年十二月到任。该员系原任安徽巡抚江忠源之胞弟，由军功属保，洊擢斯职。忠诚精细，娴于战守事宜，惟公牍生疏，尚须切实讲求，乃于吏治有裨。"可以看出，曾氏对江的评价，要高于对李的评价。

对于武职官员，曾氏向朝廷汇报的是皖赣两省的总兵，对于其上的提督、其下的副将与参将等都不汇报。试看他对排在第一位的唐义训的考评："署安徽皖南镇总兵唐义训，年四十岁，湖南人。咸丰十一年七月在休宁行营到任。该员精细稳慎，徽民爱戴，长于防守，稍欠骁果。"看来，曾氏对唐评价颇高。

曾氏的格式来源于官文，可知这是当时的通式。由此可知当时对官员的考核表包括这样几个栏目：现职、年龄、籍贯、功名出身、任现职的起始年月、优点、缺点。

加官文片同治元年十月十二日

再启者：总督衙门例有年终密考一折。弟十年冬在祁门，十一年冬在安庆，均未照例具折。盖一则军务倥偬，于地方应行之事常多遗漏；一则皖江诸事草创，苏省又音问梗塞，不甚知属吏之贤否也。今冬不能不呈递密折，敬求阁下示我周行，将上三届折式单式照抄一分，弟即日专人赴戟辕走领。如单中考语有极优极劣不愿示人者，或请将最重之语删去一二句，其余一概全抄，俾弟得依样葫芦，不至差误为荷。

058. 中国之事在于自强

王家璧字孝凤，湖北武昌人，道光二十四年进士。目前正以兵部主事之身份佐曾氏幕。

当时有人以文章痛骂天主教，借此来发泄对外国列强的仇恨心态，曾氏不赞成这样的做法。为什么不赞成？信中说了三点理由：一是这样做将引发事端；二是中国处弱势，事情出来后将自召其侮；三是中国的自尊应当建立在自强之上。

正是出于这样的考虑，曾氏一向主张中国对外交往的总方针，是宜与列强保持和局，争取时间徐图自强。这封信是研究曾氏外交思想的一份重要史料。

复王家璧同治元年十二月二十三日

孝凤仁弟大人阁下：

接小春二十二日手书并医方、石刻，具悉一切。

昔年所作檄文，偶及粤匪之教，天父天兄，昆父姊母，大斁伦纪，文字粗浅，不足称述。近乃有好事者为檄痛诋天主教，词旨鄙秽，展转传播，颇滋事端。鄙意我苟求胜于彼，不必锱铢较量，尤不在语言文字，但令中国之官必廉必正，中国之兵能战能守，自上至下，事事可以对人，使彼无轻视之心，而后有敬服之渐，庶几潜移默运，转弱为强。今审势量力，茫无足恃，一时快意，不过扬汤止沸，将来召侮，仍不免掩耳盗铃。外省情形，都中或未尽悉。阁下若居言路，尚祈并观兼听，持平立言，则所虑者远而所益者大矣。

金陵官军解围后，该逆分股由九洑洲渡江，上窜皖北，连陷巢县、含山、和州、运漕等处。敝部兵力全在南岸，皆当防剿吃紧之际，无从抽拨，当截留上海新勇九营、临淮新勇三营分守无为、庐州、庐江等城，调希帅部下萧军门、毛观察两军由无为、运漕一带进剿，蒋观察拨四营防守六安，为庐北声援。本月初十，运漕克复，皖北似有起色。雪帅驻营裕溪，厚帅驻营乌江，自大胜关以上，沿江要隘，水师逐段分布，尚能兼顾。

舍季弟秋间久疟，请假调治，甫登舟而援贼大至，力疾入营，苦守四十六日，卒以积劳伤生，上月十八殁于金陵军次。国藩薄德积愆，殃及手足，恸甚增愧。当时并未请恤，仅于复奏军事折内附言及之，乃蒙逾格恩施，赠官议恤，曷胜感怆！专泐奉复。并问台安。不宣。

国藩顿首

059. 汇通程朱陆王

这封信是研究曾氏学术观点的一份重要史料。对于汉学与宋学，曾氏的主张是“一宗宋儒，不废汉学”。他的儿子在《祭文正公文》中对此作了发挥：“汉儒宋学，矛盾相持。公汇其通，辩其精粗，各有专长，不主门户。”对于宋学的门户之争，曾氏也主张调和。正如祭文所说的：“慎独心安，主敬身强。笃守程朱，不废陆王。”

这封信里说的正是对程朱陆王的汇通。信中说得好：“朱子主道问学，何尝不洞达本原？陆子主尊德性，何尝不实征践履？”世上的门户争辩，无论是学术界的，还是政治界的，通常都是“攻其一点，不及其余”，结果是学理、主义没有辩论明白，而辩论者们的关系“遂成冰炭”。这实在是要不得的。

复夏教授同治元年十二月

△△兄足下：

昨奉手书，备荷心注，并惠寄大著四函，羽书偶暇，时一雒诵。

尊意在于宗紫阳，救时弊，不沉溺于功利，不泛滥于记问，不参错于二氏，于此道中切实折肱，直欲造古人第一等地位，敬服无量。

承示黄南雷、孙苏门、顾亭林、李盩厔诸先生学稍偏，而毛西河、纪河间、阮仪征、戴东原、程棉庄诸君放言高论，集矢洛、闽。陆清献谓明季学术，足以致寇，实非苛论云云，具见日弓月矢，卫道苦心。闽、洛干城，老当益壮。《汉书》申公云："为政不在多言，为学亦然。"孔孟之学，至宋大明。然诸儒互有异同，不能屏绝门户之见。朱子五十九岁与陆子论无极不合，遂成冰炭，诋陆子为顿悟，陆子亦诋朱子为支离。其实无极矛盾，在字句毫厘之间，可以勿辨。两先生全书具在，朱子主道问学，何尝不洞达本原？陆子主尊德性，何尝不实征践履？姚江宗陆，当湖宗朱。而当湖排击姚江，不遗余力，凡泾阳、景逸、黎洲、苏门诸先生近姚江者，皆遍摭其疵痏无完肌，独心折于汤睢州。睢州尝称姚江致良知，犹孟子道性善，苦心牖世，正学始明。特其门徒龙溪狂谈，艮斋邪说，洸洋放肆，殃及师门，而罗近溪、周海门踵之。然孔门有子夏，子夏之后田子方，子方之后庄周说近荒唐，此不足以病子夏。况庄子《外篇》多后人伪托，《内篇》文字，看似放荡无拘检，细察内行，岌岌若天地不可瞬息。钱珩石给谏曰："尧、舜、巢、许皆治乱之圣人，有尧、舜而后能养天下之欲，有巢、许而后能息天下之求。"诚至论也！姚江门人，勋业如徐文贞、李襄敏、魏庄靖、郭青螺诸公，风节如陈明水、舒文节、刘晴川、赵忠毅、周恭节、邹忠介诸公，清修如邓文洁、张阳和、杨复所、邓潜谷、万思默诸公，皆由“致良知”三字成德发名者。睢州致书稼书，亦微规攻击姚江之过，而于上孙徵君钟元先生书及墓志铭，则中心悦服于姚江者至矣。盖苏门学姚江，睢州又学苏门者也。当湖学派极正，而象山、姚江亦江河不废之流，苏门则慎独为功，睢州接其传，二曲则反身为学，鄠县存其录，皆有合于尼山赞易损益之指。明儒之不善学姚江而祸人者，莫如“以惩忿窒欲为下乘，以改过迁善为妄萌”二语，人之放心，岂有底止乎？

乾嘉间，经学昌炽，千载一时。阮仪征、王高邮、钱嘉定、朱大兴诸公倡于上，戴东原、程瑶田、段玉裁、焦理堂十余公和于下，群贤辐辏，经明行修。国藩尝谓性命之学，五子为宗；经济之学，诸史咸备，而渊源全在六经。李斯一炷，学者不复睹六经之全。至秦汉之际，又厉禁挟书，举世溺于功利，抱经诸儒，视为性命，身与存毁，非信道之笃不能，天下相尚以伪久矣。陈建之《学蔀通辨》，阿私执政；张烈之《王学质疑》，附和大儒，反不如东原、玉裁辈卓然自立，不失为儒林传中人物。惟东原《孟子字义疏证》一书排斥先贤，独伸己说，诚不可以不辨。姚惜抱尝论毛大可、李刚主、戴东原、程棉庄率皆诋毁程、朱身灭嗣绝，持论似又太过。无程、朱之文章道德，腾其口舌欲与争名，诚学者大病。若博核考辨，大儒或不暇及，苟有纠正，足以羽翼传注，当亦程、朱所心许。若西河驳斥谩骂，则真说经中之洪水猛兽矣。国藩一宗宋儒，不废汉学，足下著作等身，性命、道德与政事干济，相辅而成，名山万仞，岁寒共勉，无谦言草茅占毕也。

皖北巢、含等处，贼氛已清，皖南游魂，尚在石埭一带。鲍军时呼庚癸，难贾余勇，幸祁门尚有他师，不难即歼此寇。事恒舍弟灵柩，安抵皖省，月之二十一日，即由江路扶回里门。仰蒙朝廷高厚，追赠按察使司，酬其战功。窃惟蛾贼未扫，鸰原忽徂，手足之怀，伤心风雨。

冗次率复，偶抒管见，借候著福。节候严冷，伏维为道自卫，不尽愿言。

060. 兄弟姐妹九人存四

曾氏的姐姐国兰，同治二年元月十四日在湘乡老家病逝。二月初七日，曾氏在金陵城外沅弟军营中接到澄弟的信，才知道此事。曾氏在当天的日记中伤感地写道：“姊生以嘉庆十三年戊寅十二月十三日，今五十六岁。道光十年于归王氏。姊婿王国九号万程，则于十二年病疯痰，三十余年不省人事，伯姊备历艰苦，贫穷抑郁。近年沅弟稍周济之，困而渐亨，不意遽尔沦逝。两月之内，连遭同气之戚。吾兄弟五人，姊妹四人，从此仅存其四。抚今追昔，触绪生悲。”

同治元年十一月十八日，曾氏最小的弟弟国葆病逝于金陵城外军营，不到两个月大姐又去世。九兄弟姊妹现在只剩下四个（曾氏本人，四弟国潢、九弟国荃、三妹国芝），曾氏此时不过五十三岁，眼看着兄弟姊妹一个个地离他而去，心中之伤痛，自是难以言喻。

这封写给国兰之子的信，除强自安慰丧母的外甥外，曾氏仍不忘给子侄辈以教导：早起、勤俭、守礼、廉让、严以治家、读书习字等等。这些话，全是素日里曾氏不厌其烦地对两个儿子所说的话。

唁王瑞臣同治二年六月十四日

瑞臣贤甥左右：

二月间在金陵闻伯姊之讣，哀悼实深。茹苦含辛三十余年，不获稍享子舍之禄养。近岁处境略丰，忧患略减，而遽一病不起，天之厄吾伯姊，理不可测。以吾之悲痛莫释，知甥昆弟之抱恨无穷期也。然人生境遇，早丰而晚啬者，则暮年难堪；早啬而晚丰者，则如倒啖蔗，渐渐回甘，将死尚有余适。伯姊最苦之境，在道光年间，至咸丰中即渐渐回甘，临没当无遗恨，甥亦不必过于哀恸，或至以毁危身。谨遵遗命，不复入营。

居家之道，以黎明即起为第一要义。吾家自元吉公以下，至今六代百余年，并无一日晏起，甥家可奉以为法。"勤俭"二字，无论居家居官，皆不可少。待兄弟和而不流，财产、衣服、饮食皆推多而让寡，独至礼节所在，则兄先弟后，秩然有序，不可紊乱。课农莳蔬，一一亲自检点，不可一一宽纵。严则家有忌惮，勤则事有功效。治家有暇，常常读书习字，以养其静气。至嘱！至嘱！

此间军事平顺，九洑洲既克，金陵或可得手。余与沅弟俱平安，足慰远念。顺问礼次近状。伯姊墓志，秋凉再当撰次寄去。

061. 李鸿章精力旺盛

陈鼐字作梅，江苏溧阳人，道光二十七年进士，与李鸿章系同年。陈原为曾氏的幕友，此刻正在李鸿章的幕府里。

这封信中，曾氏写道："闻少荃中丞勤劬坚卓，夜以继日。其劳苦五倍于敝处，较之他省疆吏，抑又有加。"这是一个重要信息。

李鸿章是中国近代史上的重要人物。在那样一个人才众多的乱世，李为什么能够出类拔萃？除开种种原因之外，曾氏说的这句话告诉我们一个重要原因，即李精力过人，勤勉过人。李鸿章一生做了许多大事难事，而寿命近八十岁，比起曾氏来，他的生命要长过十七八年。天生的精力旺盛，是李鸿章的人生幸运。

致陈鼐同治二年八月十三日

作梅仁弟大人阁下：

前接六月杪惠书，稍稽裁复。旋又接到赐函，知玉体稍有不适，倩人代缮。比想兴居康胜，即事多绥，至以为慰。

闻少荃中丞勤劬坚卓，夜以继日，其劳苦五倍于敝处，较之他省疆吏，抑又有加。人生之精力有限，而斯世之灾变方长，曷劝之少节劳勚，留此身以久膺艰巨？

鄙人前索沪饷四万，以司道久不详复，心疑不应膜视若此，严札催索，牍甫发而详文已到，饷亦俱至。义渠危如累卵，军心涣散，银米子药，全赖敝处壹力维持。成、萧、蒋、毛四军饷项，鄂台积欠过巨，亦不能不设法补苴。索之上海，即以济之临淮、六安，挹彼注兹，乞醯与邻，在鄙人亦自有不得已之苦衷，想阁下能亮之也。黄昌岐淮扬水师，本应早赴临淮，以拯义渠之急，因少荃屡函称苏、松百湖千汊，师船不敷分布，故此二十天内不复以严檄催调。昌岐亦因丁泗滨、王吉等船，暂可不必调回外江耳。

李泰国七船近日果否到沪？江阴克复，苏、常均有可图，恐彼族攘臂其间，必欲掠为己功。即金陵合围以后，彼亦必驾肩而来，喧宾夺主。夺我将士之功尚不足惜，所最惜者，前则大掠资财，割剥遗黎，日后则百端要挟，损我国威耳。七船到后，并不令蔡国祥在船居住，顷有复总理衙门信稿，抄寄台览。其会剿金陵、苏、常，亦当续函阻之。诸维心鉴。顺问近祺。

062. 袁氏大家族的奠基者

近世中国人几乎无人不知袁世凯，但许多人并不知道袁世凯出身于一个有名的书香官宦家族，而这个大家族的奠基者正是这封信中所说的袁甲三、袁保恒父子。

袁世凯的曾祖父，生有四子，依次为：树三、甲三、凤三、重三。四兄弟皆为读书人，功名以甲三最高。袁甲三道光十五年中进士，历任礼部主事、军机章京、江南道监察御史。咸丰三年奉命赴安徽与吕贤基一道办团练，后升为左副都御史，长期与曾氏在江淮一带共同对付太平军与捻军。其子保恒也以翰林院编修的身份跟随父亲襄办军备。袁甲三官至漕运总督，袁保恒官至刑部侍郎。父子二人不但官位崇隆，且长期管带军队，既为袁家赢得很高的社会地位，也为袁家积累了巨大的财富。

袁世凯为树三之孙，树三长子保中之子，保中以长房长子的名义在家主持袁氏家族的日常事务。袁世凯从小过继给树三次子保庆，保庆则长年跟着叔父、堂兄一道在前线带兵打仗，后来官至道员。袁氏家族的兴旺，也有保中、保庆的一份功劳。

曾氏与袁甲三共事多年，关系融洽。袁甲三以五十八岁的英年去世，这令曾氏很伤感。这份悼念信写得情意真切。从曾氏信中所摘录的袁临终遗嘱中的几句话来看，袁的处事态度与曾氏极为相似：内敛，谨慎。这大概是曾袁二人相处融洽的基础，也是曾氏此信真切情感的基础。

复袁保恒同治二年九月二十一日

小午世兄馆丈礼次：

前接讣函，惊悉尊公午翁年大人箕驭返真，莫名怆悼。世兄天性纯孝，连膺大故，摧折殆不可言。窃念尊公同年立朝大节，卓越时贤，厥后历典兵符，屡戡大乱，再莅淮甸，正当群凶猖獗之时，发、捻、苗三患迭起纷乘，而临淮一军截然中居，颠风骇浪，坐镇不惊。敝军虽克安庆，与临军仍为贼隔，迨庐、寿相继肃清，彼此联络一气，咨诹往返，靡不和衷商榷，谊可断金。方赖长城力捍北防，俾东向诸军一意前进，未几而多帅援秦西行，李帅居忧去位，尊公久病不愈，万难挽留，亦即养疴旋里。冬间，皖北风波几至决裂，本年苗逆复叛，贻害至今。犹望东山复出，重福皖疆，乃大星遽陨于中宵，噩耗突来于江上。展诵遗翰，示以“慎益加慎，功愈高而心愈下，勿轻苗逆为易翦，勿视淮地为易收”等语，忧国之忱，直谅之谊，令人感涕悚惕。从前功绩襮著中外者，固已名满天壤，而引疾以后，拳拳国是，至殁不忘，其忠忱真挚，尤为古人所难。不朽千秋，允无遗憾。

朝廷笃念荩臣，必有逾常恩恤，拟俟读悉谕旨，再行寄挽。乃至今未见邸抄，函询义渠中丞，亦复不知其详。兹因赵守季辅赴泗州之便，特寄联幛薄仪，聊申束刍之敬。尚祈代备牲醴，荐告几筵，并望将谕旨、恤典及谥法二字，一一示悉，至以为盼。

世兄久侍帷幄，具得韬钤心传，将来宣力戎旃，正可成先人未竟之志。且重慈嵫景方长，尤赖虔奉槃匜以延老福，务宜割哀强食，加意珍卫，不胜祷切！专泐。敬问孝履。不宣。

063. 长期战乱中的安徽省

这封信的收信人吴廷栋，是曾氏的老朋友，又是安徽人，所以信写得很实在，它让我们看到长期战乱时的皖省实况。当时安徽的情形是“百里不见炊烟，竟日不逢行人”，民生凋敝已到如此地步，故而官员也不愿意到安徽来。百姓与官员都难以生存的地方，又须供养曾氏的十万大军！皖人自然叫苦连天，曾氏本人亦深为内疚。为什么会出现这等局面，皆因战争造成！曾氏也因而更为深刻地领悟“兵者，不祥之器”的至理名言。

复吴廷栋同治二年十一月初七日

竹如仁兄大人阁下：

接诵惠书，具聆谠论，砭愚订顽，感佩无已！阴消阳长，是倾否交泰之机，阁下与诸君子穆穆在朝，经纶密勿，挽回气运，仍当自京师始。人才不振，各处皆然。捐例、保举两途，有积重难返之势，然明知其弊而无从禁止。譬之医者，知病难矣，而制方更难，或有方而无药，或病重而药轻。故尝谓错枉无益，举直而能使枉者变化则益矣；去邪无益，用贤而能使邪者惩改则益矣。

国藩在外数载，吏治毫无起色，皆坐不能得良吏以风示众僚之咎，用为大愧。皖省用兵太久，蹂躏不堪，人人视为畏途。通省实缺守令不过四五人，弟向江、鄂等省商调数员来皖，亦乏满意之选。两科进士即用及本届拔贡朝考并大挑教习等班，现在到省者不过二员。每一缺出，时有乏才之叹。而地方之苦，百物荡然，公私赤立，民固无以自活，官亦几难自存。又或到任未久，寇氛踵至，纵有贤员，莫能措手。即行军所过，亦往往百里不见炊烟，竟日不逢行人。忝司兵柄，又为民牧，环顾遗黎，但深内疚。而敝部人逾十万，又兼辖希庵中丞全部，各军积欠已多至十五六个月不等，又须月协临淮二万，李军门一万。自丁忧再出，历今六年，从未办捐，除厘金而外，别无筹饷之法，日执此垂尽之商民，而与之剥肤及髓。来示所云“宽一分则受一分福”者，夙昔亦尝服膺斯言，事势所迫，大负初心。

古人谓“兵者，不祥之器”，良有味乎其言之也。幸迩来军事颇顺，皖南连克七城五隘，金陵合围，苏州克复，苗逆授首，寿州投诚。意者天心厌乱，东南荡平，即当奉身而退避贤者路，不敢久窃高位，重蹈愆尤。相知有素，聊布一二。顺问台安。惟希心鉴。

064. 保持书生本色的李氏兄弟

同治二年十月二十八日，安徽巡抚李续宜病逝于湘乡老家，得年四十一岁。李续宾、李续宜兄弟是近世书生领兵的代表人物。乱世到来之时，清贫书生走出书斋，组建一支人马，依靠手中的军事实力，实现平生抱负，博取功名富贵，流名青史。这是湖湘读书人普遍渴望的人生际遇。李氏兄弟替他们圆了这个梦。在李氏兄弟等一批成功士人的激励下，湖湘子弟建功立业之心更加强烈。近代中国“无湘不成军”的说法，就建立在这种基础上。

书生带兵对军营素质的提高有很大的好处。读书人从小在圣贤教导下成长，尽管进入权力圈子后会有变化，尤其是执掌大权后不少人会变质，但毕竟从小接受的价值观，能产生一定的制约作用。其中也不乏信仰坚定的书生，能终身守定节操。李氏兄弟至少在对钱财的贪婪这点上，比当时许多带兵将领要有所收敛。曾氏信中提到，李续宾生前将一万两银子存于粮台用于公项，死后李续宜遵兄命，并不储为私用。在得知李续宜病逝的当天日记中，曾氏写道：李续宜“苦战多年，家无长物，忠荩廉介，可敬可伤”。拥有极大权力而能廉洁自爱，李氏兄弟成功后能如此保持书生本色，令人钦敬。

唁李克轩李续宽同治二年十二月初八日

克轩十兄、北冈三兄亲家大人阁下：

顷接希庵亲家遗书，痛悉痼疾沈绵，哲人沦谢，怆悼何极！苦战十年，忠荩廉介，实当世所罕见。大功未竟，梁栋先摧，朝野同声悲悼，不仅贤昆弟友于之爱，鄙人患难之交，轸惜无已也。希帅战守选将之精，富贵浮云之志，外间多知之者。若其灭贼以报国，承欢以事亲，读书以追古，三者尤有远大无穷之意，量百不一偿，赍志长终，可胜哀惋！然逝者不可复生，姻伯衰年多感，尚望贤昆仲勉抑悲怀，以奉椿庭而娱暮景。迪、希二公寿虽不逮五十，名实足以千秋，邦家之光，哀荣备至，夫复何恨！

忠武公在时，曾存公项万金，希庵坚不克储为私用，分寄毛、成、蒋、萧等处。鄙意可作为姻伯养赡之资。迪、希两帅临没以此奉亲，如世俗所谓遗念银者，明春当专差送湘。其赙仪等银，届时亦可同寄。手此奉唁，诸惟心鉴。顺问侍安。

065. 发泄对沈葆桢的强烈不满

写这封信时，曾氏正因厘金之事，再次与以沈葆桢为代表的江西官场闹起矛盾。金陵战事正处白热状态，沈葆桢却截留江西厘金，致使前线士气大受影响，此事令曾氏十分气沮。他曾以很激烈的言辞上疏，指责沈的拆台之举。在这封给好友兼儿女亲家的信中，曾氏发泄的正是这种愤慨情绪。

曾氏曾说过“不信书，信运气，公之言，传万世”的话。这既是自谦之语，亦是大实话。晚年的曾氏，信奉黄老之学，“运气”之说的理论基础即道家学说。这一次，他不顺自然了，他要来一个抗争，即便只是一瞬间的畅快，一微末之得益，也要斗一斗。曾氏为什么要这样做？站在他的立场上来说，他认为沈太过分了。沈不仅忘恩负义，而且挑战他的两江总督的权威。

当然，即使在气头上，曾氏仍不乏反思。早年修身养成的克己自律好习惯，在这时发挥了作用。

复郭嵩焘同治三年三月二十六日

筠仙仁弟亲家大人阁下：

三月十四日接二月一日惠书，具悉一切。

此间近状，苏、杭克后，左军又克德清、武康、石门、湖州等城，李军又克嘉兴、宜兴、荆溪、溧阳等城，鲍军亦克句容、金坛二城，事机不为不顺。惟金陵逆首坚忍异常，城中本无粮尽确信，又新种麦禾，绕郭如云，足以自活，此段殆无了期。而浙贼数十万已由徽州悉窜江西，歙、休、祁、黟四城，岌岌难保，江西亦蹂躏将遍。又适值厘金争讼、两院不和之时，又值下游吃紧、敝处无兵可拨援江西之际，江西官绅士商向之讴歌幼丹而怨詈鄙人者，今且日炽，而不知所届。事会相薄，变化乘除，吾尝举功业之成败、名誉之优劣、文章之工拙，概以付之运气一囊之中，久而弥自信其说之不可易也。然吾辈自尽之道，则当与彼囊也者赌乾坤于俄顷，校殿最于锱铢，终不令囊独胜而吾独败。近来体察物情，大抵以鄙人用事太久、兵柄过重、利权过广，远者震惊，近者疑忌，揆之消息盈虚之常，即合藏热收声，引嫌谢事，拟于近日毅然行之，未审遂如人愿否？

群贼既集江西，则两湖、闽、粤亦皆不得安枕。号令之一不似九年石达开窜湖南之时，人数之多殆足与之相埒。到江西后，未必归并一路，广东仅有凯章一军，自难应敌。然贼未近而遽号召数万，不特无将无饷，抑亦无此办法。计惟先讲省垣城守事宜，而令凯军北防南韶一带，粗为之备而已。李世忠事至今尚未了结，兹将今春来往各二缄抄呈一览，可得梗概。

史杰现在何处？岂已来皖耶？其长处何似？广东官绅中近罗得贤者几人？寄帅两案已否完结？便中求一示及。僧邸已由皖赴豫，义渠二十五日自此回籍矣。诸惟心鉴。顺问台安。

066. 对借力淮军一事的纠结

同治元年五月，借助攻克安庆之军威，曾国荃率领吉字营沿江东下，一路凯歌后驻扎雨花台，开始了他的攻打金陵的壮举。吉字营的兵力不满两万，面对的是太平天国的都城：墙城高厚、长达九十里的南京。时人都认为老九有点自不量力，曾氏也为之担心。

果然，老九围金陵困难重重。两年过去了，耗费大量饷银，战事依旧没有多大进展。老九备受中外讥议，曾氏也被人指责为怀有私心。有人向朝廷建议：调李鸿章的淮军来南京与老九会战，以期早奏大功。

老九打南京，冲着的是天下第一功，吉字营将士打南京，冲着的是“金银如海，财货如山”，故而他们都不愿意淮军来，并放去口风：李老二如来南京，先与他在城外决一死战！曾氏对此事也很纠结：他既希望借助淮军之力早破南京，又不愿意老九之功被别人分去。于是，他一方面苦劝老九不必独占第一功，同时又对李鸿章大谈吉字营的顾虑。

这封信就是在如此背景下写的。李鸿章是个聪明人，他最后找一个借口没有来，避免了一场与曾氏兄弟的利益冲突。

复李鸿章同治三年五月十五日

少荃宫保世仁弟大人阁下：

五月十四日虎臣归，接奉惠书，具悉一切。

承许以令弟酌带数将于七月中旬会攻金陵，总揽全局，相维相助，感仰无既。是日恰奉初九日寄谕，饬尊处派人酌带炮队会攻金陵，并有大纛亲莅之命，不揣冒昧，特备咨请阁下亲至金陵会剿，并请不待长兴克复，亦不俟七月中旬，即日遄发，雷轰电掣，总以六月初间赶到为妙。

洪酋坚忍异常，援尽而粮未绝。舍弟掘地洞十余处，志在拼命一攻。此等百战悍贼，岂地洞所能奏功？若以开花炮与地洞同时并举，而辅以尊处洋枪骁悍之队，当可济事。闻地洞定于六月初告成，国藩嘱其少待旬日，以俟雄师之至。

舍弟所部诸将，素知阁下与贱兄弟至交多年，无不欣望大旆之西来，而所疑畏者亦有两端：一则东军富而西军贫，恐相形之下，士气消沮；一则东军屡立奇功，意气较盛，恐平时致生诟谇，城下之日，或争财物。请阁下与舍沅弟将此两层预为调停，如放饷之期，能两军普律匀放，更可翕和无间。先此函恳，即日专疏具奏，再行知照。

江西之贼，侍逆分踞南丰、崇仁两邑，而分布抚、建境内，听、康等党尚在铅山一带。厚庵新授陕甘总督，留办江西军务，即日挟鲍军西行，由瑞、临、樟树下手。有此大枝劲旅，当足了之。

湖北之贼，不久必东入皖境。自英、霍以至扬防，无一支游击之师，深可危虑。阁下会克金陵后，尚烦调派熊黑大队渡江西迈，一救珂乡水深火热之民。苏、皖分闱，鄙人亦力主此议，请即拟一会奏疏稿，由敝处拜发可也。复问台安。不具。

067. 知人与晓事

曾氏在这封信里，对郭嵩焘谈了一番自己在人与事上的心得体会。处高位者的两个职能：一为用人，一为办事。对人贵在于知，对事贵在于晓。什么是晓事？晓事即明白事理。对于一个不明白事理的人来说，无论其主观愿望如何，其客观效果都会是谬误的。

关于君子与小人的区别，曾氏有他自己的判断标准：对于高位者而言，即在于知人与晓事二者上。能知能晓，即为君子；不知不晓，即为小人。

曾氏此时正与沈葆桢大不谐，而沈是受过曾氏特别器重、破格保荐的人。这番话，是不是针对沈而言？

复郭嵩焘同治三年六月初三日

云仙仁弟亲家大人阁下：

接奉四月十五日惠书，敬悉一切。

此间近状，金陵洪、李诸酋顽抗如故，舍弟焦愤异常，小疾间作，幸周朗山治之得法，以为肝郁难医，专以保脾为主。标轻而本亦可少减，故病不加剧，亦未遽脱然也。所掘地洞一十二处，皆为该逆横濠所穿，隧而相见，劳而无功。谕旨迭催少泉派拨炮队助攻，或亲来会剿，敝处两次复奏，请少帅督师亲来，咨达冰案。少帅气盖一世，辅以炸炮之利、枪队之猛，或可薰穴擒渠，了此一段。社稷之灵，非司事者所敢必也。

江西之贼，侍逆盘踞于宜、崇、南丰，康、听诸逆蔓延于金溪、东乡一带。厚庵率鲍军入江，由瑞州、临江进兵，先保赣江以西，兼顾鄂之南境、湘之东境。以理卜之，江西当可速靖。然使坚踞数城，旷日不下，则虽精兵云集，亦无如何。鲍部昔攻休宁、青阳，盖亦顿兵数月，虽能举之，又难以臆计也。

鄂贼徘徊于孝感、黄麻，皖北空虚，处处可虑。幸僧邸将至三河尖，陈国瑞一军将至正阳关，均系老于剿捻之营。而发逆四眼狗之党又纷纷相率投诚，或不至长驱东下，援救金陵。

承示别纸所询，此古今难判昏晓之事。鄙人半生与世龃龉，所争大率在是。盖大非易辨，似是之非难辨。窃谓居高位者以知人、晓事二者为职。知人诚不易学，晓事则可以阅历黾勉得之。晓事则无论同己异己，均可徐徐开悟，以冀和衷。不晓事则挟私固谬，秉公亦谬；小人固谬，君子亦谬；乡原固谬，狂狷亦谬。重以不知人，则终古相背而驰，决非和协之理。故恒言皆以分别君子小人为要，而鄙论则谓天下无一成不变之君子，无一成不变之小人。今日能知人，能晓事，则为君子；明日不知人，不晓事，即为小人。寅刻公正光明，则为君子；卯刻偏私晻暧，即为小人。故群誉群毁之所在，下走常穆然深念，不敢附和。阁下之于某公，亦不随曹好为推移，得毋有类于此乎？

少鹤去位，虽不足芥达者之怀，然居州得志，识者滋惧。史杰已到，此间苦无位置之方。事浮于人者，天下久无此风，敝处近尤冗杂矣。即问台安。

068.“畹目凌迟”与“心恻”

曾氏对于太平军俘虏，曾有“畹目凌迟”的指令，并指示老九：城破之后，以多杀贼为上。骂曾氏是刽子手，似乎并不过分。但曾氏也写有《解散歌》，要湘军区别对待太平军。在这封信里，曾氏对十万太平军被杀亦有“心恻”。两个方面综合起来，才是真实的湘军统帅曾国藩。战争真是人类的浩劫，战争也扭曲着人的心态！

曾氏与王荫棠讲做官的体验：初入官场，易患“愤青”的毛病；官做得久了，又容易圆滑。最好的状态是：心里面对是非曲直非常清楚，但外表上没有丝毫的流露；强劲之气经常保持在胸腔中，再多的挫折也不改变。联系到曾氏的仕途经历，尤其是十多年来办湘军的过程，他说的这些话完全是自己的亲身体验。

复王荫堂同治三年七月十一日

芾南尊兄大人阁下：

石头城畔，久顿围师。比托朝廷福威，将士苦战，克蒇斯役，鄙人兄弟，何功可言？远劳惠书，揄张溢量，深以为愧。克城之日，歼贼十余万，此亦苍生，念之转为心恻。所幸逆酋伏法，元憝就俘，全股悍酋，尽数殄灭，不致贻患他方，重烦兵力。惟念江湖余寇尚未肃清，仍当与诸将士倍相儆惕，善持其终，以冀一律荡平，衽席黔首。又念生灵涂炭，阅时大久，挽回元气，殊非易易。尤愿与诸君子谋求吏事，勤恤民隐，生聚教训，拊循而噢咻之，庶几去浇返朴，共跻康乐。

前函阅历世变之言，来示深为印可。大抵初入仕途，每患议论之过激；阅世稍久，又患泾渭之太淆。若是非皎然于胸，而一毫不露，刚气常抱于内，而百挫不渝，斯则难能可贵。愿与贤者共勖之耳。专泐。复问台安。并缴衔版，不备。

愚弟曾国藩顿首

069. 时代的宠儿

打下南京后，李鸿章因创建淮军，收复江苏之功，被朝廷封一等伯爵，赏戴双眼花翎。当时共有三个一等伯爵，除李外，还有湖广总督官文、浙江巡抚曾国荃。与官文比，李组建军队，亲冒矢石，从咸丰三年到同治三年，在与太平军交战的最前线苦战十二年，同是一等伯爵，他会有点委屈。与曾国荃比，李只打下一座省城苏州，老九不但打下省城安庆，还打下太平天国的都城南京，且南京包围长达两年多，其克城之艰难数倍于苏州。同是一等伯爵，李应有庆幸之感。

但不管怎样，李鸿章都是那个时代最为幸运的宠儿。尤其是在曾氏信中所提到的塔齐布、罗泽南、胡林翼、李续宾的面前，李鸿章的命运岂不比他们强过百倍！李的事业之突飞猛进，是在统率淮军进入上海、晋升江苏巡抚之后，短短的两年半的时间，李黑马凌空，飞黄腾达。除个人的才干，苏、沪的地利以及太平军已成强弩之末的天时外，促成李之事功的首要条件是曾氏的赏识和提携。当此大功肤奏之时，曾氏心里也为当年隆重推出李鸿章之事引为自豪，一句“又私幸下走创立淮勇新军，正所以济湘勇之穷，而为鄙人弥缝无限之缺憾”，足以流露心中的得意！

复李鸿章同治三年七月十四日

少泉宫保世仁弟大人阁下：

初九日接奉初六夜惠书。此间捷报一疏，批谕由安庆递回。初十日乃奉恩旨，欣悉阁下荣膺显爵，而贱兄弟亦忝附骥尾。舍弟前敌多年，与阁下躬冒矢石，屡尝奇险，鄙人则安居皖垣，尤为忝窃非分。又念塔、罗、胡、李诸公艰难百战，不得同邀懋赏，愧歉之余，翻增悲感。

李秀成于初六日定供，初七日出奏，初八日始接富将军咨到寄谕，初十日始奉槛车解京之旨。洪仁达于初三日病重不食，已于初四日处决矣。日内当具疏复奏，备陈所以。尊处既以郭、刘四镇直捣中坚，而又以张树声等并力东路，刘铭传等并力西路，敝处应办之广德州，亦蒙大力相助，再接再厉，片刻不自休息。既钦阁下之忠荩闳远，而又私幸下走创立淮勇新军，正所以济湘勇之穷，而为鄙人弥缝无限之缺憾也。舍弟所部，除由鄂来者分别拨还外，拟留万人守金陵，以万五千人作两支游击之师，其应撤者，尚近二万。镇江防兵，请尊处即行拨往。冯部自应全撤，即富部亦宜次第裁撤，均如钧裁。复问台安。

国藩拟于二十前回皖，并闻。

070. 裁军与撤局

恽世临字次山，江苏阳湖人，进士出身，此时正在湖南做巡抚。恽世临曾以布政使衔常岳澧道身份，主持设在长沙的东征局，负责筹集湘军粮饷。因恽问及东征局应否裁撤之事，这封信谈的主要便是湘军裁撤以及欠饷之事。

太平天国的都城南京，这些年来有“金银如海，财货如山”之传言。湘军吉字营的将士，之所以能在万般艰难中围城达两年多之久，这句传言起了极大的激励作用。打下南京之后，吉字营的目光完全集中在藏于各王府中的金银财宝上，借着长期欠饷的理由，公开打劫，最后竟一把火把城给烧了。就在十天前，曾氏给孙衣言的信中说："钟阜秦淮，山川如故，名都文物，荡然无存，不知何年始得挽回元气！"这"荡然无存"惨相之形成，内中就有吉字营的最后一把火！

此事遭到许多人的谴责，朝廷也严旨令曾氏兄弟收归金银于国库。为了保护吉字营将士的既得利益，也为了维护湘军的形象，曾氏对朝廷说外界传言如山如海的金银财货是假的，城破之后发现全无财货。这以后，曾氏对各界发布信息时，都统一用这个口径。对于家乡的最高父母官，曾氏也如此通报。

鉴于此，曾氏告诉恽，别处的厘金（如广东）可以立即停解，但湖南的东征局暂不能裁撤，因为湘军乃湖南的子弟兵。湖南有这个责任保证湘军的安妥回里。此信提到吉字营先裁一半二万数千人。到了次年四月，曾氏奉命北上征捻时，吉字营只剩下三千亲兵。史册上说南京打下后，湘军"十裁其九"，应是有根据的。

复恽世临同治三年七月二十七日

次山尊兄大公祖大人阁下：

顷奉惠书，猥以克复金陵，远蒙藻饰，惭悚曷任！鄙人兄弟同践戎行，愧未能早下坚城，久累桑梓转输，重劳贤哲筹画，数载于兹。幸托朝廷福威，将士苦战，获蒇斯役，何功可言？湘中边防孔亟，东增赣戍，西遏黔氛，悉赖荩筹周密，企佩靡涯。承示玉躬违和，雅意静摄，民怀正切，帝眷方殷，尚冀节宣珍卫，久镇湖湘，福我邦人，祷祝无既。

弟六月二十三日拜疏东行，到江宁后，饬将伪天王逆骸掘出，戮尸焚弃。提讯伪忠王，自写亲供三万余字，业经抄送军机处，即于七月初六日正法，照狗酋例，传首各省。仍刊逆供，分咨各处。将善后事宜大略部署，令舍弟暂为经理。弟于二十日登舟西旋，二十八日可抵皖垣，九月再行东下。

历年以来，中外纷传洪逆之富，乃克复老巢，而伪宫贼馆一炬成灰，全无货财，实出意外。敝部人数太多，奏明先将金陵一军裁撤一半，二万数千人，以节縻费。应撤者欠饷无着，不能遽遣回籍；应留者行粮无措，亦不能遽剿他处。拟在上海劝捐，函请珂乡贤绅经理其事，不审果否有济。承示现与司局筹措巨款，拟济敝营急需，惠顾大局，感荷曷已！

又承询及东征局应否裁撤，本年三月业经奏明，俟军务稍定，即当先还广东七成之厘，次罢湖南东征之饷。目下拟奏明停解粤厘，后以粤中颇有怨咨，而本省又太枯渴，不得不速践成诺。东征局则以本省在籍之商贾养本省出征之勇丁，目下尚难遽撤，当俟年底再议。

江西之贼，初四日鲍军击之于许湾，大获胜仗。初十以后，崇仁、东乡、金溪、宜黄相继收复。伪听、宁、奖三王率众投诚，贼势已孤。侍、康诸酋仅南丰一城，亮难久踞。惟湖州之贼围困蔡元吉等营，芗泉驰救，亦未得手。闻堵逆仍图稳踞，苏军已由东坝、建平进规广德，别由长兴一带进规四安以掣湖郡贼势矣。诸承廑询，附报一二。专泐复谢。敬请台安。不备。

071. 以重开江宁贡院换取捐银

潘曾玮出身于江苏吴县潘氏家族，祖父潘世恩乃帝师大学士，叔父潘祖荫官居刑部尚书。作为苏南巨绅，潘具有很大的号召力。曾氏此信，目的是请潘出面在苏沪劝捐，以应裁军之急需。但曾先不谈此事，而从修葺江宁贡院、十一月开科取士说起。

江宁贡院是京师之外的最大科举考场，江苏、安徽两省举子每逢乡试之年均在此考试，但自从咸丰三年春南京成为太平天国的都城后至今，仅在咸丰九年于杭州借场举办万寿恩科并补办咸丰五年乙卯正科两科乡试外，其他所有的乡试都已停止，苏皖两省数以万计举子的进身之路给堵塞了。当江苏省垣苏州在同治二年十月被淮军打下后，社会各界便主张在苏州新建贡院。不久，南京收复，曾氏决定不建新贡院，而是尽快修复江宁老贡院。

对于此举，过去普遍认为曾氏意在笼络苏皖两省士子之心。从这封信可以看出，除此之外，曾氏还有眼下十分急迫的利益诉求：那就是以此换取八十万两捐银！

与潘曾玮同治三年八月初六日

季玉世仁兄大人阁下：

军〈务〉倥偬，久疏笺候。比维履祺迪吉，令闻日隆，至以为颂。闻黄昌岐言阁下襄办军事，殚精竭力，无微不至，且又短衣草屦，躬冒险艰，以贵胄通儒而与贱卒同其艰苦，令人远想钦慕。

夏间接展公牍，议于苏州分建贡院，正拟批答，旋闻金陵克复，鄙人即以六月二十五日东抵江宁，目睹万室焚烧，百物荡尽，而贡院幸存。亲往察看一次，号舍一万六千间，尚属完好。至公堂、衡鉴堂、明远楼亦未毁坏，惟号板全无存者。监临、提调、监试、主考房官各屋，誊录、对读、弥封各所，均须从新添造。顷已札饬金陵善后局、江安〔宁〕布政司赶紧修葺，拟九月具奏，十一月举行乡试。前此鄙人力主上下江分闱之议，壬戌年业在皖省买定善地，鸠工庀材。旋因南北两岸寇氛甚恶，而皖省诸绅多谓安庆规模狭小，不欲竟舍金陵雄秀之地，是以中止。及接来牍，踌躇屡日，既观江宁贡院基址亦不宏廓，而数百年来江南科第之盛，贤才之众，巨儒辈出，甲于各省，远轶前代，意者金陵地脉必大有合于风水家言，不特非安庆所可及，即苏州或亦稍逊。已于公牍批复，由江苏布政司转移，即请珂乡诸君子于十一月齐集金陵，会议分闱之事。众论并萃，至理斯彰，当易于裁决耳。

国藩七月二十八日已回皖垣，九月间再赴江宁，办理一切。惟是善后事宜，百绪繁兴，需款甚巨。最要者，兵勇十万，欠饷已逾五百余万两。若不急筹遣撤，将来愈欠愈多，资遣愈难，后患无穷。应遣者欠项固多，应留者额饷亦巨。此外如填塞地洞、补筑城垣、开浚河道、修葺贡院、新造满营、抚恤难民，均须筹款办理，应即在江苏、上海等处劝捐接济。元年蒙惠公函，征兵东援轮船之费，多至二十余万。即此一事，而珂乡贤绅精诚之专，气魄之大，举可想见。迨李中丞抵沪，募勇置械，需费日巨，皆赖诸君子襄办大政，同建殊勋。兹金陵饷项竭蹶，亦望相助为理。特备公牍，先请阁下与苕甫兄邀同前年公函中诸君子在上海设局，劝捐银八十万两，陆续解赴江宁善后局，以济要需。仍札刘藩司、丁关道会同督催。绅士中有应行补札者，即求函示，以便补发。弟深知捐政病民，数年不敢举行，此次为欠饷过巨，实出万不得已，尚希亮鉴。顺请台安。不备。

072. 何为上等山长

胡林翼筹建的箴言书院明年就要开学了，湖南教育界的名望丁取忠告诉曾氏，拟请汪士铎（字梅村）来做主讲，并说这是胡林翼生前安排好的。

汪士铎是个饱学之士，尤精于舆地，深得胡的敬重，但曾氏不认可他是最合适的山长人选。为什么？因为汪没有功名。来书院读书的人，都是冲着书院能为他们顺利通过科举考试求取一官半职而来，纯粹来此求学问明道理的人微乎其微。故而主持书院的人，本人若无举人、进士一类功名，则既不能让他们佩服，又不能给他们提供有用的帮助。

曾氏认为上选的山长，是既精通八股文、应试诗，又精通经史古文者，即既有崇隆的功名，又有真才实学的人，这就是有些官员在官场上不很得志，宁愿回家教书的原因。次等山长，则是仅精于八股文应试诗者。真正的具有真才实学如汪士铎这样的人，就只能称之为第三流的山长了。

复丁取忠同治三年八月十六日

果臣尊兄大人阁下：

顷接惠缄，具纫存注。借谂著祺安吉，即事多欣，至以为慰。

承示箴言书院来岁开馆，拟请汪梅村兄主讲。鄙意书院常课，必当以举业为主，非精熟八股、八韵之学，则群弟子不相亲附；若八股、八韵既足服应试者之心，而经史古文又足厌高才生之望，此为山长上选，不可多得。其次则以八股、八韵为重，易以鼓舞士心。盖应试者多而高才者少，天下皆然。譬之蒉桴土鼓，古则古矣，而不适于耳；茹毛饮血，古则古矣，而不适于口。谁复亲之？梅村兄学问淹雅，人品高洁，鄙人素所企佩。但弃置帖括，为时太久，目疾亦难痊愈，阅文费力。若掌教乡间书院，恐曲高和寡，从者寥寥，终岁更无跫然之音。来书谓系文忠遗言，自不可违。顷已函致梅村，姑为劝驾。俟接其复书，再行奉闻。诸希心鉴。顺问著安。不备。

愚弟曾国藩顿首

073. 淮军统帅是最好的监临

曾氏力邀李鸿章出任甲子科江南乡试的监临。何为监临，即考试现场的最高主持人，现在通常称之为总监考。为什么非要李出任此职呢？一则李为江苏巡抚，南京在江苏境内。二则李为翰林出身，身份最为合适。除开这两点外，李还是淮军统领，他手下有数万收复江苏的劲勇，这是一股很大的威慑力量。试想，南京做了十二年的太平天国首都，刚刚回到朝廷手中不久，城里一定还有不少天国的忠诚人士。南京城外，扬子江两岸，眼下还有二十万太平军余部，他们决不甘心就此失败。这场全国瞩目，极具科举意义，又更富政治影响的大考试，安保工作将会何等艰巨而复杂！这个重任，除了李鸿章，还会有谁能担当得起！

关于甲子科乡试的作用，曾氏在这封信里又透露一层，即“招集流亡”。这“流亡”的不仅仅只是读书人本人，而且是他们的一家。这些年来，他们扶老携幼逃离故园，远走他乡。家乡开科取士的喜讯，不仅带给他们有可能晋身的喜悦，更让他们感受到家乡真的已回到太平岁月。这些人，不仅拥有文化知识，更拥有田地财富，他们是社会稳定的中坚，是恢复旧秩序的重要依靠。两江及东南的重建，他们是关键。

这封信还提到一个事情，即曾氏告诫李，对于淮军，“切勿轻议裁汰”。不裁淮军，既有眼下的军事需要在内，也深藏着曾氏的长远谋虑。野史记载，当年湘军大裁撤的时候，曾氏安置了一批将士在淮军部队里。曾氏对人世间的事情洞观一切，他的这种安排并非全无可能。曾氏死后，淮军逐渐壮大以至于控制晚清的军事领域，看来应是一种宿命。

复李鸿章同治三年九月二十五日

少泉宫保世仁弟大人阁下：

十六日接九月十三日惠书，敬悉一切。

举行乡试一疏，昨日已接奉批旨。虽允许简放主考，而圣意甚不放心，又虑及台旆不能前来入闱监临，询及朱学使、万方伯能否代办。鄙意安徽学政向无代办之案，宜学使又无入境之耗；篪轩办本任提调事件，已觉日不暇给，安能更兼监临之任？务求阁下拨冗前来，主持一切。国藩七月初创此议时，不过借此风声，招集流亡，初不敢必其有成。一回安庆，则群士欢欣鼓舞，宁、徽、颍州三府纷纷求学使考试，以便新生入闱。迨定议宁国生童调省考试，而徽、太、颍、凤又若东考西怨，呈诉不休。国藩观此气象，势难中辍，是以闱贡院工程将竣，即一面咨请阁下监临，一面札江西印办试卷。今因圣意十分慎重，鄙人亦怀疑虑，特恐画虎不成，贻笑远近。敬求阁下速来相助，盼切！盼切！

九舍弟回籍一疏，仰蒙俞允，并荷温纶慰问，珍药下颁，感激曷已！现定于十月还湘。裁勇过二万，无论何处银钱，概尽遣营，先行给放。欠饷不敷甚巨，若今冬能勉强敷衍，则敝处人数渐减，饷源如常，明年或可渐入佳境。惟目下腾挪欠款，或用长沙期票，或用此间期票，届时难践成诺。来示许于苏捐内分二三十万串见惠，尚嫌其褊，俟相见更当请益。鄂中兵事日坏，珂乡难望安枕，贵部留以龛定两淮，切勿轻议裁汰。湘勇则锐气消减，倦飞思还，稍有余资，续即裁撤。此鄙人确有所见，幸垂采纳。即请台安。

074. 袁甲三的墓表系别人代笔

中国古时孝子常请人撰文表彰其父母，这种文章被称之为墓表。所请的人，或为大吏，或为名儒，如果能与墓主扯得上关系那就更好。袁甲三之子请曾氏来为其父表墓，所请者自然是最好的人选。

但此时曾氏的确是诸事丛杂，日理万机，且虽获大胜却心情并不十分愉悦。他没有亲自动笔，而是要袁保恒请人代笔，他同意署名。于是，便有以曾氏署名的《漕运总督袁端敏公墓表》一文行世。曾氏日记未对此事有记载，曾氏死后的诸种刻本也未收有此文，看来这篇文章的确是别人操的刀。虽然未亲自撰文，但曾氏对袁甲三是尊敬的，与袁甲三的合作也是友好的。袁去世后，曾氏寄去了挽联：属纩寄箴言，劝我勉为范宣子；盖棺有定论，何人更议李临淮。这副联语完全是曾氏风格，毫无疑问是他亲撰的。

复袁保恒 同治三年九月二十八日

小午世兄馆丈：

前接手书，俗缘碌碌，有稽裁复。顷奉惠缄，具悉一切。

国藩昔与尊公午翁同年大人投分最早，相知颇深。洎同事一方，共支危局，军咨往复，和衷商榷，谊可断金。迨尊公引疾以后，灭贼报国之志，至属纩而不忘，梁木云摧，可胜怆感！兹者金陵之役，上托天威，下资群力，幸获蒇事。而尊公不及亲见荡平，鄙人独遭逢际会，渥邀异数，抚今追昔，愧歉曷任！六月杪小住金陵，七月杪旋皖，将上游军事布置粗定，九月初旬移驻江宁。百务繁兴，饷需仍绌。而徽、浙败贼窜江入粤，秦、豫发捻扰鄂窥皖，东南之余患未除，西北之回氛又炽。天意茫茫，未知何年果扫除氛祲，载戢载櫜。

尊公表墓之文，迄今阙然未报。顾念金石精诚，旂常勋绩，被于天语，孚于舆论，载于史馆，表于泷冈，自足以信今传后，垂之无穷。鄙人精力孱弱，日就衰颓，学术短浅，重以荒芜，自度不足以表扬盛美。若能别倩巨手而署贱名于末，或犹愈于拙笔亲裁耳。

寿州一案，奉行之员办理未善，有累盛德。在尊公为日月之食，在世兄有霜露之悲。欲纳官阶，吁复祠祀，属为据情代奏，谊不容辞。惟目下为日太近，转圜稍嫌于迫促，应俟迟之明春。请世兄备一公牍，具陈愿贬己阶以复先祀，并临淮绅民具一公禀，具陈业已兴工，未可中辍，呈递敝处，以凭入告，当可上邀俞允。专泐。复问礼安。诸惟心鉴，不具。

075. 当年几乎通国不容

同治二年六月，因两广总督毛鸿宾的保举，朝廷任命郭嵩焘为署理广东巡抚。但郭与毛鸿宾关系不融洽。他自我嘲弄："居粤年余，不过为督辕供一幕友之职而已。"同治三年十一月，郭以捐廉助饷优叙移奖子弟一事遭朝廷严责，获革职留任处分。在广东的这一年多里，郭嵩焘心情抑郁。对此，曾氏以“天机”也即时运来为之作化解，并以自己的经历来现身说法。

自从咸丰二年底曾氏创建湘军以来，一直到咸丰十年四月出任两江总督，在长达九个年头的客寄虚悬的日子里，曾氏的事业备受挫折，仗打不赢，政治上被猜疑，共事的地方官员们或嫉忍排挤或阳奉阴违，他觉得自己几乎身处通国不容的境地。咸丰六年七年那两年里，他甚至有甩手不干退居山林的念头。但是，为什么他又没有那样做呢？

曾氏说，当年出山办湘军，本以不顾生死不计成败不谋私利来号召三湘，到了困难时却自己抽身逃走而将艰巨交给别人。这种行为，即便是死后都无颜面见祖宗乡亲，故而硬着头皮强挺着，以好汉打脱牙和血吞的忍耐来应对危局，让成功来说明一切。

在好友兼儿女亲家面前说的这番贴心话，对郭应有所触动。这封信件，是研究困境中曾氏心态的一份难得的资料。

复郭嵩焘同治四年正月初二日

云仙仁弟亲家大人阁下：

顷奉十月二十九、十一月六日惠书，敬承一切。金陵克复，曾寄去八月十九、十月二十九两缄，而来示均未之见，颇不可解。

此间近事平善。乡试初疑赶办不及，后亦无他。闱墨声光并茂，不似丧乱后气象。

前奉派赴楚、皖之旨，旋以湖北、安徽一律肃清，谕饬无庸西上，仍回本任。惟因僧邸在鄂州挫败，令刘连捷、刘铭传等赴豫，概归邸帅节制调度。诸军素以邸部左右气焰逼人，本有望而却步之意，又因鄂将常星阿、姜玉顺两提督上年在黄州曾受邸帅鞭击棍责之辱，弥觉凛凛难近。刘连捷病系内伤，势难久履戎行，拟即裁遣该军。刘铭传等以淮勇剿捻，人地相宜，义无可辞，拟由淮、颍多运粮仗，遣之赴豫，一净捻氛。顷有复奏一疏，抄呈尊览。

尊处意绪怫郁，此间亦有所闻。凡名之成毁，虽曰人事，亦有天机凑泊其间。如近日移奖子弟一案，胡、张查办毛帅一案，皆系巧于凑泊，推波助澜，增人懊恼。退之所谓"变化咀嚼，有鬼有神"者也。国藩昔在湖南、江西，几于通国不能相容，六、七年间，浩然不欲复闻世事。然造端过大，本以不顾死生自命，宁当更问毁誉？以拙进而以巧退，以忠义劝人而以苟且自全，即魂魄犹有余羞。是以戊午复出，誓不反顾。阁下之进退，视鄙人昔年，虽稍绰绰，然既蒙诟毁，则宜俯默精勤，以冀吾志之大白，不宜草草遽赋归与也。金陵储蓄之奏，措辞诚多未善，然言之见信与否，皆在言外，奏岂足道哉？

令嗣今年无论何月，请遣来金陵就婚，一两月后敝处即派船送之，或至湘阴，或至岭南，一唯尊命。方濬益业已保留江苏，仰副雅嘱。诸惟心鉴。顺问台安。

076. 精力远不如昔

曾氏的另一挚友兼儿女亲家刘蓉，积多年之功此时已位居陕西巡抚，也可谓不负平生了。但刘蓉在秦的日子也不好过，同治四年军败遭劾，不久便罢官回家，去世时不到六十岁。

封侯不久的曾氏，按理说应该还沉浸在喜悦之中，但这封信给人总的感觉是气象萧条、境况凝重。这既有曾氏本人心态一层原因在内，而朝廷对大胜后的吉字营及其统帅曾国荃所表示出的强烈不满，亦是重要的因素。除此之外，曾氏身体和精力的状况不好，也是造成此种气象的主要原因。

曾氏此时刚满五十四岁，按今时的观念来说还是中年人，正处在一个男人的黄金年代，但曾氏的身体状况却令人忧虑：两目昏花，不能看清小字，牙齿几乎全部松动，说话说到二十句后便舌头干涩，气力也跟不上。这完全是一副老境！野史上多言打下南京后，吉字营将领纷纷劝曾氏学赵匡胤黄袍加身，别的且不说，即便就身体而言，曾氏也做不了开国雄主。

致刘蓉同治四年正月初三日

霞仙仁弟亲家大人阁下：

癸、甲二年均于正月初三日奉致一缄，未得复书。想盛德坚定，固守王小二之要约，靳胜于人而取于人。第闻屡乞病假，不知玉体果否康豫，公私是否顺适，至为廑念！

此间近事想多上彻清听。金陵克复，贱兄弟忝窃异数，至优极渥。江、浙旋即一律肃清，洋人气焰亦稍敛戢，似皆可用庆慰之象。然余匪窜闽之后，凶焰复炽。张廉访运兰、林总戎文察皆已殉难，刘克庵近亦大挫。闽中贫民从乱如归。死灰再燃，势将仍为江西、两湖之患。鄂、皖发捻投诚虽多，而回窜豫中者亦复不少。群言杂进，任事者多不自安。贱兄弟亦忧谗畏讥，筠仙尤增兹多口。

环顾后起之英，真能返朴还醇、捍御外侮、讲求吏治者，似亦不可多得。日夕惴惴，念此阴阳交争之会，未识消长之机竟复何如。

贱躯粗适而精力远不如昔。去岁盛暑困人，自五月至八月，竟日汗下如洗，两目昏花，不复能辨细字。齿牙虽仅脱其一，而动摇几遍，说话至二十句后，舌便蹇涩，气亦不属，自度万难任此艰巨。而舍弟甫经谢去，不能不稍与徘徊。但求闽寇不犯江、浙，豫匪不窥鄂、皖，波恬浪静，从容蝉蜕，养拙息机，则幸甚也。

舍弟之病，医者径以恶疮治之。已获痊愈，旋又翻复，是认症固有未审。而其彻夜不眠，极似怔忡，殊非旦夕可愈。其余小大平安，足慰垂注。

闻伯固世兄之长子已殇，而次者诞生伊迩，昔年于儿孙不甚厝意，近则老态日增，颇以抱孙为望。阁下想有同情也。

秦中属吏，有几俊才足裨时艰？林方伯在京誉望尚隆，长短何如？张廉访曾为弊处所纠，在秦风旨何如？黄子寿数数相见否？达川、伯昭常通书问否？便中示及一二。诸惟心鉴。顺问台安。

077. 许长怡年少猖狂

“惟许长怡年少猖狂”，对于手下的幕僚，曾氏出此重言，这在曾氏的文字中极为罕见。

前江西粮台文案许长怡，原是京中某部主事。他在江西工作期间，不守本分，擅自动用公权力，干涉地方事务；又以上司的作派，干涉其家乡公事。曾氏是个极看重“礼”的人，很厌恶妄为妄行。许长怡的妄为妄行发生在他的下属单位，他当然不能容忍，遂撤去了许的差事，许只好仍旧回到京师。许不服气，扬言要请御史参劾曾氏，并迁怒于曾氏幕僚、他的同乡程桓生。对于这等猖狂少年，曾氏当然讨厌。他动了参劾之念头。

但最终曾氏还是没有参劾许。他对丁松亭说是念及许家“式微太甚”，不忍心再让他们雪上加霜。这固然也是一个原因。笔者认为，更重要的原因，可能是曾氏要顾及自己的面子：一个名满天下的总督，去参劾手下的前文案，这总不是一桩得体的事！

收信人丁松亭是曾氏的进士同年。从信中看来，咸丰二年，曾氏赴江西主考任上，曾经与丁同过一段路。丁很可能此时正任许的直接长官。

复丁松亭同治四年正月二十日

松亭尊兄年大人阁下：

昨岁秋杪，接诵惠缄，奖饰逾量，感悚何任！俗缘碌碌，稍稽肃复，至以为歉。献岁发春，伏审荣问日新，庞祺川至，鸣朝阳之丹凤，迓温诏于紫鸾。引企吉晖，庆祝无量。

弟久从征役，毫无裨补。仰托朝廷福威，获蒇金陵之事，免于谤责，为幸已多。乃蒙圣主逾格之褒，并叨知好过情之誉，抚躬循分，但有祇惧。

自金陵克后，移驻此间。奉命赴楚督剿，旋以鄂境无贼，免其西行。豫省捻踪尚可西轶崤函，东窥梁宋，不独珂乡之忧，亦鄂、皖之公患。闽中贼势蔓延，援师前挫。江西、楚、粤皆接闽疆，犹多后虑。

国藩才识本极薄劣，精力近更衰颓，久处兵间，疲苶不堪事事。回忆西江奉使，并辔南行，昕夕晤言，可胜今昔之感！

张令绍英未来敝处，无由悉其行止。许主事长怡于敝处亦有世谊，前经委办江西粮台文案，每月薪水四十金，亦不甚薄，乃干预本籍地方事件，妄动文移。渠身在江西，行文原籍徽州府则用照会，行文歙县则用札饬，皆毫不干己之事。弟恶其谬妄，撤去粮台差事。渠颇怨望，扬言到京必请御史参奏。不知在尊处如何措辞，乃迁怒于其乡人程桓生，诬枉多款。

弟在外十年，从无一字议及京中长短，惟许长怡年少猖狂，颠倒黑白。弟若非念许玉翁家式微太甚，必当据实参奏。因便密布一二，伏希鉴照。复颂春禧，敬请台安。摹璧尊谦。不备。

078. 私议人事纠葛

曾氏是个谨言的人。他留下的一千多万文字中，极少涉及当时的人事纠葛，偶尔涉笔，也只是在极亲近的人中，少少地说几句。如他与九弟议论李鸿章兄弟，虽很有不满，也只点到为止。这次因郭的来信谈到这个方面，于是他顺势说了几句，也只是点到而已。因为此类事很少见，所以这封信便显得不一般。曾氏在这里点到骆秉章、朱孙诒、沈葆桢、吴廷栋、倭仁等人，其中说到的某人，则是毛鸿宾。

据“庚岁保升苏藩”一句，查曾氏全集，咸丰十年（庚申）七月二十三日，初任两江总督的曾氏有一份《保毛鸿宾任苏藩片》。

朝廷咨询曾氏，希望他在所属司道各员中“秉公拣择”，提供可任江苏藩司的人选。曾氏提名时任安徽按察使的毛鸿宾，说毛鸿宾“朴实廉正，练习吏事，忠爱之忱郁于中而溢于颜面”，不久，朝廷任命毛鸿宾为江苏藩司。

毛鸿宾是曾氏的进士同年，在京师时关系亲密。咸丰二年曾氏回家奔母丧，在给儿子的信中还提到他，教儿子常去请教。此时，毛鸿宾正任两广总督，与曾做过署理广东巡抚的郭共过事。笔者一向都认为曾氏与毛鸿宾关系融洽，读了这封信后，才知并非如此。

吴廷栋（竹如）也是曾氏在京时的密友。同治十一年正月初二日，曾氏还亲自以病躯到吴廷栋家去拜年，相谈甚欢。笔者常为曾吴之间有始有终的友谊而感慨，读了此信后，才知道他们之间也有芥蒂。

由此看来，人世间不管怎样的友谊，都不可能至清至纯，越是彼此关联得多，可能彼此的芥蒂也就越多。所以，古人提倡君子之交淡如水。正因为淡如水，才可以长久维持下去：酒不可多饮，水可多喝。

致郭嵩焘同治四年五月十二日

云仙仁弟亲家大人阁下：

四月十二日接三月惠书，匆匆未得速复。比想动定康胜，政祉佳善。

闽贼自漳州窜出，计将全数入粤。虽将来终为江楚之患，而目下遍布棠疆，焦劳可知。

此间自金陵克复，人以为渐入佳境，而不知乃日处愁城。湘军锐气已潆，功成意满。良者次第散去，留者骄泆不检，杂以游勇、奸民，与居人积不相得，遂至台谏纠弹。而各军分布皖、江南北，亦皆强弩之末，暮气乘之。既虑一旦有警，无以应敌，又恐准绳全弛，不戢自焚。未几而果有霆营金口之变，未几而又有霆营上杭之哗。方派刘南云等万余人进驻瑞、临，防御金口叛勇，保固江、湘两省，又出示招抚解散。不料一波未平，一波复起，僧邸追贼郓城，中伏阵亡，直隶、山东大震。

谕旨令国藩赴山东督剿。湘军既无可恃，淮勇虽属劲旅，而上下素不相习，未知能指麾如意否？畿辅望援，急如星火，而湘、淮皆无马队，黄河尚无战船，何能遽言战事？鄙人精力日颓，夏暑竟日困卧，不能治事，岂堪再膺艰巨？自当抗疏辞谢，但以闲散留营效力，以明尽瘁之义。

眷口暂留江南署内，四小女当于秋间送归。请令世兄回湘小住，即在长沙成婚。令弟澄侯在长沙主持两家各事则可，未便令其送粤，伏希鉴谅。即问台安。

再，另纸所示，敬悉一切。初不料二公龃龉一至于此！庚岁保升苏藩，始终不肯一至祁门，益阳公深恶次骨，鄙人亦自悔之。其于益阳，亦忘大德而思小怨。受人德而忘之，则施德于人必不能忘，或因此介介于公乎？然阅世过久，则亦见惯不惊。昔年与籥门、石翘恼终隙末，犹得曰彼此各有过当，情状令人难堪。至幼丹则自问实无开罪之处，而其相逼已甚，迥出意外。石翘之于霞仙，相欢愈于胶漆，近见其刻诗，注以讥霞，真山谷所称“石交化豺虎”矣。竹如不独贬霞，亦颇讥议下走。顷下蔡弹刻恭邸，艮、竹两公乃上手蔡而下手恭，此又何说也？是非无定，爱憎翻覆，自古以然。《幽通》《思元》，所以百读而不厌乎？再问台安。诸惟心鉴。

079. 驾驭悍将陈国瑞

苏廷魁早年在朝廷任言官，后来回广东原籍办团练，同治初年复出，现在河南任布政使。这封信里说的主要事情是对陈国瑞的看法及制辖。

陈国瑞，湖北应城人，早年参加太平天国童子军，后投降清朝廷，官至浙江处州镇总兵。同治三年为僧格林沁前锋，在山东等地与捻军作战。陈为人骄横，是一个跋扈不羁的骁悍将领。陈的这种作为，当然为曾氏所不喜。同治四年六月六日，曾氏借批复陈国瑞禀报的机会，写了一篇长达两千多字的批文。

曾氏在批文中对陈说，早就听人说你的劣绩很多，所到之处，毁者十之七、誉者十之三。毁者说你忘恩负义，性好私斗，骚扰百姓，凌虐州县，吸食鸦片，喜怒无常，手段残忍。誉者说你骁勇绝伦，至性过人，不好色，不贪财。针对陈的这些优点缺点，曾氏严肃地教导陈："本部堂细察群言，怜该镇本有为名将之质，而为习俗所坏。若不再加猛省，将来身败名裂而不自觉。今为该镇痛下针砭，告戒三事：一曰不扰民，二曰不私斗，三曰不梗令。"

接下来，曾氏将与陈的三戒一一展开，耐心开导。细读曾氏这份长批，柔中有刚，绵里藏针，恩威并施，苦口婆心，真正是一篇教育部属、警戒顽劣的好文章。

鉴于陈国瑞的狂妄自大，不遵制度，曾氏在此信中建议给河南地方政府以制扼陈的实际权力，即各处的协济饷银不直接给陈，而是交给河南粮台，由河南粮台再转给陈。这样，河南巡抚便可以控管陈国瑞了。

复苏廷魁同治四年六月十三日

赓堂老前辈大人阁下：

闰五月十七肃布复函，初八日接闰五月三十日惠书，敬承一切。

前函规画大局，筹备劲旅四支分扎四省要区，惟临淮距周家口八百里，相隔太遥。阎丹初中丞曾以为言，来示亦谓证以前事，尚虞瓯脱，应即另添一军。顷与乔中丞商，将英方伯向驻雉河之八千人移驻颍州，不使陈东寿西过于空虚，以符尊指。其刘军门铭字一军，在敝处为最多且精，拟令驻扎周家口，与豫军互相犄角。军情瞬息千变，未审能如区区筹画否？

刘军月初由澥溪口进兵，将龙山、石弓山各处贼巢攻破。周盛波一军于初二、三等日会同英军沿涡并进，连破十余贼垒，遂解雉河之围。同时张耀、宋庆等军亦将义门集攻克，军威为之一振，贼势却未稍衰。鄙意四路安置重兵以遏其冲，又搜查颍、凤、归、陈四属匪圩以清其源，即日当备清查圩寨告示咨行各处，不知稍有裨益否？

陈国瑞一时骁将，誉者十三，毁者十七，言人人殊。侍因渠与刘军门曾在长沟私斗，又与英西林方伯旧有仇衅，不欲令其来皖，致生他变，故奏明归豫省中丞调遣。然此人气矜太甚，又其部下诸将不乐为用，终难独当一面。顷有与该镇一长批，业咨吴中丞处，便中请一查阅。

来示虑及客军驻豫，远禀敝处节制，一切进止，豫中不能参预，此自断非所宜，鄙人亦虑及此。前曾密奏请将陈镇归吴中丞节制调遣，各处协陈之饷概交河南粮台转发，顷又于长批中一一说及。将来仍拟再奏一次，请旨革去帮办字样，饷由豫发，利权所在，即威权亦归之矣。惟目前八千之众宜大裁减，只留三千，不宜因贼已入豫，姑令全留以资追剿，则嗣后扰民愈甚，约束愈难，请禀商吴中丞坚持行之。

国藩频年驰驱，精力日就衰颓，三省幅员辽阔，万难兼顾。有名无实，时虞陨越。月前四次奏辞节制之命，未蒙俞允，容当恭疏再陈，得请乃已。

承示宜将各省防剿汛地逐段派定，责成各省大吏相机剿击，侍于第一折内即言皖之庐、凤、颍、泗，齐之兖、沂、曹、济，苏之徐、海，豫之归、陈十二府州当由督办大员任之，其余各属，四省督抚任之，即是画分汛地之说。实则历年捻踪皆在十二府州之境，四省之分段甚轻，鄙人之汛地则万难践言也。复请台安。附璧衔柬。不具。

馆侍曾国藩顿首

080. 热闹过后风流云散

湘潭举人欧阳兆熊是曾氏一生的挚友。当年曾氏一人居京师时肺病大作，全赖欧阳延师调护。后来在军中，欧阳亦时常前来辅助他。欧阳热衷刻书，曾刻印部分船山遗著。打下南京后，曾氏兄弟设金陵书局刻船山遗书，欧阳欣受所托，董理该书局事务。

此时，曾氏正统率湘淮旧部北上剿捻，驻军苏北临淮。自从曾氏北上后，当时朝夕相从的一批幕友们顿生冷清岑寂之感，欧阳的信中也有风流云散之慨。想当初，曾氏幕府，主贤客雅，高士云集，大家为一个共同的大目标同心勠力。终于，这个看似遥遥无期的目标，大家胜利抵达了。在这个过程中所结下的情谊，该有何等深厚！正当大家欲细细品味这人世间难得的甘醇时，主人远调，格局全变，瞬间便时过境迁。自古以来人们所感慨的人生聚散无常，在曾氏身边得以重现。曾氏由此生发“信运气”的叹息。其实，它更多地是在再一次向世人昭示“美好的只是过程”、“珍惜当下珍惜每一天”的千古恒理！

复欧阳兆熊同治四年六月二十日

晓岑仁兄大人阁下：

十九日接初十手书，具承一切。近想兴居纳祜，即事多欣为颂。

此间自雉河解围后，军势为之一振。赖文光、牛洪窜至归德所属柘城一带，张总愚、任柱窜至颍、太，经英方伯所部驱之出境。现派刘省三军门驻扎周家口，又与乔中丞商派英军驻扎颍郡，与临淮一军互相犄角。日来天气凉爽，体中粗适。惟淮水暴涨，濒淮民居，悉在水中。水高于营盘尺许，日事筑堤，时虞溃没。刘松山及朱、张各军，现已移扎南岸。薪米阙乏，诸用焦闷。弟拟七月间仍驻徐州，料理马队事宜。

鄙人去后，金陵诸君子或投笔相从，或仕宦而之他方，尊况遂尔岑寂。莫偲兄信来，亦有风流云散之慨。聚散无常，从古以然。年来饱阅世变，觉身世之盛衰，名誉之隆替，朋旧之离合，爱憎之薄厚，皆若有冥冥者暗为尸之。乃知“不信书，信运气”二语，实将来铭文中必不可少之句也。

船山书将次刊遍，刷印或在金陵，或在扬州，俱听卓裁。去岁托刘韫斋抄件，接其复信，云近日当可寄出。少荃宫保诸事精练，魄力过人，整饬鹾务，自当日有起色。台从如果驻扬局，令孙东来，当以挈眷为妥。少年远离家室，恐其易逾闲检也。复请台安。诸惟心鉴，不宣。

愚弟曾国藩顿首

081. 湘军中的文学活动

书生毕竟是书生，即便在前线带兵打仗，依旧对诗文学问之事有浓厚的兴趣。当年在曾氏幕府中，就时常举办一些文学活动。比如南京打下之后，恰逢曾国荃四十一岁生日。曾氏为犒劳这个为他争了大面子的弟弟，诗兴大发，一口气写下十一首寿弟诗。幕府中的师爷们，以赵烈文为首，纷纷唱和。一时间，湘军统帅部俨然成了诗社文苑。

这次，因为金陵会馆以及戏台的楹联等，曾氏与水师统领彭玉麟又顿生文人兴致。彭玉麟寄来四副会馆联、三副戏台联，曾氏不仅为之品评高下，还亲自修改。同时，他也为之撰写两联。在笔者看来，附在信后的九副联语，以彭所拟的第二副为最好，尤其是该副的上联“入门尽是乡音，彼此天涯同作客”最为贴切，让在金陵的湖南人一进大门，扑面而来的便是一种浓郁乡情。

复彭玉麟同治四年八月初九日

雪琴宫保仁弟大人阁下：

七月十九泐复一函。二十四日临淮启行，二十八日由泗州登陆，八月朔行次宿州，接前月十八日手书并大撰会馆联文。初四抵徐州，续接二十八日惠缄，知初五、十一两次缄函均已递到。欣悉玉躬康胜，兴居如常，再加静摄，辅以药力，精神定见复元，至为企祝！

前以徽防兵勇滋事，咨请派巡江面并顾饶郡。兹承示及，已派中营驻饶，人心安谧，江面亦均平静。又接徽营禀报，桂生处拿办滋事首犯勇丁二人正法，逸亭处亦正法一人，并撤换营官数员，各该军尚无它变。告假回籍之勇千余名，空缺不补。鄙人必欲索拿十余人解徐严讯，不知办得到否？

前在临淮面属昌岐饬向导营回裕溪口，昨据报，二十六日已由颍州动身。惟该营舢板二只护送赴陈州提饷之委员，尚未回营耳。

尊处所寄萧、范两信并汇票银两，金陵启行，匆匆未及代寄。顷已查出，交折差胡正盛妥为带京。

《会馆记》尚未暇作，撰联二对，抄呈一览。尊作会馆四联，似以“洞庭八百里”及“入门尽是乡音”二联为佳；戏台三联，似以首联为佳。兹改数字呈阅。

九舍弟昨有家信，言病体未痊，实难遽出任事，已由湘拜疏固辞，未知能否仰邀俞允。

豫捻前股窜鄂之枣阳，后股由周家口窜洪桥一带，经刘省三邀击，南遁新、息，溢入皖之阜阳。此间满蒙各起马队殊乏骁将，器械亦不齐全，马匹病毙极多，尚难整顿就绪，良用焦灼。

今岁秋潦太大，滨水之区灾黎满目。兵戈未息而饥馑洊臻，天意殊不可测。如何！如何！复问台安。

国藩顿首

附联语

会馆联

地仍虎踞龙蟠，洗涤江山，重开宾馆；
人似澧兰沅芷，招邀贤俊，共话乡关。

会馆戏台联

荆楚九歌，客中聊作枌榆社；
江山六代，劫后重闻雅歌声。

彭玉麟撰联

洞庭八百里，浩淼烟波，直下大江，觞咏齐思建业水；
衡岳七二峰，葱茏佳气，挺生名世，楼台重启秣陵春。

入门尽是乡音，彼此天涯同作客；
适馆欣依夏屋，清凉山色解迎人。

浮桑三宿亦因缘，迨客子归时，都成陈梦；
烟柳六朝感兴废，看行吟来者，并入楚骚。

峰头回雁湘波绿；
柳色藏鸦客舍青。

以上馆联

以下戏台联

六代名都，丝竹犹闻清夜月；
三闾遗韵，风骚应识故乡音。

舞低杨柳楼心月；
歌尽桃花扇底风。

北部音声，檀板金樽新乐府；
南朝风月，庭花玉树旧歌词。

082. 以勤为本以诚字辅之

陈湜是湘乡人，早年投身湘军，因军功而积升为山西按察使，上任途中进京陛见，将京师闻见记录下来，寄给曾氏。这封信是对陈湜的答复。官做到一定程度，便会自然而然地关注朝廷对自己的看法，以及京师有关自身的舆情。这对仕途之顺否关系极大。

陈湜身为臬司，已是地方上的大员了，故而他特别在意这些方面。曾氏开导他，不要去太在意别人的意见，关键在自立。自立在两个方面：一是对自身的要求，一是对公事的办理。公事上，勤是根本。只要勤劳，即便是柔弱亦可刚强，即便是愚陋也可变得明白。

曾氏这番话，在道理上是完全对的，对于一般人，也的确是通行的。但在官场，尤其在高级官员身上，并不完全通行。陈湜后来被人参劾，沮丧地回到老家，晚年久卧病床，给后人留下的，只不过是一部《病榻述旧录》而已。

加陈湜片同治四年八月初十日

再，另纸所示闻见各条暨抄出之件，均已阅悉，专人送交舍沅弟查核。

京师物议与枢密消息随时变迁。每有上下交推，众望所归者，转瞬为人所唾弃；亦有群疑众谤，浮议沸腾者，转瞬又风平浪静。惟卓然自立之士，历常变红黑而终不改其度。阁下此次进京，时日无几，而天眷物论似均优许，望阁下弗引之以自喜。将来设有訾议吹求，恩眷少替，望阁下弗因之以自沮。蚤夜孜孜，专求自立之道。私事则行己与读书二者并进，公事则吏治与防务二者兼营，以勤为本而以诚字辅之。勤则虽柔必强，虽愚必明；诚则金石可穿，鬼神可格。鄙陋之讥，若倾黄河以涤凝污，岂待辨哉？

晋省情形，闻动用款项虽数百千金亦须具奏咨部，犹是承平时之轨辙。

黄河自潼关以东至垣曲，皆北岸晋而南岸豫，再东则南北两岸皆属豫境，造船防河似须处处与河南商办，不知果能联络一气否？造船之木料尚易购求否？炮位须敝处协解否？至为系念，便中尚望详示。再问舫仙仁弟台祉。

083. 答复条陈六事

正月十六日，曾氏给在庞际云的信中说："刘子恕已到归德府任，来信条陈六事，多阅历有得之言，文笔亦足达其所见。俟过宋时必可接晤，已先有信复之，令其由归德随营到周家口，当可畅谈旬日也。"

由此可见，刘子恕是由京师翰苑外放河南归德府的知府。这次北上剿捻，河南是前线，归德府地处山东、江苏、安徽、河南四省交界之处，是捻军必经之地，归德府在这场大战中地位十分重要。作为知府，当前压倒一切的事情便是战备与打仗。

刘子恕到任后给捻战统帅曾国藩上了一道条陈，提出六条建议：一曰河防可虑，二曰地险当设，三曰民寨可用，四曰外围可筑，五曰胁从宜宥，六曰地图宜求。对于这六条建议，曾氏很重视，尽管有的他并不能完全采纳。六条之中，曾氏最看重的是民寨可用一条。曾氏于湘军，最关注的便是兵与民之间的关系。他在《爱民歌》中开头便说："三军个个仔细听，行军第一爱百姓。"军队要爱民，这是军队的立足之本。信中，曾氏对刘子恕说："敝部如有扰民，准民寨赴鄙人前控告，轻则赔钱，重则正法。"身为统帅，曾氏在这一点上头脑极为清醒。

这封信还给我们透露这样的信息，即曾氏对认真履职且有创见的属下十分重视。他不仅亲自给刘子恕回信，逐条答复，还约他见面，安排十天的时间与他详谈。

这年八月初六日，曾氏刚由安徽亳州进入河南鹿邑县，知府刘子恕便来拜见，两人“久谈”。

复刘成忠同治五年正月初五日

子恕仁弟馆丈阁下：

使至，接展惠书。春间敝函、六月二十七尚有一信递至开封，不审到否？比维荣调宋郡，政祉绥亨，至以为慰。

承寄豫省全图及河南、江北、汉东、海西之图、黄河南岸险工之图，相需正殷，贶我良多。

另折六事，多阅历有得之言，文笔亦足达其所见，佩仰实深。河防可虑一条，似不必预为过计。黄河之决，关系亿万生灵，盖有天意，不尽关乎人事。此贼本无深谋，就令出此，强秦引河灌大梁而魏破，智伯引汾灌晋阳而赵不破，成败亦尚有数存焉。若在在如此过虑，则畏首畏尾，天下殆无可办之事矣。地险当设一条，阁下前言由息县至汉水之滨，经营此三百里之地。查该处东西四百余里，凭淮以守，阻山以守，皆须有劲旅乃足遏之。果有此项劲旅，则可以迎剿，可以跟追，何必守此极宽极散之险？后段言自朱仙镇下至周家口，凭河戍守，逼贼全归颍水以西。查刘省三前来徐州，即力陈扼守沙河之说，使贼不得东窜，与尊指略同，并称袁小午亦主此说。鄙意闸河蓄水，费财甚巨，难以成功。梁武帝筑浮山堰即是前车之鉴。敝处围安庆时，曾筑堰堵枞阳河，不久亦即溃决。运河闸坝，每动费数万金，尚须节节置闸，时时启闭，乃能行船，若置闸太稀，则下游业已漫溢，而上游尚自枯渴，岂有周家口仅筑一堰即可蓄水，使满至朱仙镇之理？周口以上，河虽浅窄，然汝、颍、贾鲁等河皆系经流，较之枞阳运河，其工程之难不啻十倍。鄙意此事用力多而裨益少，兹略陈拙见，俟过归德时，再约阁下同至周家口详细察勘，斟酌定议。第三条言民寨可用，关系极大。豫中巨患，在于兵民相仇。其初在兵之扰民，作践太久，其后在民之怨兵，报复太过，必须彼此稍有悔心，而后有善机，有善机而后民寨可用，民寨与官兵通为一气，而后可以办贼。敝处行军，向以禁止骚扰为主。惟所部太多，相距太远，亦不免有扰民之事。闻此次入豫诸军，刘军最好，周军次之，张镇树字一军已为民所疾视，色副都统马队则骚扰颇甚，不知阁下所闻亦相同否？即日李幼泉全军万人又将赴豫，国藩当遍发告示，联络民寨。敬求阁下代为出示，言敝部如有扰民，准民寨赴鄙人前控告，轻则赔钱，重则正法，总须将一“信”字做出，庶几挽回民心。第四条外围可筑，第六条地图宜求，俟到宋与阁下相见，再行分别出示下札。第五条胁从宜宥，殊不易办。昔年曾刊刻《解散歌》，而散者甚少，固由官兵乡团抢夺银钱衣物，致各贼不敢逃出，亦由无食无衣之民太多，混身贼中，聊为偷生旦夕之计。故从古流贼难灭，非他故也，家无生业，而时民时贼者多也。书不详尽，统俟面罄。诸维心鉴，顺候台祉。

馆愚兄曾国藩顿首

084. 给李鸿章之信均系亲笔

曾氏同年好友李文安有六个儿子，分别为瀚章、鸿章、鹤章、蕴章、凤章、昭庆。六兄弟个个文武双全，如狼似虎。早在咸丰三年，李鸿章回皖办团练之际，除老大在湖南做县令外，其余四兄弟均跟着二哥做了庐州府的大小团练头领。同治元年，李家五兄弟全部进了淮军。从此，在淮军这面旗帜下，李家子弟兵有了更强的后盾与更大的平台。想当初曾李相识并订交于京师时，决没有料到十多二十年后，两家人会开创出如此令天下父母热盼的局面！

打下南京后，湘军大批裁撤。北上剿捻时，曾氏所统率的部队，其主力多为淮军，李昭庆部即为其中之一。淮北民风素来刁悍，淮军的军风也便让曾氏十分担忧，故在李昭庆的面前更强调军纪。“务与圩寨之民联为一气”，这话显然是在落实刘子恕所陈六事之“民寨可用”一策。

曾氏对于笼络亲信有一个特别的手段，即始终以亲笔信函与之联络，而不假手幕僚。此信为我们提供了一个有力的证据：“国藩与令兄少泉往还信，均系亲笔行草。”少泉即李鸿章。李是曾的入室弟子、接班人，是第一等亲信。对于他，曾氏采取的是通篇亲笔。而与李瀚章的信，则“多系幕僚所书，而亲加一二纸”，这大概是曾氏对次一等的亲信的待遇。至于对于一般人的书信联系，那当然都是幕僚们的事了。

复李昭庆同治五年二月初五日

幼泉世仁弟阁下：

接二十七日手书，知台旆抵宋，定于二十八日进驻柘城，至以为慰。

张逆边马已至上蔡，贵部与周、张二军互为犄角，剿办当易得手。豫中兵民相仇，为日已久，此时湘、淮各军下手工夫总不可丝毫骚扰，务与圩寨之民联为一气。虽有讥为“沽名钓誉，要结人心”者，不必顾也。

豫军确山之事，未得确报。鄂中来咨，马德昭已到团风，留鄂助剿，未回河南，则传言受伤者，断不足信。闽、粤余孽已报肃清，谕旨饬鲍春霆移师楚、豫之交；刘仲良襄办军务亦奉俞允，业经分别咨调北来。九舍弟奉抚鄂之命，国藩嘱令挑选旧部成军，一面遵旨迅赴新任，一面出省剿贼。刘寿卿、张田畯月半后定可拔营赴鄂。前本筹有四支游击之师，若添舍弟与霆军，则为六支游兵矣。

刁、王两团安静回东，已据铜、沛、鱼台各县禀报，沿途无事。现饬欧阳健飞、董梧轩各派兵六百赴该团屯田，俟麦收后，以一半给屯田之兵，一半给回东之民。此事办了，定于初九起程赴济。知念附告，复问台安。

再，军营诸务倥偬，断无余暇可作楷书。尊处寄鄙人之信，以密为贵，以多为妙。以后望每五日寄信一次，以慰悬系，概用行书，或作狂草，多或洋洋千言，少或寥寥数语，均无不可。有时杂务丛集，即请幕友代写一纸，或自批数字于后。国藩与令兄少泉往还信，均系亲笔行草，与令长兄筱泉信，多系幕僚所书，而亲加一二纸。筱泉来信，间亦如此，亦属行书居多。阁下尽可放而行之。

敝处查劾吴中丞去位，阁下在豫，务以谦谨为尚，切禁弁勇扰民。各军搔扰，查明密示，至嘱至嘱。幼泉世仁弟左右。

085. 望对前线淮军善为劝诫

这封信里所提到的前线主力部队即潘鼎新（琴轩）的鼎军、幼泉（李昭庆）一军、杨鼎勋的勋军，皆为淮军。这些淮军仗着武器精良，轻视捻军，他们普遍存在着两大毛病：骄矜、轻率。这两大毛病，在曾氏看来，足以危害根本。但淮军的统帅是李鸿章，他不便于直接批评，只有“求阁下善为劝诫”。湘、淮军的私人性，于此可见。

致李鸿章同治五年三月初九日巳刻

少泉宫保世仁弟大人阁下：

日内未接惠书，悬系之至。此间军情，已详初五日疏中。厥后鼎军于初四日在潘溪渡大获胜仗，初六日在萧家亭接仗先胜后挫，幼泉一军初七日接仗鏖战良久，互有损伤。前此但闻捻匪不如粤匪，张总愚一股又不如任、赖等一股，今张逆精悍如此，任、赖又将继至，何以御之！兹将琴轩初四、初六两信，幼泉初七日信及敝处回信抄呈台览。

淮军队伍之整，器械之精，迥非各部可及，惟骄矜轻敌之心蕴之甚坚，又于圣人临事好谋之训不甚厝意，欲抑之则恐馁其气。求阁下善为劝诫，俾诸统将皆沈慎好谋，而气不少减则妙矣。

勋字一军，昨日当抵滕县，已批令至兖州听调，盖恐张逆渡运也。宿迁空虚，不知仲良一军何日可以到防？此外尚有何军可以调赴邳、宿一带，无使该逆得从台庄、韩庄一带渡运，敬求代为熟筹，匡我不逮。即问台安。

086. 思之于己，问之于人

读曾氏给李昭庆的信，其语气颇为类似他给比他小十八岁的小弟国葆的信。昭庆比曾氏小二十四岁，曾氏是以子弟身份视之的。五天前，曾氏在信中对昭庆说："阁下于军事阅历犹少，请当从'好谋'二字上用功。"什么是"好谋"？曾氏作了解释：多问多思。问即多向别人请教，思即自己心中多考虑。为让昭庆学有榜样，曾氏细细地述说王鑫的军事会议。

战前的军事会议为讨论会。会前先发每人一张军事地图，请各位与会者发表自己的意见，王鑫最后作决定，并以书面形式定下来。平时的军事会议则为研讨会：熟论战守之法。

"坚其志，苦其心，勤其力，事无大小，必有所成"，这样的话，常见曾氏给子弟的信中，于此可见曾氏对李家兄弟的情谊。

与李昭庆同治五年三月十七酉刻

幼泉世仁弟左右：

昨夕台从旋营，今日果移扎安居否？询之济宁牧程小泉，据云大队宜扎长沟，或分兵三千人扎于赵村、石佛尤为严密。若扎安居，则南不能救赵村、石佛之急，北不能救长沟之急，两头均够不着。仆觉其言有至理。如今日业已拔动，请于明日派一良将，带三千人来扎赵村、石佛，而自率大队驻扎长沟，或赵村、石佛仅来四营亦无不可。仆本力诫阁下不可分兵分将，贵军现作守局，即稍分亦尚无妨。师行所至之处，总须多问多思，思之于己，问之于人，皆好谋之实迹也。

昔王璞山鑫带兵有名将风。每与贼遇，将接仗之前一夕，传各营官齐集，与之畅论贼情地势，袖中出地图十余张，每人分给一张，令诸将各抒所见，如何进兵，如何分支，某营埋伏，某营并不接仗，待事毕后专派追剿。诸将一一说毕，璞山乃将自己主意说出，每人发一传单，即议定之主意也。次日战罢，有与初议不符者，虽有功亦必加罚。其平居无事，每三日必传各营官熟论战守之法。张凯章是王之帮办，刘寿卿是王之部将，故二人守王之章程，将战之先夕，必传众营官会议，至今不改。阁下于军事阅历尚浅，如鲍之两层大一字阵，打进步连环；李之不肯轻进，待贼先扑；王之将战会诸将各献计谋，皆宜深思而善学之。令兄与程学启等，必有独得之秘不可及之处，亦宜博访而师法之。坚其志，苦其心，勤其力，事无大小，必有所成。昨寄令兄小泉一函抄阅。顺问近好。

闻潘营洋枪子不敷用，尊处尚有洋子在徐州府否？十一日咨请金陵赶解，然断不能速到。

正封缄间，接到来信，不扎安居，正与鄙见相合。赵村分营之说，多少请酌。阎丹帅信来，十六日运河无事。琴轩竟无续报，悬系之至。

087. 豫中巨患：官民相仇，兵民相仇

正月，原河南巡抚吴昌寿被御史弹劾离职，李鹤年前来接替其职。李鹤年曾经有恩于曾氏。

咸丰七年六月，在百日父丧之假期满时，曾氏向朝廷上书，沥陈因无地方实权而办事艰难，明确表示若无巡抚之职则不能带兵的态度。曾氏此一“伸手要官”，实情有可原，但朝廷不体谅，命他继续在家服丧。这令曾氏十分失望。曾氏之心本不在继续守丧，而是想借获得地方实权后在战场上有更大作为，不料朝廷竟然拆掉他做事的平台。时为给事中的李鹤年深知曾氏的用心。他即刻上书，请求朝廷一定要让曾氏再上前线，“仍赴江西，及时图报”。朝廷虽没有采纳李的建议，但这为一年后的曾氏复出埋下伏笔。曾氏对李，是怀有谢意的。

此番李鹤年从湖北平调来河南主政，很可能也是朝廷基于曾李之间的这段情谊而作出的安排。

值得重视的是，曾氏在信中所揭櫫的河南两大隐患，一为官府与百姓之间的怨仇，一为官兵与百姓之间的怨仇。对于这两点，曾氏是有过调查的。同治四年八月，朝廷因御史刘毓楠等人奏河南巡

抚吴昌寿纵容马兵任意骚扰百姓、总兵张曜杀掠难民等事，令曾氏严密访查，据实具奏。曾氏接旨后，亲自广询来往官绅，又派员赴河南密查。因此对河南的问题非常清楚。

动乱时期，靠老百姓奉养的官府、官兵，本应庇护老百姓，现在不仅不庇护，反而骚扰为害老百姓，岂不可恨！

复李鹤年同治五年四月二十三日

子和尊兄大人阁下：

前布复函，附陈鄂省军情，计蒙尊鉴。比闻移节中州，弟适同刘、阎两帅会阅河、运两防，稍稽裁贺。顷回济宁，展诵惠书，㧑谦溢分，袚饰过情，舄任悚怍。伏审荣莅汴垣，承恩笃祜，本禁署之颇、牧，为军中之范、韩，保障畿疆，久仰威稜之远耀；经营河洛，更瞻伟绩之宣昭。共事一方，尤深欣忭。

国藩办捻经年，愧乏成效。此次自徐来济，本拟阅视黄、运河防，即由曹、宋赴豫，乃甫抵济宁，而捻众东趋。张逆一股先至梁山一带，任、赖、牛、桂诸逆踵窜曹、郓之交，合并窥运。先经潘、李两军与张股接战四次，互有胜负，后经刘、周等军追至，甫经接仗，群捻即分起南窜。任、赖先行远扬，由萧、砀、斜趋宿、邳，为运河防军所扼，转由铜、睢窜至泗、灵，已咨刘学士并饬王、杨两镇分道游击。其张、牛等股，三月之季经刘、周两军破之于巨野、城武，出东境后复由归德折回丰、单，连扑曹县城圩，又为刘、李及老湘刘军所败。现尚徘徊于丰、单之间，若不得逞于东，仍恐西走犯豫。豫中平原旷野，无险可扼，我军步多骑少，该逆万马风驰，剽疾异常。外间献策，欲蹙贼于沙河之西南。鄙意先开贯鲁河，下接沙河，上挖长濠，以为界限，冀阻流寇。曾函商张子青河帅，顷接渠复书，工巨地远，势未可行。此外尚有何处可设地险，参以人力，略资扼堵，求阁下广咨熟筹，详示为感。

承以豫省兵疲将惰，饷绌民穷，殷殷垂询挽救之道，具见怀抱谦冲，忧深虑远。国藩智识短浅，何敢越俎代谋，然仰蒙下问勤拳，不敢不略陈一二。窃谓豫中巨患，在于官民相仇，必须先求吏治，以收拾民心。罢捐扣廉俸赔补官亏之弊政，使自爱之吏有以养其廉，不致苟且趋污，以虐取于百姓，官民乃可联为一气。其次则在于兵民相仇，兵之扰民作践太久，民之怨兵遂报复太过，必须彼此稍有悔心，吾辈从中导迎善气，兵民乃可联为一气。闻豫勇日食银一钱，马日食草料银五分，口粮太少，将领之公费夫价为数亦复无几，日用不敷，此骚扰之所由生，即疲弱之所由致。似须酌量增加，俾衣食有资，而后可责以不扰民圩。兵不扰民，而后可责民圩之不抗官长，完纳丁赋。阎丹帅在山东，州县之养廉坐支皆得领取实银，而于正赋则催征甚严，每年收至二百余万。河南若禁兵勇之骚扰，使民无所借口，豁州县之摊捐，使官不图中饱，认真催科，正赋当不减于山东。饷项日裕，则尊处之兵可强；兵民相安，则敝处行军亦不至闭门绝市，处处棘手。刍荛之论，不知当否，聊达盛意。专肃布复，敬贺大喜，顺请台安。谨璧大柬，谦称万不敢当，幸勿再施。公牍亦请无用“咨呈”字样。从前江西、安徽，近日之山东，皆用“咨”而无“呈”字，伏祈迅赐更正。诸惟心鉴，不备。

馆愚弟曾国藩顿首

088. 真心实肠是第一义

什么是真心实肠？真心实肠说的就是一个诚实。诚是曾氏最看重的德。算路程，算粮草器械，算自己算对方等等，都是属于才的范畴。曾氏看人，首先看的是德，其次才看的是才。以德为主，以才为辅，这封信表达的正是他一贯的人才理念。

加李鸿裔片同治五年五月初十夜

再，军事不厌辨说，既不能临阵阅历，又不于平日讨论，则更无明了之时。凡不思索考核信口谈兵者，鄙人不乐与之尽言；遇有考究实事多思多算者，未尝不好与讲明也。国藩所知者，军中须得好统领、营官。统领、营官须得好，真心实肠是第一义，算路程之远近，算粮仗之缺乏，算彼己之强弱是第二义，二者微有把握，此外良法虽多，调度虽善，有效有不效，尽人事以听天而已。

河南久望鄙人前往，今既不能赴豫，未便更回徐州，只得且住济宁，度夏过徐。各军纪律何如，望一一详示。再问眉生仁弟台安。

089. 养生与力学皆须有恒

这是曾氏写给女婿的信。远济是曾氏同年挚友陈源兖的次子，刚生下来不久，母亲易氏便得产后症去世。曾氏夫妇怜恤他，将他接到自家抚养，并定下娃娃亲：将次女纪耀许配于他。因为有这层关系，远济是曾氏五个女婿中与岳家感情最深的一个。

远济现在正与郭慕徐、邵子晋住在一起，温习功课，准备明年的科考。郭慕徐是郭沛霖的儿子，纪鸿夫人郭筠的弟弟，与远济也可以算是亲戚。郭沛霖咸丰九年在两淮盐运使任上，死于太平天国战事。邵子晋是曾氏同年好友邵懿辰的儿子，邵懿辰也死于咸丰十一年战事。陈源兖则在咸丰三年死于安徽池州知府任上。所以曾氏说他们“三人均系忠良之后”。

尽管父亲都不在了，但毕竟是官宦之家，这几个公子都有富家子弟的通病：体弱。曾氏谆谆告诫他们：保养身体，关键在睡觉与饮食两方面。这两方面的要点在于节制：思虑不可太多，饮食不可过饱，尤为可贵的要持之以恒。

温婉开导，循循善诱，浅白琐细，联系自身，是曾氏教育子弟的最大特色。这封信也是这样。

复陈远济同治五年五月十二日

松生贤甥足下：

四月二十七接甥十七日信，具悉近状平善为慰。

与慕徐、子晋同居，互相切磋，甚好。尔三人均系忠良之后，父为贤哲，而不获为善之报，天理当不如是。若能发愤立品立学，当不至于终穷。三人身体俱弱，尤须好为调养。纪泽身体亦弱，吾教以专从眠、食二字上用功，眠所以养阴也，食所以养阳也。养眠贵有一定时刻，而戒其多思；养食亦贵有一定时刻，而戒其过饱。尔现将功课登诸日记，尤以起居有恒为主。养生与力学皆从有恒做出，故古人以有恒为作圣之基。余近十年来，亦力守一恒字。明年正科尔三人皆须下场，墨卷非揣摩不能熟。请师选名墨中之气盛词圆者，手抄口诵，试帖、经文亦须常作，免致场屋因此二者而有碍于中式。三十以前不宜仕宦，专讲举业可也。

尊公遗事，自戊戌以至乙巳余知之颇悉，多系琐事难于载记，待甥侍侧时从容语及，甥自谨记可也。黄军门归，寄百金为甥买书之资。顺问近好。

090. 不要遥控前线淮军

这封信里暗伏不少玄机。

李鸿章给曾氏写信，要曾氏放淮军将领刘铭传（省三）回家休息。曾氏以“断不可”的坚决态度予以否决。除了前线战事离不开刘铭传外，曾氏更多的是对李鸿章、刘铭传的这种做法表达出强烈的不满。

从道理上说，曾氏是捻战前线的最高统帅，刘铭传要回家，得向曾氏请假，不应该向远在南京的李鸿章提出，由李再向曾氏请求。若说刘毕竟是李一手栽培的，他为了表达对老主子的忠诚，先向李请示，再由李转达，按当时湘军的传统尚情有可原外，那么李的这种做法则令曾氏十分不快。

李鸿章不应该这样做！在曾氏看来，李是他的世侄、学生、部属。淮军虽然是李组建的，但李是奉曾氏之命去做这件事的，并且曾氏给予此事以各方面的巨大资助。曾氏永远是李的老主子，李更应该对曾氏忠诚。李这种行为，既违背朝廷的制度，也背叛江湖的规矩。于是，曾氏板起面孔教训李：对于前线的淮军各部，你应当一切不管；以后，对于这些人的行止动静，都应当听我的。不仅严训，曾氏甚至还流露出少有的嘲讽：罗泽南、王鑫、李续宾、杨载福这些人，过去都有过离开本人及胡林翼、骆秉章自立门户的想法，你究竟有何等妙诀将部属管理得死死的，以至于远隔千里外还得向你请示？

我们从这封信里，可以知道曾氏为何不能取得捻战胜利的原因，也可以看出曾李之间关系的微妙之处。

复李鸿章同治五年七月十八日

少泉宫保世仁弟阁下：

前接七月初三惠函，顷又接十三日一书，敬悉一切。

国藩以初六日自宿迁开行，初九日自清江杨庄换船，入湖溯淮，十六日至临淮。十五日酉刻，恶风暴起，顷刻翻炮船八号，鄙人所坐长龙船亦万分危急，头篷、大篷均被风裂断绳索，飏去江中，而后船势稍定，乃庆更生。大水成灾，千余里民居荡析，本已伤心惨目，而又逢此酷暑，受此大惊，衰年之身体意绪两非所堪。幸闻刘寿卿在上蔡、郾城等处四获胜仗，张总愚一股大受惩创，琴轩在太康、扶沟等处亦获三捷，任、赖已至洧川、郑州一带，防守沙河之议或可办成，差为一慰。

来示欲令省三回家休息，则断不可。现在苦无大枝劲旅，惟霆、省二军较为可恃，若省三归去，则刘盛藻、唐殿魁又分两枝，亦不能当一路矣。省三自元年夏赴沪，今仅四年有奇，三年冬曾回籍小住数月，亦不为甚劳甚久。凡教人，当引其所长，策其所短。如省三之所长在果而侠，其所短在欠渟蓄；琴轩之所长在坚而慎，其所短在欠宏达。国藩责令省三主持防守沙河一事，而教之以坚忍，正所以勉其海量，进之于渟蓄也。今若听其告假回籍，则沙河必办不成。在大局无转机，在省三无恒德矣。

目下淮勇各军既归敝处统辖，则阁下当一切付之不管。凡向尊处私有请求者，批令概由敝处核夺，则号令一而驱使较灵。以后鄙人于淮军，除遣撤营头必先商左右外，其余或进或止、或分或合、或保或参、或添募、或休息假归，皆敝处径自主持。如有不妥，请阁下密函见告。自问衰年气弱，但恐失之过宽，断无失之过严。常存为父为师之心肠，或责之，或激之，无非望子弟成一令名，作一好人耳。

昔麻衣道者论《易》云：学者当于羲皇心地上驰骋，无于周孔脚跟下盘旋。前此，湘军如罗罗山、王璞山、李希庵、杨厚庵辈，皆思自立门户，不肯寄人篱下，不愿在鄙人及胡、骆等脚下盘旋。淮军如刘、潘等，气非不盛，而无自辟乾坤之志，多在台从脚下盘旋。岂阁下善于制驭，不令人有出蓝胜蓝者耶？抑诸公本无远志，激之而不起耶？淮勇自成军后，多遇顺境，未经大挫，未殉奇节。不困厄则不能激，无诋毁则不自愤。愿阁下愤之、激之、劳之、教之，俾诸统将磨折稍多，成就更大，而鄙人借以少靖捻氛，免于咎责，受惠多矣。诸希心鉴，顺问台安。

091. 扬善公庭，规过私室

吴坤修，江西新建人，咸丰初以监生身份主持湘军水师粮台，因能干而屡获迁升，现任安徽按察使。

跟随多年的幕僚，如今身为一省大员，且得到上下赞许，曾氏很觉欣慰。吴的长处在于能办事，吴的短处在于对人不够宽容。所以，面对着位望日隆的吴，曾氏格外提醒他“尊贤容众，取长舍短，扬善于公庭，而规过于私室”。

笔者对于曾氏扬善公庭、规过私室的做法深为佩服，一有机会，就向负有领导责任的朋友转述，希望大家都来仿效。

扬善公庭，规过私室。这是对部属真正的爱护和体贴。谁无荣誉感？故应将部属的为善之处在大庭广众面前表扬，使之获取荣誉，同时亦可激励众人。谁无自尊心？故宜在私密之地批评部属，使之既不失颜面，又能知道自己的过失。诚哉善哉，此千古不刊之领导艺术也！

复吴坤修同治五年八月十五日

竹庄仁弟阁下：

前接手书，尚稽裁复，嗣在蒙城布复数行，亮尘朗照。

军行皖境，闻道阁下政声者颇多。乔中丞在怀远相见，亦称阁下于公事处处合拍。贺云舫则谓左右体贴僚属，无微不至，属员人人感激，闻之深慰鄙怀。阁下昔年短处在尖语快论，机锋四出，以是招谤取尤。今位望日隆，务须尊贤容众，取长舍短，扬善于公庭，而规过于私室，庶几人服其明而感其宽。如属吏中有贤能可倚、杰然出群者，便中尚祈示知一二。

兹有同知贺云舫，自咸丰四年相从，即觉其笃实可恃，拣发到皖已逾十余年，资格较老，敝处委办五河盐厘，条理亦甚缜密。前函商中丞，请补以同知缺，何以至今未补？或遇有直隶州缺出，似可借补，务祈留意，无令贤员久淹滞也。

此间军事，前因群贼西趋，力办沙河、贾鲁河之防。今下游工程已就，惟朱仙镇以上七十里飞沙伏水，人力难施，豫军承办尚未就绪。现据函报，张、牛一股回窜禹州，任、赖一股徘徊许州、长葛等处，两股均有将合并东窜，再窥山东之势。已檄铭、鼎两军由中牟、尉氏进剿，鲍军由汝宁进剿，兼顾河洛，而以刘、张、刘、杨等四军辅之。俟此次驱贼西行之后，再当扼河，视贼所向，相机堵御，以符初议。

鄙人自三十日蒙城改舟后，至亳登陆，初九日始抵周口。临淮一病，至今未能平复，衰病侵寻，难胜巨任，昨已具奏请假一月。知注附及。

092. 校阅《船山全书》

打下南京后，曾氏兄弟在南京建金陵书局，专门刻印《船山全书》，负责主持此事的便是欧阳兆熊。

欧阳兆熊是刻印《船山全书》的最佳人选。这不仅因为他是曾氏极为敬重的朋友，而且是一个船山的崇拜者和船山文字推介的热心者。早在道光年间，欧阳便自己出资刊印船山的部分书籍，在湖南学术界享有广泛的声望。

对于曾氏刻《船山全书》的事，清末民初士人中流传一个说法，说是曾氏为了赎罪，即借反清的王船山来救赎自己扶清的罪过。这是强加在曾氏头上的无稽之谈。曾氏无疑是忠于满人朝廷的，这固然是作为朝廷大员的他起兵打太平军的一个主要原因，但不是唯一的。太平天国信奉拜上帝教、反中国传统，破坏固有的社会秩序和伦理秩序。这些更为曾氏所绝不能接受。关于这一点，他在《讨粤匪檄》中说得很明白。

正是出于大乱平定之后，必须尽快正人心肃纲纪的念头，曾氏在战火甫息的南京城里办起金陵书局，刊刻船山遗书。他要借船山反复阐述的礼与仁来整治社会，匡扶伦理秩序。他的这个想法，在《船山全书》的序文中说得很明白。

复欧阳兆熊同治五年九月二十一日

晓岑仁兄大人阁下：

接五月二十日惠书，以船山先生书序未成，久稽裁复。旋于建吾信中，敬悉台从东游吴会，探奇揽胜，又于申夫信中，知同坐轮船，由皖至鄂，计此时已安抵珂乡矣。引企德晖，至为企慰。

弟自六月由济起行，河小舟窄，苦热异常，行近临淮，陡遇暴风，危而后定，旋感寒疾，小住经旬，八月初九始抵周口，请假一月在营调治。今虽痊愈，而衰态日增，用心辄汗，殆不足复任艰巨。

八月十六该逆复窜山东，鄙人相距过远，调度不灵，因奏请少荃出驻徐州，舍沅弟进驻南阳，借资佽助。幸此次东省运防甚固，淮军迅速赴援，未及二旬，仍将逆股败过沙河，得以重整防务。此时霆军亦到襄城，可期一二次猛战，逆焰当为少衰。

扬州会馆，前建吾有公牍来商，弟以吾乡会馆过多，需费太巨，不欲更张其焰，批令中止。昨雪琴自扬来营，为言建吾已有成说。而扬人苦于李营之据馆滋事，亦甚欲易为湘人公所，借图安靖，遂事不谏，弟亦不复深求矣。唐际昌仍留文案。

《船山全书》，弟校阅百余卷，间亦订正讹脱。其《礼记章句》，已将弟所批者另誊一册，迟当寄呈台览。余书拟以别纸录出，并寄尊处，以便修改。拙序顷始脱稿，仰祈削正，即行刊刻。便中求刷全书十分，由舍沅弟处转寄来营，以凭分赠知好。此外再有赠送，则不必刷印全书，略刷数种可耳。复问台安。诸惟心鉴，不具。

愚弟曾国藩顿首

093. 能下人能忍人

山西按察使陈湜长期跟随曾老九，是从战火中打出来的湘军将领。他认为凭过人的才干就能在世上办成大事。但曾氏提醒他，古往今来成就大功大名者，并非全靠的是过人之才干，他们除才干卓越外，还有别的更大的长处，即能以谦卑之心待人，能以委曲求全之气度忍耐种种不公不平的事。这“下”与“忍”，都属于德的范畴。曾氏德主才辅的人才理念，就基于类似此信所说的这些观察与思考。

复陈湜同治五年十月初九日

舫仙仁弟阁下：

顷接环章，猥以鄙人病体未愈，重荷关垂，并因老年得孙，远劳驰贺，感纫曷已。即审露冕宣猷，荩勤日笃，至为企慰。

炮船亲临试验，顺逆皆安，驾驶参用南人，教成以渐。虽炮位陆运较费，终收一劳永逸之功。

此间军事，自九月十六贼由许州分股狂窜，窜东者为任、赖，在郓、巨猛扑五昼夜，未能渡运，折至嘉祥，将窥徐州；窜西者为张总愚，竟绕潼关，扰及商州。敝处分饬各军跟剿，东路铭、鼎、树等军尚能追及，接仗获胜一二次；西路霆、淮、湘等军均落贼后一二百里，未得一战，现已回南阳等处就粮，未能越境赴秦。据各路探报，该逆先欲自灵宝渡河，辄为隔河炮声震退。又闻苑津渡一带，尊处均有准备，想见阁下边防严密。若秦中将吏均能如此防堵，则该逆仍当窜回，得与追兵一遇矣。

另纸所言鄂事，夏间贼不犯襄、樊，未始非舍弟整齐之效。然与人共事，而必欲尽如我意，固已势有所难，因不如意而疲之已甚，知后来者果远胜于既往耶？阁下英年气盛，自思锐志有为，然观古今来成大功享全名者，非必才盖一世。大抵能下人，斯能上人；能忍人，斯能胜人。若径情一往，则所向动成荆棘，何能有济于事？来示所谓尽心竭力，做得一分算一分，此是安心妙法。又云先立根基，以待能者扩充地步，尤为大公无私，洒落光明。阁下守此二端，何患不做到名臣地位？

国藩精力日衰，请假调理两月，尚无起色。艰巨久膺，无裨时局，焦愤实深。复问台安。诸惟心鉴，不具。

国藩顿首

094. 大位大功者宜谨慎

在湘军集团中，鲍超是一个比较特殊的人。首先，他不是湖南人，他是重庆奉节人。其次，他不是一开始就投靠湘军的，他原是陆营中的一个低级军官。第三，他的部队军纪军风不太好。但是，曾氏对鲍很信任。湘军高级将领中，鲍是与曾氏关系亲密者之一。曾氏通常不接受湘军将领的馈赠，但对于鲍所送的礼物，他会拣取其中价廉而实用的留下一两件。曾氏之所以对鲍这样，首先是因为鲍很会打仗。鲍所统率的霆军是湘军中响当当的铁军，曾经数度解曾氏于围困之中。另一个原因是，在曾氏看来，鲍超是一个少文墨但心性耿直的粗鲁人。与这种人打交道，要比与那些城府很深的有学问的人打交道简单些。

因为此，曾氏对鲍说话很直。他告诉鲍，你的部队有三大宜注意之处：一缺明白精细的读书人，二须军纪严明，三要因地制宜善于分兵。这是对鲍的真正爱护。

更大的爱护还在于对鲍本人的关心。打下南京之后，鲍受封一等轻车都尉，与功劳卓著的水师统领彭玉麟、杨载福、前湖南巡抚现四川总督骆秉章的封赏级别一个样，成为备受天下瞩目的大功臣。对于一个几乎没有读过书，又一向强势的人，此时最容易头脑发热，浑身膨胀，所以曾氏要重重敲他一下：“从古居大位立大功之人，以谨慎败者少，以傲慢败者多。阁下千万记之！”

复鲍超同治五年十一月十九日

春霆仁弟阁下：

十二日发去公牍一件，派薛道书常专为贵军采办米粮，计达尊鉴。顷接惠书，即审定计入关，而战马军饷亦值同时解到，企慰无量。

顷据各路探报，该逆久踞华阴，秦兵失利，现由赤水西去，已过临潼，图犯西安，距省仅五十里。阁下务宜迅速启行，由商州探明捷路，直趋省垣，安慰省城之人心。俟抵秦后，遮其西面，无令入蜀，或驱之东还陕洛，与湘军会合夹击；或驱之南窜郧阳，与鄂军会合夹击，较易收拾。

阁下自行奏事及不剿回匪两层，仆已于十七日专折奏明，另咨冰案。阁下虽可奏事，但须十分谨慎，不可乱说一句。若任意妄说，言不当理，或触圣怒，不准再奏，则反失台端之体面，又负鄙人之期望矣。国藩道光末年在京上疏，颇有锋芒，自出京后，在军十四年，所奏之折无一语不朴实，无一字不谨慎。即如此次因军务不顺，请开钦差、江督各缺，并非得意之时，而所奏两折两片，亦仍属谨慎，兹特抄寄一阅。从古居大位立大功之人，以谨慎败者少，以傲慢败者多。阁下千万记之！

鄙人老病日增，本难再办军务，所以屡奏请开各缺，而仍乞以身留营者，徒以捻匪未平，此心难安；又以阁下一军相从日久，仆遽离营，恐贵军为人掣肘，被人指摘。虽少荃宫保暨舍弟皆与阁下至好，而鄙人犹不甚放心。数月之后，阁下与少帅共事，水乳交融，则可放心矣。贵军声威素著，所可虑者尚有三事：一则军中无明白公事之文员，于米粮转运等事公牍不甚详明，又不能预先料理；二则今年在鄂、豫境内纪律严明，恐入秦后百物稍贵，又复骚扰；三则贵军向不分兵，秦中山多之处，较之祁门更窄，不特三千匹马无处安放，即万余步队亦鲜扎营之地，必须善看地势，善于分兵，乃不致拥挤吃亏。此三者，阁下宜时时留心。无论行至何处，均须多派几起人看路，至嘱至嘱！顺候台安，诸惟心鉴。

国藩顿首

095. 辨维系军心与权臣之别

曾氏熟谙历史通晓政治，对于自身的处境和外界的关注一向十分在意。

以曾氏这些年所处的权位，他完全可以做一个史册上常见的权臣。什么是权臣？权臣指的是权力凌驾于皇帝之上的臣子。一旦成为权臣，接下来做的事很可能就是“动移神器”。当然，动移神器之事，有成功，也有不成功的。曾氏从来没有这个念头。即使是那些津津乐道这方面轶事的稗官野史，也没有关于曾氏在那些劝进人面前动过心的记载。不但不想做权臣，就连身处过于炫目的状态，他也时存恐惧之感。他对弟弟说：“处兹乱世，凡高位、大名、重权，三者皆在忧危之中。”

尽管曾氏这等小心谨慎，但世人还是容易将他与权臣联系在一起。抱这种想法的人，自然会有猜忌者，但也不乏具关爱之心的朋友。尹耕云应属后者，所以曾氏要跟他解释一下：维系军心与做权臣是两回事。

复尹耕云同治五年十一月二十九日

杏农仁弟大人阁下：

十七日读惠书，承以大义相责，言辞切直，而拳拳挚爱流溢行间，嘉谊甚荷。

国藩以衰病相寻，惮见宾客，难阅公牍，自同治二年以来，盖已四次具奏，不欲以病躯久点高位。初非因办捻无功，而后托辞于病，以自解免，又恐骤然去位，或乖古人尽瘁之义，故不遽求离营，以塞清议而表歉衷；亦非欲于他人接办之后，攘臂代庖，昧于舟不两柁、马不两驭之说也。

来书谓维系军心之言，与平日惧为权臣之意自相矛盾，亦诚有所难解。鄙意所恶乎权臣得人心者，谓魏晋以后，都督中外诸军觊觎非常，及唐末五代方镇为众心所属者，动移神器，故可惧也。宋世鉴于陈桥之变，于将帅得军心者，猜忌特甚。北宋如王武恭、狄武襄均为正人所纠劾，不获大用。南宋秦氏亦以军心归附，急谋解张、韩、刘、岳之兵柄。自是以来，未闻有宿将大获军心倾动一国者，亦未闻有因此负疚而引嫌者。我朝宽大诚明，度越前古，国藩与左、李辈动辄募勇数万，保荐提镇以千百计，朝廷毫无猜疑，而仆辈亦不知有嫌可避，坦然如鱼之忘于江湖，如足适而忘履，腰适而忘带。国藩前所谓惧为权臣者，不过恐居心行事，稍有陵驾邻省之处；后所谓留营照料维系军心者，亦不过默运潜移，使霆、湘两军与少泉水乳交融而后安，绝非挟军心以自重。此梦寐所差堪自信，亦知必为阁下所深亮也。然江督一席，实繁且重，鄙人说话逾二十句，舌端蹇滞，难于接见僚属，既不能为星使，岂复能为江督？顷奉二十三日寄谕，仍当具疏固辞。

来书引温公之言相勖，窃意宋世如韩、富、文诸公，皆尝力求致仕，温公为翰林学士，亦尝力求罢去，不才何敢远方古贤？特自度精神不能了一日之公牍，此则饮水饮汤，冷暖自知，不得因未合于古，而强以所不能也。辱相爱之深，辄敢布其区区，诸惟鉴亮。复问台安。不具。

096. 自古言路苛责君子

儒家学说以圣贤作为人类社会的楷模，尤其要求君子即社会精英都要向圣贤学习，做当代的圣贤，而圣贤又是没有缺点，没有瑕疵的。如此，也便给社会带来很大的麻烦。一是那些有心希圣的人，活得很累；二是迫使人走向虚伪；三是精英尤其是身处高位担负重任的精英易遭过分指责。

郭嵩焘是个有个性的人，在广东巡抚任上有易招非议的行为，在政事上也有过失，近来遭到不少批评。他的同乡好友左宗棠，就是很激烈批他的人。郭最终以罢职离粤。郭心中有不少委屈，所谓“自宋以来言路之蔽”的信件，就是在这样的背景下向至亲好友们发出的。

曾氏此刻也因捻战不利受到指责，心里也不好受。读了郭的信，自然“正搔着痒处”。曾氏借此机会也大发了一通议论。尽管曾氏也有个人情绪在内，但他的这番话的确点出中国传统文化中一个很大的弊端。于是有的人，干脆不管“性理”这一套，我行我素，自在洒脱，比如“三如将军”曾老九。曾老九的这一套作为也让他办成了大事，胡林翼为之总结为“阴阳怕懵懂”。当今更是价值多元，有一句名言“我是流氓我怕谁”，颇有点把“懵懂”推向极致的趋势。

复郭嵩焘同治五年十二月初五日

云仙仁弟亲家大人阁下：

前得九月惠书，猥以老年抱孙见贺，稍稽裁复。顷舍沅弟抄寄十月一日尊函，痛陈自宋以来言路之蔽，读之乃正搔着痒处。盖自庚申预提下纲之后，今复见此纲之旺，中间铳去几纲矣。船山先生《宋论》，如《宰执条例时政》、《台谏论宰相过失》及《元祐诸君子》等篇，讥之特甚，咎之特深，实多见道之言。尊论自宋以来，多以言乱天下，南渡至今，言路持兵事之长短，乃较之王氏之说尤为深美，可以提尽后有万年之纲。仆更参一解云：性理之说，愈推愈密，苛责君子，愈无容身之地；纵容小人，愈得宽然无忌。如虎飞而鲸漏，谈性理者熟视而莫敢谁何，独于一二朴讷之君子，攻击惨毒而已。

国藩自临淮遭风后，抱病月余，请假两次，十月具疏请开各缺，蒙恩准释兵符，交少泉接办，而令鄙人仍回两江本任。贱恙标症虽除，本原已亏，说话稍多，舌端蹇涩，不能多见宾客，多阅文牍，断难胜两江繁杂之任。顷已两次疏辞，如不获命，仍当再四渎陈，得请而后已。倘尊怀垂注及之，可向筱泉中丞索取一览。受恩深重，义难以置身事外，只可留营调养。去岁所示，北陌东阡，扶杖观稼，势诚有所不能。

又闻吾乡俗日奢靡，百物昂贵，保至提、镇、副、参者，不甘家食，跃然有鹰隼思秋之意，而哥老会人数太多，隐患方深。阁下细察物理，桑梓不至别罹恶劫否？后进中有好学笃志之士否？尊昆仲果足自给，不须别图生计否？便中示及一二。即请台安。

意城、志城亲家大人均此。

097. 将帅与臣工不同

曾氏在这封信里谈到一个大的话题：在朝廷做文职大臣与在地方上做带兵将帅，对于国事，他们在办理的态度上和方式上应该是有不同的。比如，对于皇帝的失误，做文臣的可以直截了当地甚至用激烈的语言予以批评，但做将帅的不可这样做，以免被人认为是在显示武力；对于朝廷中玩弄权术的奸人，文臣可以强力弹劾，肃清君王身边的障碍，但这种事将帅不可为。否则，人们会将他视为企图篡权的东晋王敦。文臣可以一意孤行，不在乎别人说什么，但做将帅不能这样。否则，就会被人视为欲专国权的东吴诸葛恪。

激烈批评皇上、弹劾皇帝身边的大臣、我行我素不听别人的意见，这三件事，握有重兵的将帅都不能做，因为这对国家对自己都不利，身败名裂的王敦、诸葛恪即为前车之鉴。

同治元年七月，曾氏在给同样手握重兵的九弟信中说："古来成大功大名者，除千载一郭汾阳外，恒有多少风波，多少灾难，谈何容易！愿与吾弟兢兢业业，各怀临深履薄之惧，以冀免于大戾。"

为什么有风波灾难？为什么有许多事不能做？为什么要有临深

履薄之心？其原因都在“手握重兵”四字上。“将帅”，太令人尤其令皇帝可怕了！

加黄倬片同治五年十二月十一日

再，承来示述及佩蘅兄言，敝处尽可施展，勿为人言所挠，仰荷关垂，感甚感甚。

弟窃观古来臣道，凡臣工皆可匡扶主德，直言极谏，惟将帅不可直言极谏，以其近于鬻拳也；凡臣工皆可弹击权奸，除恶君侧，惟将帅不可除恶君侧，以其近于王敦也；凡臣工皆可壹意孤行，不恤人言，惟将帅不可不恤人言，以其近于诸葛恪也。握兵权者犯此三忌，类皆害于尔国，凶于尔家。故弟自庚申忝绾兵符以来，夙夜祗惧，最畏人言，迥非昔年直情径行之故态。近有朱、卢、穆等交章弹劾，其未奉发阅者又复不知凡几，尤觉梦魂悚惕，惧罹不测之咎。盖公论之是非，朝廷之赏罚，例随人言为转移，虽方寸不尽为所挠，然亦未敢忽视也。

国朝由翰林起家而谥无“文”者五人，敬求开单见示。镜丈行述，营中偶尔失之，顷寄信至长沙找寻，明春当可拟稿。特学术荒陋，不足表章有道耳。手肃，再颂恕皆仁兄大人台安。

098. 人生如戏

儿女亲家朱蓂在给曾氏的信中，将人生比作一场戏。曾氏十分赞同，并且将朱的观点加以延伸。舞台上的戏，通常到最热闹即高潮时，也就是将要结束之时。观众想着即将散场，兴致也就没有先前高了，心境也慢慢地从入戏到出戏了；不仅是观众，即便是戏中角色的扮演者也知道戏要散了，兴致也一样地不高了，一样地要出戏回到现实世界中来了。帝王将相也罢，讨饭的叫花子也罢，其实都是戏中人，与自身并不相干，不需要太认真。

显然曾氏是在将自己比作唱戏的人。的确，在那个时代的舞台上，曾氏等人自然是活跃的表演者；从东南战场这个角度来看，曾氏还是戏中主角。曾氏意在告诉朱蓂：几十年下来，我也疲倦了，我也要回归我的本色了。

曾氏心目中的本色身份是什么？曾氏曾经对他一世在老家守屋的四弟说过：做官只是暂时的，居家过日子才是长久的。又说，如果我能平平安安地回到老家，与老弟闲话桑麻，那就是我的福气。从这些话中，我们可以依稀看出曾氏心目中的本色身份：荷叶塘的农家子弟，或者再略提高一个层次——信奉中国传统文化的读书人。他的平生知交欧阳兆熊在送他的挽联中也透露出此中消息：省身留日记，读到获麟绝笔，将汗马勋名问牛相业，都看作粃糠尘垢，开拓万古心胸。

复朱蓂同治五年十二月二十六日

尧阶尊兄亲家大人阁下：

顷接惠书，猥以鄙人兄弟连得孙枝，远承笺贺，纫感曷任。即审兴居多祜，潭祉增绥，步履虽艰，词条尚蔚，文章为精神之表著，知老福正自无涯。引瞻德晖，至为企颂。

戏场一喻，语妙天下。凡做到十分热闹时，阁下谓看者之局将散，而不知唱者之兴已阑，凭他烈烈轰轰，惊天动地，究与自家本来丝毫无与。是以扮大富贵生脚未必可喜；扮极贫贱丑脚未必可悲也。

弟前奉旨陛见，正在料理起程，旋迭奉回任之旨。固辞不许，已定于春初暂回徐州，俾李少荃宫保得以速临前敌，冀军事或有转机。疏中仍奏明，两三月后再申前议，恳请开缺，避位让贤，仍以散秩留营，始终图报，庶此心可无内疚，而物议之责备亦轻，阁下以为然否？复问台安，顺颂年禧。诸惟心鉴，不具。

099. 包装太华丽的书不买

江西奉新人许振祎是曾氏幕府中一位出色的人才。咸丰三年，许以拔贡身份进入曾氏幕中。在江西时，许招募乡勇攻克进贤、吉安。许在幕中不废诗书，与曾氏投合。同治二年，许考中进士，外放地方，晚年官至广东巡抚。

眼下，曾氏托在京师的许振祎为他买书。曾氏已五十七岁，目力昏花，他还要买《十三经注疏》一类的书，目的是什么？一是为罢官后打发岁月之用，二是留给儿辈。其实，做了如许大事、做过如许大官的人，罢官后有很多事可为：可以游山玩水，可以听曲看戏，可以诗酒逍遥，甚至还可以借抽大烟进入幻境，娶几房年轻的姨太太陪伴身旁，等等。选择什么样的人生，包括选择什么样的退休生活，都取决于一个人的志趣。曾氏说："凡人之高下，视其志趣。"我们从曾氏托许振祎购书一事上，可以看出一个真正读书人的志趣。

但曾氏特别指出：套板、衬胆、绫面锦函等包装豪华的书不要买。农家出身而养成的俭朴之习，一直贯串曾氏的一生，并不因贵为一等侯而改变，也并不因买自己最喜爱的物品而改变。这种"恒"难能可贵！

复许振祎同治六年二月初八日

仙屏仁弟馆丈阁下：

差弁回营，得接环章，馈岁戋戋，何劳致谢。尊意于鄙人回任一节，权衡精当，垂示周详，感纫曷已。此间僚属及江南耆旧，亦多以是为言。甫抵徐州，又迭奉催回金陵之命，兹已定于十六日起行回省。贱恙外症虽痊，本源未复，俟回省后，当量度精力，再商进止。怀安贪位之说，虽朝廷不以是见疑，朋友不以是见弃，而回任之旨发端于告病，为星使则避之，为疆吏则就之，问心终觉难安。且每日公牍，虽可勉力应付，而见客稍多，舌端即甚蹇滞，亦不欲以病躯恋栈。第陈请太烦，执见太坚，又似别有所为，悻悻者用是反复踌躇，迄无良策。

献岁以来，军务渐有起色。刘寿卿获胜于关西，鲍春霆大捷于楚北。仆与少荃新旧交替之际，得此聊以解嘲。

近年京师书籍甚贵，阁下颇有所购获否？敝处数年以来，间有他人馈赠之书，而无自行采买之件。偶需翻阅常行册子，辄不应手，即如钦定《周易折中》、《三礼义疏》、《诗》、《书》、《春秋》各传说汇撰，暨武英殿《十三经注疏》之类。久思买一初印佳本，洎未买就。前年何廉访代买之《二十四史》，亦复搀配什二，虫伤什一，不甚称意。阁下既官京辇，请于撰述之暇，为我物色诸书。拟以二千金陆续收买，一以娱罢官后之暮景，一以贻小儿辈之籯金。京师书贾陋习，闻督抚购书，动辄抬价居奇，迥出情理之外；又或割头换面，装椟匿珠，弊端百出。请阁下作为自买，莫道贱名，至要至嘱。本朝刻书，远胜前明，无论官刻私刻，其初印者皆有可观。《皇清经解》汇刻者虽不足贵，而其各种之单行者，亦多善本。老年目力昏花，请择刷印尤善者随时购买，其套板衬胆绫面锦函，凡可装纱帽之门面，备大屋之陈设者少买可也。俟三月折弁进京，当将银两寄去。先行奉浼，即问台安。诸惟心鉴，不具。

100. 李家已值鼎隆之时

因河防之策的失败，曾氏受到舆论指摘。他本就十分不情愿做捻战统帅，于是借此力辞钦差大臣与两江总督之职。同治五年十一月，曾氏奉旨回两江本任，剿捻钦差大臣一职则由李鸿章接任。曾氏一而再再而三辞江督一职，朝廷不同意。曾氏无奈，只得于同治六年正月离开军营，南下回任。在船过高邮湖时，曾氏给李鸿章写了这封信。

先天，曾氏接到九弟的来信。同治五年二月，在家休养一年多的曾国荃奉旨出任湖北巡抚，并募勇六千人组建新湘军奔赴湖北。此行既是奉君之命，亦是助兄之力。但曾老九一到湖北，便与湖广总督官文闹翻，军事又节节不利。同治六年二月二十八日，曾氏在日记中写道："酉刻，接沅弟十九日二信，知十八日又系大败，与去年十二月初六郭松林之败几同，表弟彭杏南暨葛承霖等阵亡。亲邻中在该军者甚多，想伤亡不知凡几。沅弟久处顺境，今忽处此非常拂逆之遭，不知能自持否，实深忧灼！捻势日盛，家国同患。"这就是曾氏写此信时的背景和心情。

李鸿章家族，此时却正在强势崛起。李鸿章现在是钦差大臣、一等伯、湖广总督，其兄瀚章是江苏巡抚、署理湖广总督，其弟昭庆则为剿捻主力军统领。海内瞩目的曾李两家，现在是明显的李扬曾抑。不仅曾李两家，而且湘淮两系的情状亦是如此。陕西巡抚刘蓉指挥的湘勇军营也遭惨败，湘军集团的重要成员广东巡抚郭嵩焘也被免职。随着后来捻战的胜利，淮军控制晚清军界的势头已不可阻挡。

自古风水轮流转，既没有久强不弱的，也少有久疲不振的。

复李鸿章同治六年二月二十九日

少泉宫保世仁弟大人阁下：

前接十四日惠函，顷又接二十二日大咨，知鄂军有十八日之挫。并得舍沅弟信，知舍亲彭杏南阵亡，营官及哨勇亡者甚多。捻氛日炽，士心日怯，舍弟殆不能军矣。两三月以来，鄂军、秦军三败，几于全覆，此外铭、树两军之挫，张、唐、彭之没，郭子美之伤，皆昔年剿长毛时不轻见之事。观此气机，忧愧悚畏，不知何以为计。鄂事败坏如此，求麾下径入鄂境，或驻德、黄、安、襄等处，两月以后军势稍振，令兄已履署督之任，大纛再移它处。

吾两家门第最盛，近舍弟军败名减，仆亦屡挂弹章，寒门有衰替之象；德门值鼎隆之时，亦宜平不忘陂，安不忘危。愿阁下训饬诸弟，以习劳崇俭为第一义。仆昔年教弟不严，近颇悔之。

江宁枪队三营与临淮对调，炮队二营仍扎原处，当如尊指，会衔檄之。扬州过于空虚，昨檄李质堂率师渡江设防。渠为刘、潘诸人所推，令其渐带陆师，为将来阁下调之北征张本。此外拟调刘连捷、朱南桂、陈国瑞三人前来金陵，察酌练成一军，用湖北之饷，备贤昆仲及舍沅弟调遣。将才难得，马队及淮北将才尤为难得，不知马德顺到尊处后，察验果堪大用否？

国藩在高邮阻风三日，今日始得过湖，明日当可达扬州耳。晋事诚如人意，垩尽而鼻不伤，然吾辈久处高明，瞰室者愈众矣。复问台安。

101. 不要授人以柄

因为曾老九的奏疏埋没霆军的功劳，大老粗鲍超以甩手不干来表示强烈不满。

一言不和，则拂袖而去。这是江湖常态，而非组织原则。鲍超现在做着浙江提督的高官，享受一等轻车都尉的世职。按理说，他也是朝廷的人了。但他的这种行为依旧是江湖作派。这也不能全怪鲍超没文化，因为他所统率的霆军仍是乡勇，他的部下们也仍然是体制外的人，周边的环境使他的意识尚未转变过来。于是曾氏要从这方面提醒他，点拨他：你撂挑子，懂内情的知道你与老九闹意见，不懂内情的人会怀疑你对朝廷不满。你这样做，岂不在给别人提供攻击的把柄吗？

要说曾氏老辣，这就是老辣之处。他是不愿意鲍超出走的，尤其是因老九的失误而出走，但抛出的挽留之策，却用的是替对方着想。从古至今，最能打动人心的说辞，始终都是那些关乎对方自身利益的言语。

致鲍超同治六年三月十四日

春霆仁弟爵军门阁下：

二月二十四、二十七发去批答二件，计达尊鉴。

月初接奉寄谕，始知阁下有引疾求退之请。正欲作函询候起居，适接尊函并咨送二月十七日疏稿，又接李少帅来函，并抄与尊处往复数书，方悉阁下以上元日之捷，与舍弟遵旨复奏情形不符，不无介蒂。舍弟疏中所称，铭军系与任股接仗，霆军系与赖贼交锋，盖误听擒贼之供词。贼中任强而赖弱，人人共知。擒贼之供，盖心中实畏霆军，而口中故作不畏霆军之辞，以为霆军所攻破系破赖股之弱者，非破任股之强者，作此夸张之词，以欺骗舍弟。

舍弟既不知任、赖之强弱迥殊，又不知擒贼之大言欺骗，遂据此语以入奏，致阁下正月十五日之奇功，五日穷追之苦战，几致埋没一半，宜阁下愤愤不平，浩然思归也。惟舍弟此次奏片之错，由于误听擒贼欺骗之言，而平日于阁下实深爱而敬佩之。数年来，舍弟寄敝处家信数十封，无一封不称阁下之好也。自去秋至今春，寄谕多责备阁下之词，阁下告病开缺，知者以为与舍弟新有嫌隙，不知者或疑为于朝廷微有怨望，虽寄谕亦疑其要挟。人生在世，所争者名耳。古来贤将帅以流传万世，不过得一忠字之美名耳。阁下苦战十余年，久著忠劳之美名，岂可因与舍弟小有嫌隙，而令外人疑为要挟乎？仆自去岁以来，寄谕责备者七次，御史参劾者五次，从无不平之意形诸言色。即因病陈请开缺，亦不敢求回籍，又不敢求进京，但求留营效力耳。顷又接阁下三月初二之折，两次皆请开缺回籍，与仆之请留营者情事不同，恐外间之疑议更多。仆欲劝阁下力疾治军，又恐阁下伤病果剧；欲不劝阁下力疾治军，又恐阁下名望大减。若仅为舍弟奏片错误，则仆当代为负荆谢过；若别有郁抑之处，则请阁下勉强忍耐。古来忠臣，未有不多受磨折者，幸无坚执为荷。诸惟鉴亮，顺问台安。不具。

102. 以盛满为虞

曾氏称李瀚章为“年兄大公祖”。李瀚章乃曾氏的侄辈，怎么这样称呼呢？原来，“年兄”乃“同年世兄”的简称。称朋友之子为世兄，乃极客气的称呼。李现为湖广总督，按官场通例称之为大公祖。“年兄”照顾到世谊，“大公祖”遵守对督抚一级官员的礼仪。这样一分析，可知曾氏这一称呼并不怪异。当然，他也可以不这样叫。若是搁在今天，大可以来一句“筱泉贤侄”，既自然又亲热。想必，李当时初看到这种称呼，也会有点小别扭，会有承受不起的感觉。

李瀚章的信说到“以盛满为虞”之类的话，此话与曾氏的理念十分契合。曾氏求阙忌盈，常以圆满自概，看来李也很注意这点。

李瀚章功名不过拔贡，亦无统兵打仗的资历，然官运异常亨通。四十刚出头便做到巡抚高位，除开曾氏的力荐、二弟鸿章的军功之外，他本人的作为应是一个很重要的因素。从“以盈满为虞”这句话来看，李瀚章应该是一个谦抑谨慎的人。谦抑谨慎，是官场第一要诀，若再加上明白能干、机遇好，则仕途通常较为顺利。

复李瀚章 同治六年三月二十日

筱泉年兄大公祖阁下：

初七、初十等日迭接二月十五、十八两次手示，具悉一一。俗务丛冗，稍稽裁答。仆以二月十六日由徐南下，本月初六日抵金陵。剿捻无功，遽行回任，深用愧恧。刘韫翁十五日已来此间，拟停顿数日，即乘洋船上驶，计台从初夏当可移节鄂渚矣。

群捻近益凶悍，有发逆盛时气焰，军事不识何时可了。鄂中自彭军挫衄，益形棘手。春霆近以小事龃龉，再疏谢病。大约去冬今春屡奉严诘，即上元大捷，亦无温诏褒许，反令其请少泉转奏，因是不免郁郁。而舍沅弟复奏，言霆军系与赖股交锋，铭军系与任股接仗，与渠原奏大不相符，此亦愤懑之大端。而少帅奏铭军之挫由于霆军爽约，又愤懑之一端也。

淮军虽系劲旅，然其精锐之气远逊于初赴上海之时。盖营官多系提镇，统领多有余财，在上非复新硎之刃，在下更无致死之心。少泉以军分力单，欲并为三大枝，自是正办，但恐诸将各不相下，亦难得力。鄙意拟招致宿将，另练一军，以备鄂中缓急之用，已札调刘连捷、朱南桂来此酌度办理。此军若成，欲即食鄂饷，名隶鄂军，请阁下与令弟少帅及舍沅弟熟商见示。

来示谓当今办贼，当从稳处讲求，极为老成至计。仆前教诫诸军，亦坚持此议。子美、省三皆以轻敌而挫，杏南则锐欲灭贼，又以过愤而败，此后诸军当知稳慎矣。

次青小挫之后，继以迭胜，军气想未大损。其饷项一节，已面托韫翁主持。渠抵湘复〔后〕，阁下再常常缄商可也。宝岩已批令回任，研香与韫帅稍有渊源，或肯出领一军，否则难觅替人矣。

七忠祠兼及亡弟季洪，断断不可，舍弟勋劳不逮诸公远甚，且无准在省立祠明文，即刘武烈亦无在省立祠之旨。鄙意胡文忠公必宜立一专祠，其次则萧壮果公，战功尚可与五忠相埒，李勇毅公尽可附入伊兄忠武祠内。此外江诚恪、张凯章等，或可共一总祠，胡文忠则不可与众共祠。尊意如以为然，即请速赐更正。

来示又以盛满为虞，感极生惧，满而不溢，高而不危，此最昔人所重。仆前函寄少泉，劝其告诫诸弟，共崇谦抑，宏济艰难，顷又有复幼泉信，抄呈台览，想尊意亦谓然也。手肃，即颂台安。不具。

治通家生曾国藩顿首

103．出之以浑贞之以耐

丁日昌是晚清官场上一个能干事又敢干事的大员，当时正出任江苏巡抚。他向两江总督曾国藩呈上政事条陈十项。曾氏就其中五条发表了自己的意见。包括既要裁陋规又要考虑属下的具体困难，既革浮收之弊又需严催正科，以善言待僚属而不能轻言考试，勤教卡员严查司事，等等。

最后，曾氏在肯定丁日昌的施政举措的同时，特别告诫他，在官场弊病重重之际宜以浑字应对，在积重难返之时，要有耐心坚持。

浑，即含蓄内敛，不可太玲珑剔透太精明苛刻，这固然是曾氏向来提倡的美德（曾氏曾经对儿子说过，应俱有勤、俭、刚、明、忠、恕、谦、浑八种美德），但在这里，却有明显针对丁而言的意思。丁日昌是锋芒毕露、勇于任事的人。这种人更要常常以“浑”敲其亢奋的脑袋。耐者，耐烦、忍耐也，这也是曾氏很看重的品格。在他看来，丁日昌更需要这个字。大刀阔斧办事者，通常也是急功近利者；若一时看不到功利，便觉气馁，所以三板斧官员很多。曾氏希望丁日昌不要做这样的人。

复丁日昌同治六年四月十七日

雨生仁弟阁下：

顷接惠书，远荷垂询周挚，感纫曷任。前月本拟令二小儿附轮船回家，俾大小儿来金陵随侍，因二儿感出天花，在署调治。年已二十，花极稠密，误服诸药，危险异常，幸而遇老痘科，化险为夷，现已满月脱痂，可慰锦注。惟体气素弱，骤难复元，应俟调理一两月，方能放心就道。

承示十条，新政之美，志识之远，心术之厚，均堪佩慰。兹就鄙意略加商酌，诸惟卓鉴：

一、裁革平余并裁填衔之常规、节寿之门包，举各省数百年之积习一扫而空。名为州县之供亿，实则闾阎之脂膏，惠所及者远矣。又不详奏立案，以炫己长而形人短，弥见德量之宏，精进不已。蒋中丞奏裁韶关陋规，已嫌奏疏过于夸炫，闻每月提藩库、运库二千五百金，并不奏咨，尤不足贵矣。惟尊署月入仅四百余两，断不敷用，自应仿照雨亭之例，另筹津贴之款，俟酌定数目，再行饬知。刑、钱、书、启诸幕，俱不可少，腾出精神，以图虚静而谋大事。

一、被扰较深之州县，仍准议免议缓，其元气渐复之区，不准减征，此亦察吏最要关键。州县陋习，以不催正供为市恩之地，即以多征少解为中饱之谋。胡文忠昔年痛恨此风，故专以催科课州县之贤否。且谓阳城二语，为不肖州县之护身符。又谓后世正赋，比三代之什一轻减倍蓰，催征则导民亲上急公之忱，不催征则长民犯上作乱之机等语。国藩亦深以胡文忠之论为然，但须力禁浮收。地丁每两一正一耗收钱二千，实不为少。请阁下查有溢收分文者，立予撤任。既革浮收之弊，则催征乃州县之本分，民间之大义，不可放松。

一、考试各官，近年惟江西最为认真，参革甚多，国藩颇不以为然。自唐宋以来，考士属之礼部，考官属之吏部，《文献通考》中亦分立两门。前明及国初选官，皆考一判。今虽不考判，亦尚进月官卷，是考官及六部之权，非外省所得为政也。鄙人在皖，每日接见三员，但令书履历数行，观其字迹而已。阁下本有综核之名，属员畏者较多，爱者较少，于考字尤不相宜。以后接见僚属，请专教以善言，不必考以文理，略有师生殷勤气象，使属员乐于亲近，则阁下无孤立无与之叹，而德量益宏矣。

一、前敌饷项，第三关添平余八万，业已解足；第四关添北课十万，皖省漕项一万，计尚微有溢数；第五关添尊处筹出四万，所少无几。来示苏省盈余尽解北征，但求岁事中稔，决可不误饷需。至接印日期，照例无须奏谢。

一、整顿厘卡，“不望兴利，但期除弊”二语，最为扼要。州县以民为民，而卡员即以商为民，卡员不知恤商，犹州县不知爱民。州县无不作恶之差役，卡员无不作弊之司事。阁下耳目之长，心思之密，冠绝时贤，嗣后整饬厘务，请以“勤教卡员，严查司事”二语为主。至商民照章完厘，梗令者少，可宽者宜稍崇宽大。仆顷奏拨二成洋税，亦为厘务难再加搜括起见，虽未经说出，而立意与尊处之“不望兴利，但期除弊”相符。

以上各条，均就尊见微加参酌，此外如禁佐杂之擅受，惩司书之需索，皆极有关系。阁下志迈识正，不难力追古人，但愿于众醉独醒之际，仍以浑字出之；于效验迟缓之时，更以耐字贞之，则人皆感其乐育，而于己之养德养身，两有裨益。诸希心鉴，复问台安。

104. 将“罪”与“会”区别开

湘军后期，军营中出现哥老会。哥老会与清初成立的天地会属同一系统。天地会的宗旨是反清复明，是朝廷的死对头，哥老会当然也就是朝廷的死对头。哥老会在四川的势力很大，据说湘军中的哥老会，就是四川人鲍超引进来的。

本来，军队本身就是一个严格的组织体系，不应该在这个体系中另结帮派。但军队一旦办久了，便会出现一种军营习气，世俗中的一切不良风气都会在军营里滋生。这些风气一旦与军事攀结在一起，其破坏性与腐蚀性就会更加强烈。帮派的出现，在暮气深沉的军队中几乎是不可避免的。在营时互相救援，出营时互相帮助。曾氏所说的这两点，毫无疑问是哥老会能在后期湘军军营中风行的根本原因。

既然如今，湘军中的哥老会与清初的哥老会则有本质的区别，不再是一个政治组织而一个互助社团。基于这样的认识，曾氏提醒湖南巡抚刘崑，处理哥老会一事要特别慎重，要将罪与会区别开来，但问有罪无罪，不去问他是否加入哥老会。

政策的灵魂在于区别对待。对于涉及人数较多的社会团伙，最有效的办法是争取大多数、孤立极少数。曾氏对湖南哥老会的处理意见，即根于此一理念。

复刘崑同治六年五月二十四日

韫斋老夫子大公祖阁下：

接奉四月十五日惠书，知初九日敝函尚未入览。伏审兴居康吉，荩绩宣昭为颂。

兆方伯一军，拟以席砚香接统，并以叶介唐佐之，最为妥协。湘军守在四邻，已阅十年，有得力之军援黔，而吾圉自固，惟须步步为营，后路未清，不宜深入。自处不溺之地，而后能援人之溺，想诸将皆已饫闻斯义。比闻雨旸时若，新政之初，此惟最切之图，有非可强求者。

侧闻直隶、山、陕旱象颇广，南则鄂、皖、宁、苏数千里同时被旱，二麦歉收，早稻失望。此间设坛求雨，步祷兼旬，苏、松、淮、杨〔扬〕、安、庐、徽、宁均得透雨，只要此后雨晴应候，岁事尚无大碍。鄂中则向例播种宜早，今已无及矣。

任、赖股匪自鄂窜出，不过旬余，竟于十二日从汶上窜过运河以东。千里墙濠，三年辛苦，一旦前功尽弃，可叹可忧。虽水涸由于天心，而懈忽亦关人事，如何如何！

闻敝邑哥老会滋事，幸荩筹调派神速，五六日间即已扫除蒇事，不胜感荷。窃意哥老会人数极多，办理不善，则人人有自危之心，此戢彼发，必至治丝而棼。此辈非尽甘心为匪之人，大约初入会时，有两种议论最易诱人：一曰在营会聚之时，打仗则互相救援，有事则免受人欺；一曰出营离散之后，贫困而遇同会可周衣食，孤行而遇同会可免抢劫，因此同心入会。恶人固多，好人亦极不少，其中愿充老冒雄长而敛财者，数百人中不过二三人；其愿谋反叛逆者，数千人中不过一二人，若因拿办此一二人而株连及数万人，则事将不可收拾，而心亦有所不忍。鄙意当遍张告示，但问其有罪无罪，不问其是会非会。所谓罪者，大罪一条，谋反叛逆是也；中罪三条，一曰杀人伤人，二曰聚众抢劫，三曰造蓄军器是也。治之之法，大罪叛逆则兴兵诛剿，究其党与，坐其妻孥；中罪三条则但就案问案，重者正法，轻者枷杖。其未入会而犯此三条者，亦不轻纵；其已入会而犯此三条者，亦不加重，不究党与，不坐妻孥。当堂讯供之时，但问本案之是否认供，不问平日之曾否入会；至中罪三条之外，或犯小罪，更不问其是会非会矣。如此办法，则会中之千万好人安心而可保无事，会中之数千恶人势孤而不能惑众。国藩拟将此层出一告示，遍谕敝县及附近各县。老夫子如以鄙谕为然，亦请遍出告示，并通饬湘中州县遵照。于哥老会犯案者分别办理，庶足息浮言而定人心。谨此奉商。复问台安。诸惟心鉴，不具。

105. 对左宗棠的诟詈不回复

从这封信里，我们可以看到晚年曾左二人之间的关系。

曾左本是好友兼战友，同治三年六月，因南京城破幼天王出逃一事，两人闹翻了。从那以后直到曾氏去世，八年之间彼此断了私人往来。

郭嵩焘以为在郭左两人的争执中，曾氏附的左宗棠。曾氏向郭表白：决无此理。曾氏说，左早晚都在骂他，如果回应，则早晚都得对骂，但自己一向拙于言辞，即便对骂，也赢不了左。故而对于左，则采取听之任之不予理睬的态度。

以静制动，以不变应万变。这是一条处世的金科玉律。

复郭嵩焘同治六年六月二十五日

筠仙仁弟亲家大人阁下：

前封寄作梅之书附达一纸，阅数日而接五月十八日惠书，敬承一切。

其谓左公竭力倾公，鄙人虽未见折稿，而路人皆已知之，不才岂故疑之？其谓鄙人附会左公以咎公，则又似汪钝翁私造典故，而不察于事理之实也。左公之朝夕诟詈，鄙人盖亦粗闻一二，然使朝夕以诟詈答之，则素拙于口而钝于辩，终亦处于不胜之势。故以不诟、不詈、不见、不闻、不生、不灭之法处之，其不胜也终同，而平日则心差闲而口差逸。

年来精力日颓，畏暑特甚。虽公牍最要之件，浏览不及什一辄已弃去，即贺禀谀颂之尤美者，略观数语，一笑置之。故有告以詈我之事者，亦但闻其绪，不令竟其说也。

辞削商籍一事，固知阁下必不轻于一出，前因作梅用意颇厚，附致数语，以俟采择。旋闻丁太夫人之病日就痊愈，假满再辞之举不知已发否？

此间自五月二十日后，大雨时行，十分沾足。但求不苦霖涝，岁事可望有秋。

任、赖捻股窜至运东，直趋登、莱。李少帅前议倒守运河，近又定防守胶莱河，冀歼贼于海隅。胶莱河仅三百余里，较之扼防运河千里，差有把握。未知天意人事竟复如何。顺问台安。诸惟心鉴。

106. 爱人以德

从小便有神对之称的李元度，无疑是个人才。但在曾氏的眼里，李只是著述之才，而非带兵之才。他是从当年李丢失徽州府一事上，清晰地认识到这一点。

的确，全才是罕见的，偏才是普遍现象。所以，对人才先得有一个识别的过程，在使用上也得因量器使：视其才干之大小侧重，而像器具样地予以使用。喜爱一个人，提携一个人，也得看此人适宜做什么事，能做多大的事。这叫做爱人以德。如果此人才不在这方面，或者能力不足以担当重任，勉强让他去做，结果有可能反而害了他。这就是不以德爱人。

于是，曾氏劝刘崑不要再委李元度以军事重任。无论于公，还是于李元度本人，只有这样做，才是对的。

复刘崑 同治六年六月二十八日

韫斋老夫子大公祖阁下：

接初十日惠书，猥以晋位端揆，远劳笺贺。德薄位高，久已不称其服，乃于诸事棘手之际，忝窃峻秩，适足以播恶而速谤耳。即审台候绥愉，荩猷日笃为念。

承示哥老会示稿，严明剀切，与敝处所发去告示宽猛相济，无非欲洗旧染而与维新。尤望谆嘱各地方官承办会匪，只科以本罪，不得株连，则良莠立分，而匪首不能百计煽诱。而泛泛入会之众，退既可以保性命，必不甘冒险以从乱。四、五两年，敝处于蒙、亳捻巢，派员查办擒斩，岁以百计，而民情罔不帖然。盖所办者，皆有杀人抢劫之实迹，不仅有从捻之虚名，故株累者少耳。哥匪之事，似可仿而行之。

次青终非将才，诚如公论。往时筱帅委令治兵，鄙人劝其爱人以德。此次方谋大举，旋报被围，若幸而不甚败挫，当令善刀而藏，庶公私皆可保全。卓见以为何如？复问台安，诸惟心鉴。不具。

治晚生曾国藩顿首

再，任、赖捻股窜至登、莱，李少帅议蹙之海隅，远则倒守运河西岸，近则防守胶莱河。胶莱河仅三百余里，如能扼守，自属妙着。运河则千里有余，防御殊无把握。此贼凶焰日炽，实深焦虑！

107. 外宽内严恩威并济

这封信又是跟湖南巡抚谈哥老会的事。

刘崑希望朝廷下旨要各省都对哥老会采取严厉措施。曾氏认为，此举“似可不必”。

为什么？因为哥老会主要集中在湖南、湖北、四川三省，三省中又以湖南最多。湖南又以长沙府最多，衡州府、永州府次之，其他郡府不多。人数最多的长沙府又以集中在湘乡、湘潭、长沙、善化、湘阴、宁乡等县，益阳、浏阳又次之。这样一剖析下来，哥老会的问题只重在长沙、衡州、永州一带，全是湖南一省的问题，实在没有必要弄得全国沸沸扬扬。

曾氏曾经说过，一件事情到来，先把它劈成两半，由两而四，由四而八，如此分剖下去，事情的症结就会越来越清晰，应对的办法也就会越中肯綮。

条分缕析，的确是处理繁难的好手段！

复刘崑同治六年七月十五日

韫翁老夫子大公祖阁下：

接二十四日惠书，并抄示《哥老会说》一篇，洞达源流，言之有物。所拟办法如云“以举发责之团族，以搜捕责之州县”，皆与尊处示稿相合；其云“但诛乱民，勿问会事”，亦与敝处示稿略同。不审为何人手笔？自是有用之才，敬求示及。

其奏请谕旨通饬各省限月缴销暗号，似可不必。今会匪虽多，要以两湖四川三省为最，三省又以湖南为最；就湖南而论，以长郡为最，衡、永次之，余府则不必深究；就长郡而论，以乡、潭、长、善、阴、宁为最，益、浏次之，余县则不必深究。天下虽广，吃重者不过数处。治之之法，告讦之胁从概从宽宥，以绝株累诬扳之风；访获之头目必置重典，以杜煽诱猖獗之渐。治胁从则用敝处之示，有党必散；治头目则用尊处之示，有犯必惩。外宽内严，恩威并济，不过数月必有大效，阁下以为然否？

次青幸获全军，宜令坚守数月，毋动为大。俟砚香赴黔接办，即将次青从容撤退，免致另出风波，公私俱有裨益。

此间苦热异常，农田高处颇干，望雨甚急。十日内能降甘澍，尚无害于秋成。捻逆回扰即墨，意在扑近河沿。胶莱防守之局，未审果有济否？复问台安，敬璧晚谦。诸惟心鉴，不具。

治晚生曾国藩顿首

108. 对军机处等公文的称谓

曾氏这封信里谈到地方上各省的文武衙门对中央相关机构公文的称谓一事。

外省总督通常都有兵部尚书的兼职，巡抚也通常有兵部侍郎的兼职，既然长官为中央部一级的堂官，所以总督衙门、巡抚衙门便是部一级的地位，给六部的公文，宜用平级语气的咨。对于军机处来说，因为长官向为近支亲王，比部要高一级，故应用对上级语气的咨呈。

曾氏认为，总理各国通商事务衙门与理藩院同级，也就是部一级的衙门，只不过现在的兼任长官是恭亲王，尽管官文、李鸿章等人对总署的公文称咨呈，但他本人照章办事，用平级的咨。

从制度来说，曾氏的做法无疑是对的，而官、李等人的做法似乎更讨总署的欢心。官场既要按制度，有时又不能全按制度而要看人事。

复彭玉麟同治六年十二月初六日

雪琴宫保仁弟大人阁下：

屡接惠书，以俗冗纷繁，贱体不能用心，稍稽裁复，罪甚。本日又荷专弁送到湖绵衣袴及糟蟹等食物，感谢之至。绵衣轻暖异常，俟至大雪严寒再行服之，以志无斁之惠。仆于阁下屡受厚施而无寸报，殊深愧赧。

任酋毙后，捻匪败回东境。李少帅以铭、鼎紧蹑其后，松勋横出其前，十一月初七、十一、十二等日迭获大胜。若腊、正月中必有战事，若再能痛打几仗，水涸之时，不能窜过运西，当可聚歼海隅，了却此股。

十月二十二刘寿卿军抵洛川，李祥和于山径之中，突回匪从后路截出，以众寡不敌，血战捐躯。猛将沦亡，曷胜悲愤！

鄂中火药失事后，又有霆军在八条冈闹饷，幸即时抚定，营官陈由立等降革有差。舍弟于开缺后扁舟南行，塞翁失马，未始非福。印渠革职，仍令督队剿贼，交官相差遣。未知能否迅殄余匪，光复故物？

刘祥胜万里来归，暂令照霆军诸将之例充当先锋官以副雅嘱。俟有机缘，另图位置。

抚标各营已送清单，长江事宜，大致就绪。尽可从容料理，不必急在残年。

段克明历岁修补卡房，用费五百余千，敝处未据禀报有案，是以照章批驳。逮尊函至，已于先一日发行矣。惟湖口系阁下往来旧地，既经察核属实，自宜量予体恤。或俟该员禀陈莼卿转禀再行批准一半，以示转旋。尊处据禀转咨，再凭核办。

儿辈径往金陵，有劳延伫，至为感谢。次儿在乡，苦无良师，拟唤令来此读书。则内人或须同来，以家中别无人照料也。

承询复军机处公文体制，查外省督抚，向兼兵部尚书、侍郎衔，故于六部用“咨”，于军机处即用“咨呈”，阁下应照此例。至近来将帅封疆于总理衙门概用“咨呈”，鄙意就恭邸一人论，则应照宗人府之例，须用“咨呈”；就总理通衙门论，只可照理藩院之例，但用“咨”字。敝处于总署，向来不用“咨呈”，与官相及李少帅等异者，职是故耳。附呈《五经》、《公羊》各一部，《三国志》一部，伏希哂收。即颂台安。不具。

国藩顿首

109. 不受人怜乃磊落丈夫

李鸿裔因耳鸣拟辞职。他的观点是，与其让人嫌弃，责备他为何不离开，不如让人觉得缺少了他不行，而惊讶他为什么没有来。看来李鸿裔是个极有自尊心的官员。他不希望别人同情他，怜悯他。这一点与曾氏的性格很相合。曾氏说他一生受过很多委屈与打击，面对这些，他的态度是“好汉打脱牙和血吞”，不叫苦，不抱怨，不要求别人的怜恤。

有一句话道是“莫斯科不相信眼泪”。丛林世界乃强者的天下。人类的各种竞争场地，就是大大小小的丛林，尽管它会有所粉饰与伪装，但本质上依然是强者的天下。眼泪在这些地方，归根结底是没有用的。

复李鸿裔同治七年正月初十日

眉生仁弟阁下：

接十五日惠书，具悉一切。

耳鸣，静坐则止，话言则作，于官场应接自不相宜。来示“与其使人厌其不去，毋宁使人诧其不来，光明直截，可质鬼神”等语，可谓磊落豁达丈夫，不受人怜。鄙人平生所以自处与所期于知好者，正是如此。似闻宁、苏官场近来益敬阁下之为人。阁下年未四十，气象精神并不衰弱，耳疾非必不痊之症。节后即当据情代奏，再行给假三月，俾得安心调理。若能屏除百事，不轻服药，壹意数息，必可渐愈。

承示接眷一层，大儿、三侄业已来宁。次儿在乡苦无良师，拟唤令来此读书，则内人亦须同来，以家中别无人照料也。

任、赖横行数省，去冬以来，尤形猖獗。莱、胶溃防，大局几不可收拾。不意数战得手，全股竟尔殄灭，可谓敷天之庆。

秦捻渡黄窜晋，又成不了之局。淮勇恐当赴河朔，北卫畿辅，西遏晋寇，现尚未见明文。

吕编修将有白下之游，晤时当谋所以位置。大江南北数省肃清。京员翰詹颇难布席，俟徐商之。顺颂年禧，诸惟心鉴。不具。

国藩顿首

110. 曾氏也帮人开后门

曾氏在年轻时非常厌恶不按原则办事，办湘军后则讨厌那些出自人情的保举，但在守父丧时他检讨自己之所以人心不附，其中有一个原因是他不破格保举，致使跟随他的人失望。再次出山后，他在这些方面通融多了。他也会时常保举一些亲朋戚友，也会委托诸如沅甫这样关系极为亲密的人帮他代办。

湖南的两个朋友谭培滋、魏万杰托付他帮忙，他远在南京不便安置，便托湖南布政使李榕来办理。为什么不委托一把手刘崑来办呢？因为这中间有个亲疏之间的差别。李榕原本是礼部的主事，由曾氏奏调来到湘军军营，依靠在湘军中建立的战功，一步步地升到藩司高位。李榕是曾氏的人，所以托李而不托刘。

按理说，曾氏这样做是不妥的，天下如谭、魏这样的人有多少！若都破格，那还有“格”存在的必要吗？但是，当年的同学而今亦老态逼近，若真的是景况甚苦且求上门来，曾氏又怎能袖手旁观呢？哎，世上许多事，真不是靠一个简单的大道理就可以说清楚的！

加李榕片 同治七年三月十四日

再，湖南近岁保至一二品者过多，携资回籍者亦颇不少。习俗奢靡，随意花去，仍自无以为生。又有哥匪诱煽，论者谓吾乡将不免于兵劫。昔亦曾与阁下论及，近来察看，究竟何如？果如众意之所虑否？

闻唐桂生之兄义谟病似疯症，系因徽州闹饷，徐州提讯，过于惊恐所致，闻之不胜恻然。其家近状何如？颇有余资足以自赡否？易芸陔当知其详，乞细询见示。仆待部将不尚姑息，间失之严，自不能无怨言。所自信者，患难相恤之念历久不忘。唐家如果太苦，尚当设法周济之。朱云岩所处较丰，则此间有所闻矣。

又有商者：敝友谭培滋，号植卿，甲午岳麓同研契好。丁酉拔贡，戊戌朝考以教职用。历任永兴等县教官，丁忧开缺。现在茶陵家居，景况甚苦，而品学俱优。不审其班次可轮补否？如补缺到班尚早，请破格给予委署。

又有敝友魏万杰，号涟西，湘乡人。以廪贡得教官，久不到班，在湖南保举一次。曾来安庆小住，亦经保举一次。仍不得缺，又在京费数百金捐新花样一次。景况尤苦，品望亦隆，亦求给予一缺，或补或署。俾正士不至冻馁，幸甚！二君之操行，问之茶陵、湘乡人士，当无异议。

又闻藩署书吏积弊，无钱者虽得委署教官，至院考时辄行撤委，而另委买缺者，亦望留心一查。再问申夫仁弟台安。

111. 官场中的私语相商

总署（即总理各国通商事务衙门）为神机营的军饷事，向江苏巡抚丁日昌要银子。这种事，按规矩应该与两江总督曾氏商量。曾氏说，给你写信，而不给我写信，这是“私语相商”。为神机营要军饷，这是公事，总署为什么要与江苏主管官员私语相商呢？这里面一定有不能摆到桌面上的东西。或是这笔钱为正供之外的需索，或是神机营要办些不便说出来的事项，也或许是总署要借神机营军饷的名义办事等等。

曾氏深谙官场陋习，故而对丁日昌的处理比较满意：既未让部署完全落空（允解七万），又没有让他们完全满足（申言吴中情形），但又进一步点拨丁：不能用奏折的形式将两江总督衔头列在前，这样做太正式、太官场化，反而让总署见外；宜用简短夹片来将级别降低，将两江总督衙门放在后面。这样做更显得有私情在内。

曾氏传授给新巡抚丁日昌的这些招式，堪称官场真学问。

复丁日昌 同治七年三月十五日

雨生仁弟大人阁下：

顷接十二日排递惠书，并钞示大疏及复总理衙门函稿，忠恳之忱溢于楮墨，佩慰无量。玉躬稍有感冒，日来计已康复。

来示见商各条，慎密周详，深得要领。

苏属漕米仅存二万余石未装，此后需船无几。江北、浙江之漕短船颇多，阁下亲传号商谆切属谕，业已出具切结。四月初旬即有大起沙船应用，并属各商招集津东卫船，复命粤商兼办夹板，三者兼营，决不致误。上年奏案本未计及江北新漕亦办海运，略参用夹板，尚不悖于原奏。能全用沙船，则更妙矣。

总署属解神机营之饷，此时畿辅戒严，自不可以空函具复。阁下允解七万，多寡斟酌得中。函稿立言，亦极妥惬。函末申言吴中情形，尤中窾要，惟疏稿似须再酌。总署专以书致尊处，不致敝处，系以私话相商；若会鄙人前衔复奏，是以官话应付。彼不以为敬之，而反以为外之。昨已与阁下面议及此矣。不特不宜会鄙人前衔，而且不宜专案复奏，只可作一短短夹片，放重笔，用轻笔，会列敝处后衔，俟银起解半月再行入奏。至官相奏拨巨款，中旨饬江苏等省各筹十万，只能解二三万，则双衔复奏可也。

上海铁厂，沈、冯二员承办甚有条理，既经阁下训饬，中外匠目亦皆欢欣鼓舞，自应乘机利导，渐图扩充。今年奏留二成，洋税项下除已拨解津五万外，不再拨作他用，全供铁厂之需，较之闽厂经费，当已及十之四五矣。

外海水师极为当务之急。洋面迭有劫案，亟应从严剿捕，庶商船可以畅行，各国无所借口。轮船、艇船及八团舢板各种，均须秋间乃可造成。缉拿之事未便久稽，尊意先雇数号艇船，会同轮船，驶往佘山、石浦等处搜捕盗薮，良为要着。请即日觅雇，严定赏罚章程。其外海水师改定永章，亦请阁下于两月内核定见示。吾两人讲求吏治，前经面商，以缉捕、词讼、征赋三者为大宗，海盗则缉捕中之大宗也。

请觐折弁何以至今不归？北道近多梗塞，近来春水涨发，或更绕越稽延。俟满两个月，倘该弁犹未回辕，似应咨查军机，以凭根究，或竟附片奏查，统候卓裁。

尊处需用夹板、包袱各件，即饬照单发去，伏望检收。此等本可通挪，不必沾沾偿还。复问台安，诸希心鉴。不具。

112. 逆境中以宽字自养

陈湜因防捻不力，被御史弹劾，正处逆境。曾氏开导他，应以宽字自养。逆中取宽的思想，来源于《易经》的《需卦》与《晋卦》。

《需卦》第二爻的爻辞为：“需于沙，小有言，终吉。”象辞为：“需于沙，衍在中也。虽小有言，以吉终也。”

部队在沙滩上等待，被对河敌人发现，因而有所议论，但最终是吉利的。为什么呢？因为沙滩是平坦的，进也可，退也可，故不需要太紧张。

《晋卦》初爻（曾氏说二爻，当是记忆有误）说：“晋如摧如，贞吉，罔孚，裕无咎。”意思是说，将躁进变为柔退，这才正确而吉利，即使欠缺诚意也将宽裕从容，没有坏处。

曾氏从这两个卦辞中得到启发：凡遇逆境，唯有自身奉行一个宽字，才是保持良好心态最终走出逆境的正确选择。

加陈湜片 同治七年三月二十九日

再，阁下此时所处，极人世艰苦之境，然古人所谓：“素患难，行乎患难，亦君子居《易》中之一端。”《易·需》二爻，处险之道曰“衍”。《晋》二爻，处险之道曰“裕”。“衍”与“裕”，皆训“宽”

也。阁下宜以“宽”字自养，能勉宅其心于宽泰之域，俾身体不就孱弱，志气不至摧颓，而后从容以求出险之方。

近来戍新疆者大约皆在甘肃，不知甘省停留尚有几员部中催令出关者？不知各案宽严何如？令弟续查之件，不知获戾否。系念殊深，便中示及。再问舫仙仁弟近祉。

113. 时名不足好，公论不足凭

郭嵩焘的儿子刚基（字依永）是曾氏第四女纪琛的夫婿。刚基聪明早慧，尤长于诗。曾氏说：“依永之诗，嵯峨萧瑟，如秋声夜起，万汇伤怀；又如阅尽陵谷千变，了知身世之无足控抟者。”可能是太聪慧、太早熟了，刚基二十一岁时便去世，遗下两个儿子和一个年轻的侯门女。

郭刚基生在这样的家庭，又有这样的岳家，却不幸早逝，真个是命好福薄。

郭嵩焘颇有点特立独行的性格，故而常会遭到时人的讥评，但郭不在乎。他给曾氏的信中说时名不足好，公论不足凭，坚持走自己的路，让别人去说。曾氏说，话是对的，但这种态度一经拗相公王安石的固执坚持，则变味了。故只宜在心中自我葆养，而不必大肆传扬。从语气中似可察觉，曾氏并不十分赞赏郭的这个态度。

的确，什么事都得适中，过头了便会走向反面。“坚持”一词，又何尝不如此！《论语》中的“毋必毋固”，说的就是这个意思。

复郭嵩焘同治七年闰四月二十一日

筠仙仁弟亲家阁下：

前接两书，久疏裁答。比闻依永贤倩县试举首，欣德门之庆笃，卜鹏背之风遥，慰幸无已。舍侄纪官亦幸县案领批，或者借此一阶，自加淬厉，亦足豁舍弟之襟怀，山居之乐意。

此间诸事如旧，惟淫雨过多，二麦既已歉收，稻种仍虑有害。

张捻盘旋直境，官军圈之于黄河西北、运河东南。运河自张秋以达天津，正值夏伏盛涨，断难飞渡。该逆拘窘十县境内，劲骑不能驰骋，舞袖不能回旋。歼灭之期，计当不远。

各国换约尚无头绪。孙道士达之赴京华，因总署咨请派员，敝处札饬丁方伯、应道二君会保。二君之保孙竹堂及孙教谕文川，本非惬意之作，鄙人接晤一二次，亦不深许。仓卒无可使者，遂以中驷应之。闻其在京所陈说，都不当于事理。预筹换约各疏，军机中有与敝处书者，颇言闽中沈公欲以翰林从总理衙门学习洋务，仿学习河工之例，讥其大骇听闻。可见章京之内，亦自是非杂出，言人人殊。弛三成洋税之说，此间无道及者。国藩昨在沪上，曾一过洋泾滨领事处，观其迎候礼节，初无恶意。今年换约，当不至更称干戈。来示谓抽疏不应袭亿万小民与彼为仇之俗说，诚为卓识。鄙人尝论与洋人交际，首先贵一“信”字。信者不伪不夸之谓也。明知小民随势利为转移，不足深恃，而犹借之以仇强敌，是己自涉于夸伪，适为彼所笑耳。

时名之不足好，公论之不足凭，来示反复阐发，深切著明，鄙人亦颇究悉此指。而又因王介甫之闳深精确，卒以持之太坚，诒讥百世，因是徘徊其间，仅默默以自葆。愿与阁下一证此义。顺颂大喜。不宣。

114. 人才须早蓄

李鸿章身边缺少一个写奏疏的好手，曾氏向他推荐无锡人薛福辰。薛福辰的父亲薛晓帆是曾氏的老友。早在道光二十六年，曾氏就有诗作送薛，诗中说“相期蓄令德，各护凌风翰”。可见，曾氏与晓帆交谊颇深。薛福辰的弟弟福成在曾氏幕府多年，被世人列为“曾门四子”之一。薛福成的才学识都很优秀。基于对父亲和弟弟的了解，曾氏向李鸿章推举薛福辰。

尽管薛现在还不熟悉奏疏书牍一类的业务，但薛的基础好：“学问淹博”，又好学习，“心怀虚受”。有了这两点，不愁当不好文字秘书。更重要的是，曾氏在这里提出一个人才培养的重要观念，即人才要早蓄，即有意识的提前准备，提前培育。还有一点，人才要领导者自己来造就，不要只是用现成的，所谓“凭依之云，在嘘气而自为”，说的就是这点。

早培养，自己培养。有志于做大事业的团队领袖们应当有这样的人才理念。

复李鸿章同治七年七月初二日

少荃宫保仁弟阁下：

初九日寄去一函。差弁回，接初六日惠书，具悉一切。据该弁言，尊体康胜，精神不倦，几于五官并用，夜以继日，可慰亦殊可念。

尊处十一日奏张捻受伤，厥后十六日刘寿卿又报与张接仗。闻十七日各军受降极多。想六月之杪，必可蒇事。

都帅前在江北，闻有纤芥之嫌，乃竟能盛推尊处主持一切，豪无争功妒能之意。虽奉敕派归渠调度诸军，闻亦从不轻调。厚德大度，令人钦感。

大功成后，台从自须入京展觐。将来由江赴鄂，或可一图良觌。凯撤各军，仆当与雨生力筹遣资。如不应手，或借浙江十余万，而指沪厘陆续归款；借江西十余万，而指盐局陆续归款。仍留淮勇二万余人，明年再议去留。尊意以为何如？

今年各路大熟，里下河亦丰收。此间禾迟，尚望再晴一月，乃告有秋，然民间已传乐岁之声矣。

尊处少一奏疏好手，兹有薛抚屏福辰者，贵同年晓帆之子，敝幕福成之兄，工部员外，供职多年，会试后因贫告归，学问淹博，事理通达。用特荐至尊处，作为奏疏帮手。虽渠于奏牍素非所习，然辈行较晚，心怀虚受。阁下随时训迪，数月后必可脱手为之。三年之艾，贵及时而早蓄；凭依之云，在嘘气而自为。已令趋谒左右，知必邀青睐也。顺问台安。

115. 不合理的勒索

李鸿章因平定捻军之功，同治七年七月被朝廷晋升为协办大学士。这是属于李家的荣耀，但金陵城内人士却纷纷向曾氏表示祝贺。这是什么原因呢？

原来，大家都知道李鸿章与曾氏的特殊关系。而今，李作为曾氏接班人之身份，已得到朝廷的认可。徒弟有了喜庆，向师傅祝贺，这也是情理中的事。除开这层关系外，还有捻战的原因。作为捻战的前统帅，曾氏实际上是无功而返。没有把这件事办好，成了曾氏的一块心病。现在李鸿章替他办成了这桩事，他心里高兴。就在晋升李鸿章的同时，曾氏也接到朝廷的嘉奖："曾国藩筹办淮军后路军火，俾李鸿章等克竟全功，着交部从优议叙。"这三四年来，因捻战事，曾氏备受压力，心情郁闷。此一优叙，亦可扫除积郁。众人前来祝贺，也很有道理。

曾氏信中一开头，就喜滋滋地写上这几句话，既是向李道喜，也是有意向李挑明彼此之间不同寻常关系的这个事实。曾氏为什么要向李挑明了？他是希望李自己也要懂得这一点：不要忘记"年伯"的提携之恩。自从捻战以来，曾氏明显地看出李鸿章正在一步步地逼近他，超过他，今后的前途不可限量；而且李家兄弟众多，除开大哥瀚章已做到总督高位外，另外四个弟弟也纷纷崛起。相对来说，曾家却在一天天走下坡路。今后的世界，毫无疑问是属于李家的。对于这点，曾氏已看得很清楚，故而他多次对老九说"湘淮一气、曾李一家”之类的话。

这封信里，曾氏还说到“报销部费”的事，即向朝廷报账——报军费开支，朝廷有关部门竟然要收千分之三甚至千分之四的报销费：如果报销二千万军费，则负责审核账单的部门要收六万到八万两银子！

从道理上来说，审核乃有关部门的分内工作，是不应该收钱的，而这笔钱的收取也的确有欠光明正大。请看曾氏信中这几句话：“如部吏于四厘尚不允许，则仆与阁下当再四顶奏，竟不花一钱矣。”倘若索之太过，我们干脆告御状，那就一分钱都用不着出了。

但是，明明是不合理的勒索，为什么一方敢于要，另一方也得忍气吞声出呢？显然，原因出在账目本身上。一笔庞大军费的开支，任你何等清廉的统兵将领，都有不少不可能在台面上说清楚的细节，何况统兵将领们也没有几个清廉的！部吏们抓在手里的把柄就是这个。统兵将领也心知肚明，干脆打个红包作为贿赂。当然，这个红包会有名目，如作加班费，如作临时雇工费等等。于是，一个潜规则就这样形成了。皇帝和监察部门也一定是知道的，只要在约定俗成的范围内，大家都睁一只眼闭一只眼，不去细究。

复李鸿章同治七年八月初二日

少泉世仁弟中堂阁下：

接中元日惠书，具承一切。

协揆酬庸之命，恰如人人意中所欲出。此间朋好，多以李府之登庸为曾氏之大庆，纷纷来贺，斯亦一时之佳话也。自去秋以来，波澜迭起，疑谤不摇，宠辱不惊，卒能艰难百折，了此一段奇功，固自可喜，德量尤为可敬。从此益宏伟度，浑涵圭角，有忍有容，退藏于密。古人所称“勋绩盖世而人不忌”，庶近之矣。

遣撤之资，已奏借西、浙、鄂省银五十万两，未审得邀俞允否？报销之事，自三年七月至四年五月，仆与阁下各自开报。自四年闰五月剿捻起，仆与阁下并作一局造报。兹将敝处报销折稿抄呈台览。请阅核后，即于近日寄还。不妥之处，请为签出。拟重阳前出奏后，仆即起程北上也。

报销部费拟以三厘为率，至贵不得过四厘。盖剿捻自四年五月至今年年终止，饷项将近二千万，以三厘计之，则费须六万；三厘半计之，则须七万；四厘，则八万矣。其三年七月起至四年五月，发逆报销，仆与尊处两案，亦近千万。统计之，所费亦殊不赀。如部吏于四厘尚不允许，则仆与阁下当再四顶奏，竟不花一钱矣。阁下此次在京，请即托人说定敝案九月出奏，尊处今冬出奏。其剿捻之案，则明年接办矣。

来函云重阳前后出都，仆拟重阳后自金陵起行。若不能在清江相会，则恐彼此错过。应订定皆走湖路，由滕县以南至韩庄、宿迁等处；陆则傍运河行走。或仆亦乘舟至济宁，则不至于交臂失之。仍恳台从于出京时示一确信，至要，至要。

老湘营劳苦过甚，寿卿尚未婚姻。似应令其回籍，遣撤数月后另募西征，仍能得力。诸惟心鉴，即贺大喜。

116. 事业多在四十以后建立

有“曾门四子”之称的黎庶昌，写信给曾氏，为自己已三十三岁却建树无闻而苦恼。曾氏开导他，年纪轻轻或立德或立功或立言如颜回、周瑜、贾谊者，自古以来有几个？不要把他们作为标准。即使至圣孔夫子，也认为人到四十才不惑，你难道想超过孔夫子吗？在他看来，古往今来，做大事业者，多在四十之后，切不可过早苦恼。

曾氏的话无疑很有道理。曾氏真正的事业，也只在四十二岁那年开始。黎庶昌本人，后来在四十岁那年也开始他一生真正的外交事业。他先后出任过驻英、法、西班牙等国的参赞，四十五岁那年做到驻日本的大使。虽说黎的外交事业不如曾氏的军戎事业，但黎庶昌能做到这一步，也已经很不错了，他也可以算得上中国近代史上的一个人物。

对于那些渴望做大事业、渴望早日成功的人士来说，曾氏对黎的开导富有启示性。

加黎庶昌片 同治八年三月初七日

正封函间，又接二月十六日手书，汲汲以修名不立、志事无成为惧，有屈正平、陶士行之风，良堪敬仰。至以建树无闻，遽用皇皇，则殊太早。计三十三岁甫及壮年，古来如颜子立德，周郎立功，贾生立言，均在少壮。然千古曾有几人？其余贤哲代兴，树立宏达，大抵皆在四十以后耳。以仲尼之圣而不惑亦待四十，今来示以惑之滋甚，急思祛疑，似闻道更思早于鲁叟，斯可谓大惑也。“三史”、《通鉴》次第卒业，为学之大基已立，若能精进不懈，博览而约守，资深而居安，终有洒然自得，涣然冰释之日，殆非他人所能共喻。至于朝夕升斗之谋，则丁中丞道出此间，当与之一熟商。此等亦有运命，大囊之说颇省记否？再问莼斋仁弟台安。

117. 从“忍耐”上用功

早在道光二十六年，三十六岁的曾氏便给友人黄廷瓒谈及“忍耐”二字：“弟有一言，奉吾兄于数年之内行之者，其曰耐乎。”接下来，他对黄说，不为上司器重时，要耐得冷淡；经济窘迫时，要耐得贫苦；事情多时，要耐得烦劳；眼见别人得好处，则要耐得清闲。

曾氏说他自己一生在官场怄气很多，唯一可行的应对也就是忍耐，就连心高气傲的左宗棠也劝别人“当官持廉且不烦”。世间之人与事，不如意者常八九，岂可都意气用之？反过来，便只有忍耐了。

对别人的规劝，最好的劝辞莫过于拿他的至亲来说事，而李光久的父亲李续宾又的确在这点上有大过人之处。咸丰七年十二月，曾氏给老九写信，说：“李迪庵新放浙中方伯，此亦军兴以来一仅见之事。渠用兵得一暇字诀。不特其平日从容整理，即其临阵，亦回翔审慎，定静安虑。弟理繁之才胜于迪庵，惟临敌恐不能如其镇静。至于与官场交接，吾兄弟患在略识世态而又怀一肚皮不合时宜，既不能硬，又不能软，所以到处寡合。迪庵妙在全不识世态，其腹中虽也怀些不合时宜，却一味浑含，永不发露。我兄弟时时发露，终非载福之道。”

李续宾战死后，曾氏为之书神道碑，其中着重称赞的便是这个方面：“公含宏渊默，大让无形，稠人广坐，终日不发一言。”

李续宾的此一特色，很值得才大志高的年轻人作为借鉴。相信曾氏的这番点拨，对于李光久有着醍醐灌顶的作用。

加李光久片 同治八年三月十五日

再者，昔年令尊忠武公虽有不悦之人，从不形诸词色，如昆弟皆不以芗泉中丞为然，勇毅公曾经说及，忠武公未尝说也。愿足下力法家训，专从“忍耐”字上用功。内则读书习字，令人起敬；外则忍气寡言，令人起慕，则可以慰仆之望，即可以慰忠武公于九原矣。再候健斋姻世讲近佳。

118. 文章之得与失

陈宝箴（字右铭）是晚清的一位著名人士。他在湖南巡抚任上力行新政，将湖南导入一生气勃勃的先进省份，又力荐杨锐、刘光第、谭嗣同、林旭参预新政。戊戌政变后遭革职永不叙用之处分，不久即忧郁而死。陈氏家族人才辈出，其子三立、孙寅恪皆近世名士。义宁陈氏，向为世人敬重。

曾氏也很器重陈宝箴。他在同治五年十月向时任江西巡抚刘坤一推荐陈："右铭曾来安庆，接见多次，信为有用之才。武宁、义宁共有数人，志行优异，惜汪君遽逝，罗令被劾，右铭气类日孤，此外罕闻佳士。"曾氏在江西多年，对赣中人物颇为了解，所荐人极少，却将陈称之为"有用之才"、"佳士"，可见陈在曾氏心中有相当深刻而良好的印象。

陈向曾氏寄送自己的文稿，并借此讨教。曾氏一向对文章自负，见陈这样的佳士虚心求教，心中喜悦，遂大发了一通议论。其主要观点为：不能完全模仿剽窃别人；对于别人的表扬不能逾格，至于批评则更宜谨慎；一篇文章内不能有太多的议题，需突出重点，用字用词不可太冷僻，词宜简而气宜盛等等。或许，曾氏这些议论皆为有的放矢，其的则为陈所寄之文稿。

复陈宝箴同治八年五月二十七日

右铭尊兄阁下：

四月二十七日接到惠书，并附寄大文一册。知台从去岁北行，以途中染疾，就医历下，至正月之杪，乃达京师。是时鄙人适已出都，未及相见为怅。

阁下志节嶙峋，器识宏达，又能虚怀取善，兼揽众长。来书所称，自吴侍郎以下，若涂君、张君、方君，皆时贤之卓然能自立者。惟鄙人器能窳薄，谬承崇奖，非所敢承。前以久点高位，颇思避位让贤，葆全晚节。赴阙以后，欲布斯怀而未得其方，亦遂不复陈请。来书又盛引古义，力言不可遽萌退志，今已承乏此间，进止殊不自由，第恐精力日颓，无补艰危，只速谤耳。

大著粗读一过，骏快激昂，有陈同甫、叶水心诸人之风。仆昔备官朝列，亦尝好观古人之文章，窃以自唐以后，善学韩公者莫如王介甫氏，而近世知言君子惟桐城方氏、姚氏所得尤多。因就数家之作而考其风旨，私立禁约，以为有必不可犯者，而后其法严而道始尊。大抵剽窃前言，句摹字拟，是为戒律之首。称人之善依于庸德，不宜褒扬溢量，动称奇行异征，邻于小说诞妄者之所为。贬人之恶，又加慎焉。一篇之内，端绪不宜繁多，譬如万山旁薄，必有主峰。龙衮九章，但挈一领。否则首尾衡决，陈义芜杂，兹足戒也。识度曾不异人，或乃竞为僻字涩句，以骇庸众，斫自然之元气，斯又才士之所同蔽。戒律之所必严，明兹数者，持守勿失，然后下笔。造次皆有法度，乃可专精，以理吾之气。深求韩公所谓与相如、子云同工者，熟读而强探，长吟而反复，使其气若翔翥于虚无之表，其辞跌宕俊迈，而不可以方物。盖论其本，则循戒律之说，词愈简而道愈进；论其末，则抗吾气以与古人之气相翕。有欲求太简而不得者，兼营乎本末，斟酌乎繁简，此自昔志士之所为，毕生矻矻，而吾辈所当勉焉者也。国藩粗适途径，所求绝少。在军日久，旧业益荒，忽忽衰老，百无一成。既承切问，略举所见，以资参证。

别示种烟之弊及李编修书，膏腴地亩，舍五稼而种罂粟，不惟民病艰食，亦人心风俗之忧。直隶土壤硗薄，闻种此者尚少。若果渐染此习，自应通饬严禁。但非年丰民乐，生聚教训，亦未易以文告争耳。复颂台祉。不具。

119. 巨室不可得罪

四川人李鸿裔（字眉生）是曾氏赏识颇重依畀颇深的幕友。早在咸丰元年，李鸿裔进京为兵部主事时，便与曾氏相识相知。咸丰十年，李入胡林翼幕。次年胡去世，李转入曾氏幕，成为曾氏幕府中办理奏疏、参与谋划的高级幕僚。同治元年二月二十三日，曾氏在日记中说："沅弟极服眉生卓识迈伦，余平日见其大雅不群，亦料其必有过人之识，特未深谈耳。"在曾氏的一再保举下，李此时已官居江苏按察使，但李身体不好，辞职在苏州养病。

因为关系很深，曾氏在信中与李颇有推心置腹之论。巨室不可得罪，便是此信中的主要话题。古人早就说过，为政不可得罪巨室。这句话几乎成了中国官场中的一句金科玉律。

同为四川人，也同为曾氏京师时期的老部属李榕，便因此被谤。几个月前，他因劝捐助饷事得罪湖南士绅而被罢免湘省藩司的官职，一身萧条地离开官场。

复李鸿裔同治八年七月初二日

眉生仁弟大人阁下：

邗江握别，怅惘不可为怀。接到手书，如获瞻对。黎纯斋、赵惠甫到此，皆言阁下杜门谢客，惟以文史自娱，手抄《范书》，夜分不倦。来书文采深美，而楷法愈益劲整，真乃有功翰墨者。去年曹、阮、陶、鲍、谢、李、杜、苏、黄诸集取次丹黄，今年又致力子、史、《庄子》，业已毕功，日来《后汉》想亦卒业。阁下盛年投绂，所业益勤，天或者故以微疾昌其所学，追扳古人，啬于宦途而丰于此耶？

至于炎凉世态，自古为然。虽豪杰之士能遗外世故独立千载，而不能禁止当世之揶揄。杜老所作《赤霄行》、《莫相疑行》，盖亦为儿曹所困辱，无可如何，聊为长歌以自壮耳。申夫傲岸不羁，卒乃以此被谤，米捐固其借端。然办捐而必曰着重上户，使大绅巨室与中人小家平等捐输，此其势固有所不能。王介甫使品官形势之家均出免役钱文，众论愈哗。巨室之不可得罪也久矣！仆从任用非人，此等乃所谓世法者。一犯不韪，万口同讥，谁能违之？闻其多方弥缝，使萱闱不知获咎之事，而出署之后，囊橐萧然，归途费用亦且不给，此足令人起敬，而谤议亦或当少减乎？刘树堂在候补各员中独觉书味盎然。三月中委办海运，顷间回省呈出手记，各务事理亦尚通达，将来或可陶成令器。

此间士风稍陋，鄙人欲广加延访，略分三科，令州县举报送省。其佳者以时接见，殷勤奖诱，庶冀渐挽薄俗，一宏雅道。北人困于差徭，亦欲稍予平减。若大加整顿，即恐州县无以自给，刻核太至，必有不肖之心应之。缘民困固深，而官贫亦迥异寻常，若爱其赤子，而饿其乳母，则是两毙之道。地方瘠苦过甚，即宽大之令亦不能遽下也。

贱体粗适，惟兴趣锐减，不似去年远甚。前以辖境旱灾，次孙殇亡，心绪作恶；近因精力日颓。平生颇耽书史，老来百无一成，抚己内惭，惘惘不乐。

雨亭开府山右，差强人意。顷于二十七日出都，过此快聚两日。渠亦兴会索然，岂真所谓沆瀣一气者耶？诸惟心鉴，即颂台安。不具。

120. 湖南近时风俗侈靡

杨昌濬此时为浙江巡抚。杨为湖南湘乡人。咸丰二年即跟着罗泽南办团练，后一直随军转战南北。他是书生出身，由军功而升至大员的代表性人物。杨一生有两件事，常为后世提及。一是他写了一首有名的诗：大将筹边尚未还，湖湘子弟满天山。新栽杨柳三千棵，引得春风度玉关。二是他办理杨乃武与小白菜案件不当，被朝廷撤去浙江巡抚之职。

从曾氏“吾乡近时风俗侈靡，一变向来勤朴之旧”的话里，可知这场战争给湖南带来了很大的变化。这个变化是因为出了一大批有权有钱的人，这些人都来自湘军。所以，作为此事的始作俑者，曾氏说“鄙人不能辞其咎”。曾氏虽极想力挽颓俗，但正如他说的由俭入奢易、由奢入俭难，湖南的风气是不可能再逆转了。

信中提到的《湘乡忠烈祠记》(应为《湘乡昭忠祠记》)，是曾氏晚年的一篇重要文章。文章回忆肇于湘乡县的湘军历史，并为这支军队之所以能成事的原因作了分析，最后落脚到“拙诚”二字上。文章以希望湘乡子弟永葆此种作风而结尾：“能常葆此拙且诚者，出而济世，入而表里，群材之兴也不可量矣！”

可惜，世风早已变得乖巧而急功近利，今日若与人再谈拙诚之道，会有几人愿意听呢？

复杨昌濬同治九年正月二十四日

石泉尊兄大人阁下：

去腊接奉惠书，猥以岁节相庆，吉词袯饰，愧不敢当。就维簪绂翔华，履约集祜，至为企颂。筱帅调署楚督，台端荣膺简命，擢署浙抚，具见闳声茂实，上达九重。遂听温纶，无任额庆。

浙省去岁虽有偏灾，而秋后畅晴，粮价平减，新漕尚有三十万石，农事未为歉收。直隶则三时亢旱，畿南大、广各属被灾尤甚。地方瘠苦，无术抚循。忝为大吏，又不忍坐视流冗塞路而不为之所，因于天津存储制钱奏拨十万串，择被灾尤重之区抽赈其极贫下户，深惜款目过少，惠难遍施。开正已委员前往兴办，稍尽力所能及者而已。近日南三府已报得有微雪而土膏仍未深润，麦事固已失望，秋麦亦难播种。急盼此后雨泽顺时，不致嗷鸿遍野，煽诱生变，便为深幸。

绿营裁兵增饷，浙省已有成效。此间颇思仿照办理，而兵部驳议，牵于旧制，不能大有变革。去岁于保定、正定、古北口三处挑练三千人先行试办，而兵弁偷惰已久，骤与申明约束，勤加操演，皆若视为分外之督责，甚者乃至相约潜逃。近因李相征黔，铭军恐当随往，欲于保定、正定添练马队，稍壮声势，亦未识能否办妥。

吾乡近时风俗侈靡，一变向来勤朴之旧，实缘乡人从军日久，职官太多之故。推论缘起，即鄙人不能辞其咎。今欲力挽颓俗，固须林下诸公身示俭约，诱进以诗书。而凡为达官于外者，尤宜约束子弟，不使习为豪华以相炫耀，庶可渐移锢习。然由俭入奢易，由奢入俭难，仍未知其果能挽救也。

《湘乡忠烈祠记》顷已脱稿，抄稿奉寄。年老才退，每成一文，自视芜蔓，无一是处，殊不惬意，深以为愧。肃颂春禧，诸希心鉴。敬璧大柬，不具。

121. 为《国朝先正事略》作序

李元度虽然多次充当平江勇的统领，率领平江子弟转战东西南北，但他的本色是个文人，热衷著述，《国朝先正事略》一书是他的心血之作。这部书成书于李元度援浙之后、援黔之中，历时五六年。同治八年三月，曾氏为之作序。

与为别人著作写序不同，为李著作序，曾氏要借此写出他与李之间的不一般关系，尤为要向李表白他的内疚之心，故而序文中最为关键的是这一段话："咸丰甲寅、乙卯之际，与国藩患难相依，备尝艰险，厥后自领一队，转战数年。军每失利，辄以公义纠劾罢职。论者或咎国藩执法过当，亦颇咎次青在军偏好文学，夺治兵之日力，有如庄生所讥挟策而亡羊者。久之，中外大臣数荐次青缓急可倚，国藩亦草疏密陈：'李元度下笔千言，兼人之才，臣昔弹劾太严，至今内疚，惟朝廷量予褒省。'当时虽为吏议所格，天子终右之起家，复任黔南军事。"

曾氏对李说，这段话你若觉得不妥，可以删去。但李没有不妥之感，依然完整保留着。

李终生不记曾的仇，反而认为曾当时严参他，是为他好。曾氏去世后，李赋挽诗："雷震与雨露，一例是春风。"李的这种胸襟，令人感佩，除开曾多次诚恳向李表示歉意，而且又加之疏荐、婚约以为弥补外，李可能极有自知之明，知道自己确非行军打仗之材。

复李元度同治九年二月二十八日

次青仁弟大人阁下：

去夏四月，拙作《先正事略序》始脱稿，即封稿邮寄，略书数行，以阁下不常在省，故寄易芸阶，托其转致，以为必无遗失。乃读十一月来示，竟复浮沉未达。睽隔数千里，驿递书函，其不可靠如此，令人益以远别为憾。兹再抄稿奉寄，乞察纳。文不足观，徒黥鸿编，中间述及战事利钝升沉，略存吾两人始终离合之迹，而寸心终觉耿耿。阁下如以为可删，则请见示，将芟去此等，稍觉浑涵耳。近闻以此书尚有疏漏，再加增辑，此次重刻，即当成一定本，似可稍需时日，不必急易原版。

赵惠甫以常州学派推庄方耕先生为大宗，曾撰《常州诸儒事略》一册。由敝处寄达左右，记系丁卯年事，曾接到否？志局分撰水道一门，以向之分缴各州县者，条举而绳贯之，体例极为精审。一水所经，割属数县，使首尾衡决，此最后来《地志》之一病。故村镇名山各郡县可以分图，惟水道但宜总图。至今《水经》、《水道》提纲等书，考其文则支干分明，寻其地则形势乖错，此言地理者所以贵目验也。阁下精加参考，必能纠正前贤之谬，但须精于算术者遍走各属实测，乃无大误。闻台从不欲久违色养，在局之日甚少。局中诸君南屏翁近稍衰退，研、筠两处并有失子之戚，左右能综揽全纲否？

国藩承乏畿辅，已及一年。适值旱灾太甚，自夏徂冬，三时不雨，今年麦收又已失望。嗷嗷千里，无术补苴，时虞枭匪与贼乘机窃发。去年奏调铭军为拱卫京畿之用，近李少帅改征黔之师西征陕回，此军即宜随征入关。直隶分留数营，兵力过单，难资弹压。惟望此后雨旸应时，秋禾可以播种，岁事不至过歉，庶可弭患无形耳。

近来目力日衰，看字竟如隔雾，不惟抛弃书卷，即公牍亦极草率。署中眷属亦多疾痛，都无好怀。知注附及，复颂台安。不具。

122. 以寒士出以寒士归

湘军高级领导人中，在人格上能与曾氏比美者，彭玉麟当属第一人。早在咸丰三年彭投军时，就明确表示过不求保举，不要钱财，他以寒士出也愿以寒士归。今人对彭此种态度似乎很不能理解：不求名利，彭玉麟投军是为了什么？彭玉麟在一首诗中这样写道：“戎马书生少智略，全凭忠愤格苍穹。”“忠愤”二字是他的推动力。彭不是官员，他说的忠，更多是指对家乡父老的一种情感，而愤，多半是愤于太平天国对孔孟对传统文化的态度。

当然，在那个时代，投笔之初作如此表态的，或许不只彭一人，所以关键不在说而在做得如何。同治六年元月，曾氏有一道奏折，说明彭玉麟将所有养廉费全部捐献一事出于至诚，我们于此知道彭的确是淡于金钱。但有人可能也会想：养廉费全部捐献，并不代表他手中无大量钱财。那么，曾氏的这封信替人们解开了这个疑问：彭玉麟回家时，囊中只有二千两银子、两千串钱。他以一半用之于修墓、修房子、应酬亲友，另一半供自己生活用。他每天自己带一顶帐棚进山修墓，戴斗笠穿短衣，与工匠一道操持。须知此时的彭玉麟乃湘军水师统领，官居兵部侍郎。古往今来，这样俭朴自律的高级官员有几人？就连一向节俭的曾氏都担心他的钱不够用。

彭玉麟是一个真正说到做到的人。

复彭玉麟同治九年三月初三日

雪琴仁弟宫保大人阁下：

去腊接十月手示，具悉一一。

台端以七月抵衡，八月即携帐棚一架入山修墓。草笠短衣，日与工匠为伍，其劳瘁之况，仍与昔时一叶轻舟出入风浪无异。实缘孝思纯笃，不宜自就安闲，而旧病之发未始不由于此，尚望节劳自爱为幸。附来修墓时所作诗及联语皆至性所发，读之令人感怆。墓旁自营生圹，立石书碑，达人旷观，殊太早计。瓯架山墓事告竣，即修理渣江先墓，近来想亦蒇工。旧恙未再发否？至为悬系。

阁下归装，白金、青蚨各止二千之数。以一半为修墓、葺屋、应酬亲故之用，以一半为支持生计、供具衣食之用，皆恐不足敷衍。尊体多病，自奉虽极俭薄，而乡里告贷者多，至有素未识面闻风而来者。台端性好施与，此区区者安足供其挥霍耶？尊恙以避嚣习静为要药，修墓事毕，仍宜随时调摄。遇事有不称意者，善自排遣，勿过烦恼也。

水师一提四镇二十四将官，一一赠以亲书之十二字，使能确守此铭，营规自不至过坏。尊论谓能清、慎、勤而不能严，与一味能严而不能清、慎、勤者，皆速坏之道，洵为至言。昌岐惜少“严”字，敝处往来书函，常常以此相儆。近闻颇自振厉，不识能持久否？厚庵去岁曾步入夔门，远访春霆，窥其意旨，似未能忘情斯世。少荃前议拟荐之出统海上轮船，仍令春霆作函探问。顷少荃已自远征，此议亦渐寝矣。

陕甘自刘寿卿进军以后，迭克坚垒，势如扫箨。新正灯节，寿卿以督攻贼寨，中子殒命，回氛因之益炽。枢廷令少荃节相改征黔之师督办陕事。敝处前留铭军拱卫畿甸，此次该军势须随征。仅留数营，难资得力。本省练军则更不足恃。

直隶上年终岁亢旱，宿麦多未入土。千里嗷嗷，莫能振济。入春虽数得雨雪，各属仍未一律畅足。惟冀此后雨旸应候，高粱、小米、棉花等项得以补种，饥民不至煽诱滋变，斯为厚幸。

鄙人近日目光蒙翳，右目已似无光，仅止左目堪用。衰老如此，何堪久点高位？内人目疾既难疗治，余病亦甚沉笃。惟二小儿元旦复举一子，差以自娱。小女议婚一事，衡郡既少佳子弟，长郡则阁下交游复少，应俟徐徐代访可也。复颂台安。不具。

123. 处理教案，有就势就理之分

曹耀湘（字镜初）与曾氏之间，曾经有过一段不平凡的经历。对于这件事，欧阳兆熊在其所著《小窗春呓》中说过："咸丰七年（曾氏）在江西军中丁外艰，闻讣，奏报后即奔丧回籍，朝议颇不为然。左恪靖在骆文忠幕中肆口诋毁，一时哗然和之，文正亦内疚于心，得不寐之疾。予荐曹镜初诊之，言其岐黄可医身病、黄老可医心病，盖欲以黄老讽之也。"

咸丰七年，曾氏在心力交瘁之际，身患重病，欧阳兆熊推荐曹耀湘到湘乡曾氏老家为之看病，并以医治心病还得靠道家学说来启发，终于促使曾氏完成由法入道的转变，对其后半生的事功影响极大。

据李鼎芳所著《曾国藩及其幕府人物》中介绍，曹耀湘为长沙人，咸丰元年中举，官至刑部郎中。此时的曾氏正在天津处理教案。曾氏以衰病之躯身陷困境，这是他晚年的悲哀。天津教案一事，使得曾氏得“卖国贼”之恶谥。其实，对于清议所持的那一套，他心里何尝不知道！只是外交要务有势与理两个角度，不能仅仅从一个角度去思考，更不能轻举妄动，置国家的安危于不顾。

关于这点，有一个当事人的奏疏说得最是显豁而精辟。江苏巡抚丁日昌，奉朝廷之命赴天津协助病势日重的曾氏处置津案。他在启行北上之时，对朝廷说：“自古以来，局外之议论，不谅局中之艰难，然一唱百和，亦足以荧视听而挠大计，卒之事势决裂，国家受无穷之累，而局外不与其祸，反得力持清议之名。臣每读书至此，不禁痛哭流涕。”

“清议误国”，这种说法很有几分道理。

复曹耀湘同治九年八月初四日

镜初仁弟大人阁下：

前由小儿赍到手示，猥以《汉书》之贻，远劳齿谢，尚未奉复。顷又接七月十二日惠书，具悉一一。

津案梗概，略具前复同乡诸君函内，阁下业经属目。大抵此事在局中皆以中国兵疲将寡，沿江沿海诸省毫无豫备，而彼族诸国合从，穷年累世但讲战事。我能幸胜于一岁，断难保全于多年，庚申覆辙，岂可再见？必须隐忍以全和议者，就势而言之也。在局外者皆以天主教流毒于中华，污辱孔亟，异端不可不攘；木兰北狩，淀园被焚，国仇不可不雪。或奖义愤之民而百万汇集，或联合各国之交而专攻一国，必须力争以全国体，此就理而言之也。欲求理势兼顾，殊无良策。敝处所办，盖亦偏于衡势者，措施又多失宜，物论之腾，亦无足怪。

现在府县已改解津郡，由敝处取具亲供送部定谳。此事实违本志，虽经极力斡旋，而内疚仍未尝暂释。滋事要犯亦经拿获数十人，日事研鞫。总署急催速了，现已自定期限，欲于本月二十三日办结，不识能如限否？

鄙人老病相寻，近日外症渐痊而目疾日增，右目既久无光，左目亦昏眵特甚。孱躯暮齿，何能久恋栈豆？津事少定，行当奏请开缺。承注附告。

晓岱得山西试差，至为欣慰。冯襄圃来此尚未相见，或因鄙人多病之故。来示拟约仙屏偕来，仙屏若得学差，恐难如约。文从何时一践宿诺，借慰阔悰，不胜大幸。肃复，即颂台安。不具。

124. 拟以公款代为赎刑

在法国公使罗淑亚的强力威胁下，曾国藩上奏请将天津知府张光藻、天津知县刘杰交刑部治罪。曾氏此议，遭到许多人的指责。他自己也为之负疚。他在家书中说过，张、刘俱无大过，张尤得民望，此事令他内疚神明外惭清议。这封写给张光藻的信（此信一式两份，另一份同日给天津知县刘杰），可以算是他向张光藻、刘杰二人的致歉。具体的弥补措施是，以公款一万一千两银子，为张、刘二人赎刑，即代张交银四千五百两，代刘交银一千五百两，二人到戍所后即可免去三年刑期，恢复自由之身。另外送张三千两、送刘二千两作为私用。对刘、张二人来说，曾氏此举，亦可谓仁至义尽了。

其实，依笔者看来，曾氏大可不必为此事负疚。处罚张、刘是有充分道理的。此事即便发生在今天，张、刘二人也是非处罚不可的。作为地方负最高责任的行政长官，出了这样大的事，岂能说自己无过？弥灾祸于无形之中，灭大乱于肇始之端，才是高明地方长官的本事。张、刘不能做到这点，终至数十条人命死于无妄，给国家造成无尽后患。将他们予以充军之处罚，理所当然！

复张光藻同治九年九月十八日

翰泉仁弟大人阁下：

昨接来函，具悉一一。

鄙人办理津案，实昧机宜，致阁下等受此无妄之祸，自觉无面目相对。乃承㧑谦过度，执礼弥恭。在贤哲盛怀，或尚存略迹原心之论，而鄙人神明负疚，转因之益甚矣，愧赧无似！前闻部中有新疆之议，当即函商部堂，请勿用改发黑龙江之近例，讵料定谳时乃径发黑龙江。此固由廷议别有深虑，究由敝处初奏过重所致。阁下年老无子，远戍穷荒，闻夫人又复多病，何以堪此！来示近患颊疽，不识已否就痊，尤为悬系。

尊意欲盛京将军设法遮留，此恐难行。彼处近无军务，与陕甘不同。此次中外无不知此狱之冤，其议令远戍，全系曲徇洋人。若不到戍所，是予洋人以口实，转恐无益有损，盛京若可奏留，则定谳时即可以军台了事，不复从重远发矣。相度情势，黑龙江不能不到，即沿途亦不必稽留。敝处拟与李相均致书盛京、吉林将军，请其沿途照料。其黑龙江将军向未通函，亦拟婉切详言，属其加意优待。

查黑龙江至京三十三站，其地有稻有江鱼，浙人多有在彼贸易者。风景与内地无异，惟苦寒耳。若资用宽裕，或不至过受艰窘。向例遣戍以三年为限，到戍后可由家属赴户部具呈，捐资收赎。四品官赎银四千五百两，七品官赎银一千五百两，未到戍者加倍收赎。今阁下等势须到戍，未到恐不听赎。现与李相商定，在于运署酌提闲银五千两，李相及官场军营可凑成三千两，合之敝处前次措备之三千两，共筹银一万一千两。阁下四品，刘令七品，赎款共需银六千两。外存五千两，亦略照官阶定数，阁下三千，刘令二千，其银存李中堂处，随时设法汇兑戍所，由尊处禀商李相，或函商乐山，均无不可，眷属尽可挈之同行。如到戍以后即可收赎固佳，万一不能遽赎，转瞬大婚，恩诏必可召还，不致久羁殊域。现筹之款倘有不敷，仍可从容筹补。阁下此行虽小有摧抑，而贤声由此益著。赐环以后，必将重履亨衔，事业正未可量，慎勿过事愤郁，致隳伟抱，是为至望。复颂台安，不具。

125. 为何不给赵烈文补实缺

赵烈文（字惠甫）是曾氏器重的机要秘书。从赵的《能静居日记》中可知曾氏与赵的亲密。曾氏对赵的家世、本人的学问品行都是称赞的，而赵之入直隶，也是曾氏亲自奏调的，但曾氏竟然一直未给予赵以实缺。这是为什么？估计这中间的原因有三点：一是赵的功名不够，他只是秀才；二是赵一直在曾氏身边做文字工作，未有实绩；三是赵与曾氏私人关系很好，曾氏因此对赵要求严格，怕授人以“任人唯亲”之柄。联系到咸丰四年四月，曾氏在长沙跳湘江自杀，幕僚章寿麟舍身救援。对曾氏有救命之恩的章，终生亦沉沦下僚，时人多有为章鸣不平者。

由赵、章两人的境遇，我们可以看出曾氏用人的原则性。当然，这种原则性对当事者来说，或许就是冷与薄。由此也可知，曾氏属圣贤一流，而非豪杰一流。所以，他只能做中规中矩的圣贤一类的事，而不能做非常规常情的豪杰之事。

复赵烈文 同治九年九月二十一日

惠甫仁弟大人阁下：

前接两函，具悉一一。

国藩自六月初旬力疾来津查办教堂，事机不顺，物议沸腾，而私衷抱憾者，则尤在府县奏交刑部一事。当时因法使坚请拟抵，来津时未带一兵，不能测敌势之所至，又惑于下狱以后轻重尚可自由之说，遂将该员交部治罪。其后奉旨令在津郡鞫讯，方冀借此转圜，及取具亲供，仍饬送部，到部定谳，竟议发遣黑龙江。该员等本无大过，获此重谴，虽廷议具有深虑，究由敝处初奏过重所致，追悔无已。

为挖眼剖心雪诬一疏，本为群矢所集。而原疏中具陈津人可疑者五条，发钞时又被删去，用是益为正人所不与。八月二十八日复陈密片少盖前愆，兹钞寄尊览。

津案顷已奏结，共办正法之犯二十人，军徒各犯二十五人，实为情理曲尽，洋人已无甚刁难。查拿凶犯为此案最难之事，拿凶事定，即其余各事均易定议。

国藩拜疏请觐已蒙俞允，拟本月二十三日入都，旬日即当陛辞。惟衰年多病，久拟避位让贤，现在目疾已深，两脚又复浮肿，疲惫已极，岂能再任剧职！而谕旨殷恳，不许固辞，腼颜赴官，殊增惭恧。

去岁调来诸君，惟阁下未得补一实缺，深以为歉。顷与李相具述此意，李相毅然身任。观其相待意殊殷厚，当为鄙人偿此歉衷。饷银被劫一事系属意料不及，并非由防范疏虞，此等当易斡旋耳。复颂台安。

126. 对国家最后一大贡献

此时的曾氏，因马新贻被刺而重返两江旧任，而李鸿章也因处理天津教案一事，由湖广总督继任直隶总督。李从同治元年起，先后任江苏巡抚、署理两江总督，在沪宁一带经营多年。李在这段时期内尤致力洋务，将曾氏所开创的这个事业发扬光大。这正是李鸿章器宇宏阔胜过乃师的一面。重返两江之后，曾氏亦花大功夫于洋务。同治十年八月中旬，曾氏以重病之躯校阅扬州、徐州、镇江、常州、常熟、苏州、松江等地军营，并到上海查阅铁厂、轮船、机器。历时两个月，十月中旬乘国产轮船由沪回宁。这是曾氏一生中最后一次长途跋涉。

晚年的曾氏为国家做的最大一件好事，就是与李鸿章会衔，奏请选派聪颖少年赴泰西各国学习洋务，即信中所提到的“幼童赴洋学习之说”。这年七月初三，《拟选聪颖子弟赴泰西各国肄业折》发出。曾氏去世后的第二年，此事付诸现实。

复李鸿章同治十年四月十五日

少泉宫太保中堂世仁弟阁下：

接诵三月十七、四月朔日两次惠书，并抄寄令兄筱泉召见节略，敬聆一一。就审兴居多福为颂。筱泉在外，久孚物望，此次述职，礼数优隆，超越伦辈，似并非借光于阿弟者。而造膝敷陈，亦皆切当事理，曷任佩慰！

陈季牧官亏事，补帆中丞既允设法代为弥补，从此家属不必羁候闽中，同深感荷。敏斋交卸署篆，未接臬印，倭使日内抵沪，可与偕行。尊意酌提川资一层，敏已有牍请给银二千两，为往返旅费及随员薪水之用，当经批准。

津案办理太柔，内疚方深。法国犹复饶舌，且疑守令并未出戍，是其积愤已深。翰泉等遽求调营自效，徒贻口实，自不必多此一举。

孟卿身后萧条，亦曾闻之。其嗣君仲嘉司马自都奔丧，道经此间，携厉伯符一函，述及徐宅近况，仆已函嘱霞轩为谋优差，以赡其家。梁牧前在通州闻季君牧极称其贤，近敏斋亦盛称之，急思令其回任。而孙牧云锦到任尚未半年，碍难遽撤，容俟少缓图之。

操江轮船工坚器利，行驶亦疾。来示北洋现无船只，消息难通，商留此船。阁下方以天下为己任，愚见亦欲倚大才以御侮，无论何等军械，断无不允之理。况沪局为台端所缔造，岂复吝于一船？惟初派彤云操练轮舟，即面订四船宜常应操，不宜常应差。近则应差时多，操演尚无头绪，于彤云颇有信任不专之象。拟将该船每年自三月至八月留津，自九月至二月留沪，南北各住半年。冬令冰结，留泊津沽亦属无益，在沪尚可资其转运，兼与各船逐队演习，似是两有裨益。即当照此咨复，卓裁以为何如？

幼童赴洋学习之说，前令荔秋用余二人名拟函商之总署。昨接拟稿并议章程各条，量加删易，抄呈台鉴。如有未妥，乞再酌改，就近缮发，再录底稿一分寄交敝处。兼延汉文教师本嫌其赘，然于事亦无所损。将来挑选之际，或写或作，面试一二，必须略通汉文乃可入选。到洋以后但重专习洋技，不复兼攻汉业。目不两视而明，耳不两听而聪也。

江南近状安帖，麦收稍为雨多所损，尚属中稔。广、建滋事之匪业已四散。首匪关姓现饬各处密捕，不知可弋获否。

通商各口大致相安。惟扬州教士戴德生，昔赁李良臣军门世忠之屋作为教堂，良臣以限期届满促令搬让，戴姓以无屋可移两相坚执，几成衅端。常镇沈道鉴于七年扬州之难，从权用官价购之，托名赵姓买得，转租洋人，始息争讼。此外，七濠口有华夷兵民杂观剧艺乘众争殴之事。英人有传闻陈国瑞窥伺扬州教堂、纠众进攻之谣。陈镇攻教初无证据，英领事辄以申陈敝处，并告驻京公使。总署欲仆派员至扬，传饬陈镇，勿再逗留扬肆，引津事以为戒。陈镇在扬，年终散给贫民钱米，因而誉望日起，其党大言惊众，在所不免，实无攻逐彼教之意，亦难遽令迁徙。兹将敝处札复上海马领事之案咨达左右。

鄙人目光昏霧如故，疝气则已就痊。内子所患本极沉重，比亦大有转机。九死一生，受诸痛苦，亦生理之极艰也。

吴挚甫文学迈伦，志趣卓越，实珂乡后起之秀。特其家境奇寒，事蓄无资。前月挈眷北上，人口甚众，盘桓数日，仆勉之以吏事。希于其晋谒后速饬履任，随时训勖而奖成之，至以为荷。复颂台安，诸惟心鉴。

127. 人才非困厄则不能激

袁保恒系袁甲三之子，以翰林院编修身份亲历行伍，先随其父与太平军周旋，继随李鸿章平定捻军，后又赴陕甘在左宗棠军营中听命，堪称文武双全，晚年做到刑部侍郎，病逝于河南赈灾任上。袁甲三、袁保恒父子为河南项城袁氏家族后来更大的发达，奠定了坚实的基础。

袁保恒就人才选拔之事，向眼下最负时望之元辅建言，并开出一个包括十四人在内的人才名单。曾氏一向最重视人才，故对袁的建言十分欣赏。在回答袁所提的前些年人才茂盛而今却寂寞无声的疑问时，曾氏在信中这样说：人才若不是在环境困厄的状态中，他的心志难以被激发；若不是那些具有深谋远虑的高位者的荐举，则难以被朝廷所知道。朝廷在通常情况下，一般都不会破格录用，而采取论资排辈按部就班的程序，即便过去那些显宦的后人也只能依常规守分供职。如果不是因为某些特殊原因，杰出人才也难得表现出来。

笔者读《三国演义》，常常感叹：怎么那个时代会涌出如此多的风云人物？读了曾氏的这段话后，心里澈然明白了。

复袁保恒同治十年五月十九日

小午世仁弟大人阁下：

接三月二十三日惠函，详论鉴拔贤才之义，缅缅千余言，具聆深意。所示当世诸贤及另单开列者共十四人，疏其梗概，大抵才德并收，体用兼重，品评允当。殷殷以一士不遇引为予辜，一善不扬引为己责，心存匡济，识量闳深，良以为佩。

又谓东南底定以来，老成雕谢，继起无人，一有缓急，无足倚恃，深以前此之得人为盛，而怪近今之寂寂。此由鄙人暗于知人，志气衰耗。古称精神折冲不克汲引人才，亦由精神懈弛不足感召英杰，翕聚风云也。迩来军务渐平，时局之艰难迥非咸丰年间可比。人才非困厄则不能激，非危心深虑则不能达。而在上者亦不欲屡屡破格以开幸门，仍须投资按序，各循常调。即昔之勋望赫奕者，今亦只能循分供职。无盘根错节，则利器末由显著。近日贤才之所以寂寂者，殆由于此。

然内患虽平，外忧未艾。彼狡焉者虽隔数万里，而不啻近逼卧榻，非得后起英俊宏济时艰，世变正未可知。来示以少年盛气、蹈厉无前者不宜以孟浪绳之。昔在道光之季，国藩饫闻此等议论，盖尝深恶而痛惩。今虽衰孱无似，决不欲效此模棱意态，销磨举世之英气。特狂狷两途，及所谓蹈厉无前者，亦殊不数数见。而来函所称心事如青天白日，忠爱诚恳出于天性，尤为罕觏。是则似有数焉存乎其间，而自愧引针拾芥之无兴也。此间如更闻有佳士，无惜续行见告，至祷至祷！

国藩回任江表，节序频更。诸务丛积，目光昏蒙日甚，无术挽回。一切军政吏治均未能悉心经理，江海各防虽拟及时整饬，而事体重大，亦且茫无端绪。大惧旷官取戾，贻羞知好，曷胜兢兢！

此间近状如恒。前月有李世忠、陈国瑞构衅之事。陈、李二人前在江北带兵，素不相下。陈之声名较优于李，如淮河夺盐船，寿州杀部将，频有欺侮，李积不能平。近在扬州，李与陈貌为和好，实则隐图报复。四月十四日，李世忠忽率其徒党驰入陈寓，掩执陈国瑞上船，扬帆南下，捆缚辱詈。适有铅船及湖北各船在彼闻陈国瑞被执，一呼而集者数千人，追围李世忠之船，劫其眷属，有妾一人赴水以死。李世忠乘间跳走，与陈国瑞先后来宁互讦。二人均桀骜性成，不循理法，迩来住居扬郡，百姓既不甚相安，洋人复每滋瑕衅。昨派笃臣及瓜洲吴镇查明原委，据实参奏，李以革职，陈以都司降补，勒令各回原籍，未知此后能否安帖。阁下于二人素知底蕴，并以附告。复颂台安，诸惟心鉴。不具。

128. 亦师亦友倭艮峰

从邸抄上得知倭仁（字艮峰）去世，曾氏心情很沉痛，他向倭仁的两个儿子写了这封悼念的信。

早年在京师期间，曾氏与倭仁有着密切的交往和深厚的友谊。曾氏初到北京，即加入京师一个以修身养性为立身之本的朋友圈。这个朋友圈的老师为唐鉴。年近四十的内阁学士、蒙古族人倭仁，则是这个圈子中的领头人，居于亦师亦友的地位。

曾氏对倭仁甚是尊敬。他在日记中常常以敬重的口气记下倭仁说的话，以倭仁作为榜样。他的日记也会送给倭仁看，倭仁也会在日记上写一些自己的看法。比如，道光二十二年十月二十七日，曾氏在日记中说："艮峰前辈言，无间最难，圣人之纯亦不已。颜子之'三月不违'，此不易学，即'日月之至'，亦非诸贤不能，'至'字煞宜体会。我辈但宜继继续续求其时习而说。"这天的日记天头上便有倭仁写的几句话："心静则体察精，克治亦省力。若一向东驰西骛，有溺焉而不知，知而无如何者矣！"

咸丰二年后，曾氏在南方领兵打仗，倭仁则一直在朝廷做官，晚年做到大学士。倭仁是个有名的守正学的人物，于圆通则不够。他反对奕䜣建同文馆的那道折子，几乎成为迂腐不通的代名词。

唁倭福纶倭福裕同治十年六月十二日

福纶、福裕世兄阁下：

前阅邸抄，惊悉尊甫艮翁太保老前辈中堂骑箕仙逝，曷任骇愕！忆昨八、九两年国藩到京，得以重瞻硕范，倾写鄙忱，方欣老成康健，寿耇未央，岂知握别半年，芳型遽杳！贤昆仲至孝性成，自必逾恒哀慕。惟念太保中堂名德硕望，讲求正学四十余年，存养省察未尝一息少懈。即历载日记，已为海内士大夫所同钦守之正轨，戒宗旨之稍偏。凡有志学道者，皆仰为山斗而奉为依归。至夫黼座论思，讲筵启沃，皆本致君尧舜之心，以成中兴缉熙之业，洵属功在社稷，泽及方来。加以积善之庆，榖贻孙子，饰终之典，哀逾圭璋。固已备极哀荣，毫无遗憾。尚望节哀顺变，勿过毁伤，是所至祷。

国藩素仰德晖，怀贤感旧，怅人琴之永逝，叹梁木之遽摧。只因羁迹江东，不获躬亲奠醊。谨具薄赙一函，寄函灵右，聊申一束如玉之忱，永致九原谁归之慨。专泐布唁孝履，顺颂礼安。不具。

世愚弟曾国藩顿首

129. 冯卓怀为曾氏家族看墓地

冯卓怀（字树堂）为道光十九年湖南乡试解元。滞留京师期间，冯与曾氏过从甚密。道光二十二年十月，曾氏在给诸弟的信中说："树堂极为虚心，爱我如兄，敬我如师，将来必有所成。"这年十一月的信中又说："冯树堂进功最猛，余亦教之如弟，知无不言。可惜九弟不能在京与树堂日日切磋，余无日无刻不太息也。"冯三十岁生日时，曾氏作《反长歌行》提醒他："冯夫子，我歌君且起。君今三十胡皇皇，浮名驱君不自止。"

这些文字足可以证明曾冯早年的密切交往。冯的功名不很顺，仅止于举人，后来做过四川万安知县，终以与上司意见不合而去职。曾氏驻扎祁门时期，冯前来投奔。但不久与曾氏口角，遭曾氏训斥，冯拂手而去。曾氏为此向冯道歉，请冯回来，冯始终没有再回到曾氏的幕府。于此可知冯也是个心高气傲的人。

冯曾做过解元，他可能因此自视甚高；但他又始终未能进入甲榜，他可能又会因此而气沮，这种气沮在外的表现则常常会变成自傲。这种人其实是很可悯的人。古往今来，这种人很多，他们多半生活在不平的心态中。

晚年，曾冯重归于好。曾氏很重视这种回归的友谊。一个月前，他给家居的四弟九弟写信："冯树堂已抵家否？渠在此小住兼旬，又至上海访涂朗仙，又至六安州代吴竹如先生相阳宅阴地，并为涂家择地数处，又言八九月间将至湘乡二十四都等处为我预卜葬地。若果至吾乡，请澄弟殷勤款接。渠昔在祁门，余与之口角失欢，至今悔之。今年渠至此间，余对之甚愧也。"

复冯卓怀同治十年七月初二日

树堂仁弟大人阁下：

金陵畅叙，一月有余。回忆昔在祁门，侵侮良朋，轻离贤俊，悔憾正深。一旦握手相见，具仰旷远之怀，稍释积年之愧。匆匆执别，缱绻奚任！顷接惠函，猥以馈敬戋戋，远劳齿谢，只增惭恧。就谂台从行抵六安，即日返旆南旋，比想已抵星沙。

竹如先生新庄既断不可住，自不妨决意去之，另谋他处。阴宅既看得五处，则后事已有头绪。惟渠家葬诸城，自吴夫人以下共有八棺，迁葬之举，事属难行。竹翁不能独自主持，子妇及诸孙辈皆以葬后添丁不少，不欲轻于迁改。至归乡之事，须在九、十月间天气凉爽乃为合宜。而竹翁以故乡族党无一人可与谈者，殊难耐此孤寂。且或借贷钱米以图一饱，或求写荐书以谋外事，亦苦无以应之。而竹翁之子孙在于扬州、金陵各支薪水，以供家食，若随同回籍，则并此而无。事事仰给于人，尤非竹翁所愿。故琴西之意仍留此老久居金陵，不劝之还山也。

阁下精研地理，熟于古法。此次行经怀、桐、舒、六之间，山水奇伟，为中干正龙结聚之处，揽异搜奇，左宜右有，必当大慰胸中之愿。形家者言从古帝王将相出于中干者为最多，良由形势雄厚，非南干诸山水可及也。

承示大驾拟至敝乡为舍间代营吉地，隆情厚意，感何可言！惟一家私事有劳跋涉，窃抱不安。顷已函告舍弟，如台驾果辱临敝乡，自当扫径以待。

此间近状如恒。四月以来，雨旸时若，低田全无水患，高田微有旱处而无大损，岁事可望有秋。国藩疝气已愈，晕眩未发。惟目光蒙霿，无术挽回。诸务丛积，未能悉心经理，殊以为愧。

吾乡哥老会匪窃发，旋经兵练扑灭。此辈布满郡邑，聚散无迹，起灭无端，勾结蔓延，牢不可破。虽年年旋发旋除，然十次速破而设有一次迁延，则桑梓之患不堪设想，曷胜焦虑！复颂台安，诸惟心鉴。不具。

130. 两个固执的人

咸丰九年，曾氏曾给吴敏树写过一封在文坛上引起很大反响的信（参见本书《复吴敏树》）。信中说："姚惜抱氏虽不可遽语于'古之作者'，尊兄至比之吕居仁，则亦未为明允。惜抱于刘才甫不无阿私，而辨文章之源流，识古书之正伪，亦实有突过归、方之处。尊兄鄙其宗派之说，而并抹杀其笃古之功，揆之事理，宁可谓平？"

时隔十二年，吴与曾氏都垂垂老矣，曾氏这封信中还在重复过去的老话：把姚鼐比之于吕本中，太刻薄了；姚鼐称赞刘大櫆，虽有点人情徇私之嫌，但成就很大，不能随意贬低等等。无论用意用辞，两信如出一辙。

这说明什么？这说明两个人都很固执，都坚持自己的观点，听不进对方的意见；值得庆幸的是，他们并没有因为学术观点不同而影响友谊，须知古往今来，因政见、学见之不同而断绝私交的人，太多太多了。

复吴敏树同治十年七月十六日

南屏仁兄大人阁下：

三月初旬奉复一函，想已达览。旋接上年腊月惠书，并大著诗文全集各五十部。就审履祺康胜，无任企仰。

大集古文敬读一过，视昔年仅见零篇断幅者尤为卓绝。大抵节节顿挫，不用矜奇辞奥句而字字若履危石而下，落纸乃重绝伦。其中闲适之文清旷自怡，萧然物外，如《说钓》、《杂说》、《程日新传》、《屠禹甸序》之类，若翱翔于云表，俯视而有至乐。国藩尝好读陶公及韦、白、苏、陆闲适之诗，观其博揽物态，逸趣横生，栩栩焉神愉而体轻，令人欲弃百事而从之游。而惜古文家少此恬适之一种，独柳子厚山水记破空而游，并物我而纳诸大适之域，非他家所可及。今乃于尊集数数遘之，故编中虽兼众长，而仆视此等尤高也。

与欧阳筱岑书中论及桐城文派不右刘、姚，至比姚氏于吕居仁，讥评得无少过？刘氏诚非有过绝辈流之诣，姚氏则深造自得，词旨渊雅。其文为世所称诵者，如《庄子章义序》、《礼笺序》、《复张君书》、《复蒋松如书》、《与孔执约论禘祭书》、《赠执约假归序》、《赠钱献之序》、《朱竹君传》、《仪郑堂记》、《南园诗存序》、《绵庄文集序》等篇，皆义精而词俊，敻绝尘表。其不厌人意者，惜少雄直之气，驱迈之势。姚氏固有偏于阴柔之说，又尝自谢为才弱矣。其论文亦多诣极之语，国史称其有古人所未尝言，鼐独抉其微而发其蕴。惟亟称海峰，不免阿于私好。要之方氏而后，惜抱固当为百余年正宗，未可与海峰同类而并薄之也。浅谬之见，惟希裁正。

国藩回任江表，瞬逾半年。辖境敉平，雨泽沾足，岁事可望丰稔。惟是精力日衰，前发疝气虽已痊愈，目光蒙霿，无术挽回。吏治兵事均未能悉心料理，深为愧悚。吾乡会匪窃发，益阳、龙阳等城相继被扰。此辈游荡无业，常思逐风尘而得逞。湘省年年发难，剿之而不畏，抚之而无术。纵使十次速灭，而设有一次迁延，则桑梓之患不堪涉想，殊以为虑。

镜初出都过此，几及两月。晨夕接对，雅量硕学，令人钦企无已。李将翥汉既补水师千总，粗足自存。此间事少人繁，更无栖托之地。复颂台祺，诸惟心鉴。不具。

131. 为罗汝怀撰《湖南文征》序

罗汝怀，湖南湘潭人，是一位学者，热心著述及文献搜集整理。罗搜集有关湖南的文章一百九十卷，取名为“湖南文征”。这在当时是一个湖湘文坛的壮举，广受赞誉。从今天看来，这位基层教育领域里的行政长官做的这件事仍有文化意义。罗请曾氏为这部书作序。曾氏是那时公认的文章斫轮手，自是此书序言的最佳人选。除了这个原因之外，罗与曾氏还有一层关系，即罗之子罗萱曾经是曾氏的幕僚，后亲自带兵打仗。同治八年春，阵亡于贵州。就在两个月前，曾氏亲自为罗萱写墓志铭，称赞他“出跃马而横戈，入稽经而诹史”。

《湖南文征》序是一篇名文，也是典型的曾氏文章：气势宏大，声光冏然。尤其是其中一段文字，广受后世引诵：“湖南之为邦，北枕大江，南薄五岭，西接黔蜀，群苗所萃，盖亦山国荒僻之亚。然周之末，屈原出于其间，《离骚》诸篇为后世言情韵者所祖。逮乎宋世，周子复生于斯，作《太极图说》、《通书》，为后世言义理者所祖。两贤者皆前无师承，创立高文，上与《诗经》、《周易》同风，下而百代逸才举莫能越其范围，而况湖湘后进沾被流风者乎？”

这段文字不过百余字，却将湖南的地理人群、文章源流勾画得相当精准。这需要极其老到的学识与文字之修炼功夫。

复罗汝怀同治十年七月十七日

研翁仁兄大人阁下：

客岁保阳官舍，接到惠函，猥以前具薄赙，远劳齿谢，只增惭恧。就谂道履绥愉，纂述闳富，无任企佩。

令嗣伯宜劲节清才，无愧家学渊源。鄙人昔与从事，知之颇审。承寄到木石诸刻并事状，嘱以铭幽之文，谊不敢辞。谨成墓志一篇，芜陋殊甚，曾不足一塞阁下之悲，聊以表夙昔相知之素。南、筠二公老于文事，于伯宜夙加嗟赏。次青、壬秋两君奇辞妙笔，亦与伯宜渥洽，若得诸贤佳制，不复以拙作刊刻，则逝者当更忻慰耳。

承示裒辑《湖南文征》至百九十卷之多，巨编焜耀，既足增吾楚之光，而中间起废阐幽，如为武陵杨公昭晰沉冤，实足以彰公道。虽其间登选稍宽，不免有拙工蹇步羼杂其中，然意在存一省文献，体例自不容过严。阁下暮年多故，力任搜讨，虽处拂意之时，不为稍辍。精心毅力，殆非辈流所及。承以序文相属，兹亦勉缀一首，荒浅无状，但足点黥鸿编耳。

国藩自调任畿辅，衰病相寻。复值亢旱连年，毫无裨补。九年二月，右目倏已无光，左目亦复昏蒙。夏初感晕眩之病，请假两月调理。假期内忽有津门之事，力疾赴津查讯。此案众议纷歧，论理者佥谓宜乘此机与之决战，上雪先皇之耻，下快万姓之心，天主教亦宜趁此驱除。论势者则谓中国兵疲将寡，沿江沿海略无豫备；西洋各国穷年累世但讲战事，其合从之势、狼狈之情牢不可破。邂逅不如意，恐致震惊辇毂。而兵端一构，未知何年可息。因是委曲迁就，冀以消弭衅端。然办理过柔，以致谤议丛积，神明内疚，至今耿耿。旋奉重莅江南之命，陈情未允，倍切悚惶。闰十月杪抵任视事以来，瞬逾半年，诸务丛积，目眚日深。寻常案牍已未能悉心经理，其有须覃精研思者尤觉攻木多节，治丝易棼。江海各防虽拟及时整饬，而事体重大，亦且茫无端绪。大惧旷官取戾，贻羞知己，曷胜兢兢！

承示洗眼之方，鄙人自遘目疾，进方者颇多，言人人殊。间或如法治办，茫无成效，遂复中辍。老年失明，亏在本原，似非人力所能挽回，但以不治治之而已。复颂台安，诸惟心鉴，不具。

132. 置篷一事并非谣传

在这封给黎庶昌的信中，曾氏说置侧室一事是谣传，是外间将买婢女之事与买妾混同了。其实，曾老夫子在这里说了假话。他在晚年时想买妾，是确有其事的。

曾氏在咸丰十一年十月娶了一个陈氏妾。陈氏妾与他生活了一年零七个月，因肺病去世，死时尚只二十四岁，未曾生育。此后，曾氏再未置妾。但在同治八年，此老却再次萌发买妾之愿。同治八年三月初三日，他在保定督署中给儿子纪泽写信："日困簿书之中，萧然寡欢，思在此买一妾服侍起居，而闻京城及天津女子性情多半乖戾，尔可备银三百两交黄军门家，请渠为我买一妾。或在金陵，或在扬州、苏州购买皆可。事若速成，则眷口北上即可带来。若缓缓买成，则请昌岐派一武弁用可靠之老妈附轮舟送至天津。言明系六十老人买妾，余死即行遣嫁。观东坡《朝云诗序》，言家有数妾，四五年相继辞去，则未死而遣妾，亦古来老人之常事。尔对昌岐言，但取性情和柔心窍不甚蠢者，他无所择也。"

这段话讲得清清楚楚：备三百两银子买一妾服侍起居，死后遣嫁。

此事其实并不难，可以"速成"，但却没有速成。直到两年多以后，才有一个女子来到曾氏身边。且看曾氏同治十年七月二十六日致四弟九弟信："善长带一婢女来，云将为吾置篷，系昌明所办，而吾弟亦赞成之。吾以精力太衰，理不久于人世，不欲误人子女，故不收纳，不久即当倩媒另行择配。"

“篷”送过来了，只是曾氏自知身体太差活不久了，不愿意耽误别人，没有接纳罢了。

在那个时代，一个有钱有势的男人讨几个小老婆，不算荒唐事，但也不是很光彩的事。所以，曾氏对黎庶昌的关心询问，以一“谣”言搪塞。

复黎庶昌同治十年八月十一日

莼斋仁弟阁下：

两展惠书，祇悉一一。比想起居佳胜为颂。

承示交卸吴江署任公私亏累至七千余缗之多，亟思另图生计以为目前事畜之资。尊况艰窘，仆所稔闻，每于致中丞书中言之。中丞亦深器阁下，许为另筹位置，意甚拳拳，似将来设法必可弥缝夙累。但望少安勿躁，以待事机之转移，慎勿操之过蹙，便觉度日如年，徒损襟怀，而于事仍无济。如能守一“耐”字诀，久之自履亨衢，必不坐视阁下久登债台，竟不一援手也。

尊公墓志撰就，寄呈雅鉴。老年心如废井，无水可汲，勉强应命，殊不惬意，未足表章潜德邃学。拙书向本不工，近遘目眚，尤难作楷。请择朋旧中善书者属之，较为妥洽。

鄙人置篷之说，昔年曾有此议。黄昌岐于上游买婢，令敝族舟便带来，外间遂有此谣。自顾年力衰迈，久已不设此想。阁下所闻，无乃告者之过。贱躯眩晕、疝气诸症幸未复发，惟两腿浮肿，步履稍艰。大小儿正月生子，七月殇亡，颇觉郁郁。日内启程补行大阅，先至淮、徐一带，次及苏、沪，重阳以后计当过苏，一展良晤也。复颂台祺。不具。

133. 选择墓地之道

曾氏离去世只有三个多月了，他自己心中有数，家人和朋友也在为他考虑墓地之事。精于堪舆之学的冯树堂远道来到曾氏老家，就是为看地的。

对于风水，曾氏既相信，又不迷信。早年对于先人的墓地，他认为山水环抱、藏风聚气就好。现在轮到寻自己的墓地了，他认为不需要特别的吉利，也不需要花费过多的心计，但要在情理上没有任何障碍的情况下才可施工。

曾氏最终没有葬回老家，而是长眠于长沙城郊坪塘桐溪。关于此，众说纷纭，但有一点是可以肯定的，那就是湘乡老家已再无很好的墓地了。

复冯卓怀同治十年十月二十日

树堂仁弟大人阁下：

顷接九月二十六日惠函，具聆壹是。

择地一事，远劳台驾跋涉敝乡，抉异搜奇，不遗余力，曷胜感悚！承示《东台山地图说》一册，气势宏敞，山水环绕，洵为形家难得之地。中间所述“五胜”“五疑”，亦复评论确当，折衷古法，而参以高识。仆虽不明此道，亦稍知尊说之精当。接筠仙来书，则有“三奇”“三疑”之说。然既经阁下苦心鉴别其为佳壤，自属可恃。惟《图说》中关系文风一层，鄙意亦以为疑。盖此地既为公会所在，又为文风所关，邑人必不乐从。即令巨绅应允，而士庶或窃有遗议。鄙人平日论求地之道，不贵万众指目吉壤之区，不贵阴谋谲计巧取而得，苟于人情万无妨碍，方当营度，否则不为勉强。小地十一处中当有较佳者，容与舍弟商妥定议。

阁下遍历敝处，舍间有犁头嘴先高祖墓，西行先曾祖墓，皆众口所称为发冢者，尊见以为何如？先祖改葬大界，先考改葬台洲，舍弟沅甫颇为惬心，而台洲尤人所艳称，尊见尚以为可安否？贱兄弟住宅如白玉堂、修善堂、大坪、上荷叶及富圫诸处，尚可居否？敬求一一详示，幸勿曲饰为荷。

竹如先生近尚清健，惟次孙新丧，长妇自山东来宁，心绪尤恶。朗轩陈臬吾楚谢折尚未奉批，暂缓北上，莅任之期当在明春矣。

国藩自八月十三日出省校阅诸营，九月十一日由徐州南旋，经镇、常以达苏、沪。水陆各营均已蒇事，即由吴淞口驾驶轮船，本月十五日旋抵金陵，营伍空虚之处尚须酌量添置。暮齿衰颓，愧无裨补，亦聊循行旧典而已。复颂台安，诸惟心鉴。不具。

134. 与亲家商量满女婚事

曾氏现在只剩下最小的女儿纪芬未嫁了。纪芬生于咸丰二年三月，已二十岁，到出阁的年龄了。依这封信的安排，或是聂家的新郎官缉槼速来南京，于明年二月在宁成婚；或是待明年暖和以后再来也行。但不料过了年后，曾氏于二月初四突然病逝于江宁督署中，这个计划被打破了。谁知三个多月后，聂一峰又病逝于广东，婚期再次延期。同治十三年八月，欧阳夫人又病逝。直到光绪元年九月，欧阳夫人之丧已逾小祥（因为纪芬早在咸丰四年便已出继给叔父国葆为女，故而小祥之后可以出嫁），二十四岁的曾纪芬才与聂缉槼结婚。

没有父母参加婚礼，是纪芬的不幸，然而在五个姐妹中，纪芬是最幸运的人。她高寿九十二，育有八个子女，丈夫亦官至巡抚，且插手洋务，家中富裕，其子做过上海商会的第一任会长。

复聂一峰同治十年十月二十二日

一峰尊兄亲家大人阁下：

十月十二接诵惠书，祇聆壹是。不知何时所发，似途次稍有延搁。就谂绩懋羊城，诞膺多福。引詹吉霭，抃颂无量。

阁下以词臣出宰粤东，循声洋溢，固宜渐跻显秩，宏此远谟。迩来大府借重左右，事无不谐，指顾遂当真除，正不必以目前濡滞，遽涉高蹈之想。

承示儿女姻事，文郎目下攻习学业，恰值精进之时，未能忽辍，缓至明春始能东来就赘。又以友山中丞眷属赴粤之便，属遣人伴送小女同行至粤。阁下并倩令弟亲家率眷迎护，诚为妥善。惟内人自两目失明，百病丛生。重以春间剧疾，两足至今痿痹，行走固极艰难，坐卧亦须扶掖。而鄙人右目既废，左目亦昏涩日甚，两脚酸软，精力疲乏。儿妇辈均难远离，大小女适袁氏者已于上年九月沦亡，用是伴送殊难其人。友山中丞前在清江晤叙，今冬入京展觐，明春挈眷赴任。当以二月取道金陵，夏初乃可抵粤。文郎若能于今冬驰至江宁，则正月成婚，二月即可趁张中丞之便托其提挈同行。若以岁寒道远，航海过于险艰，则当如来书之指，俟春和冰解，再来江宁就赘，最为安全。贱夫妇俱系病躯，亦不可以再缓。俟得尊处自粤启程确信，敝处再行签吉奉闻。

弟以八月十三出省，补行大阅之典，先至扬、淮、徐州，次及镇、常、苏、沪一带，月之十五旋署。辖境均属安谧，中外交涉各口亦幸无恙。第以衰颓久膺艰巨，诸事废弛，时用兢兢，惧诒辱于亲友耳。复颂台安，诸惟心照。

135. 请何璟借银给湖南

这是曾氏全集所收的除家信外八千多封书信中的最后一封，是写给当时江苏巡抚何璟的。

湖南军费开支累积欠款两百余万银子。省里拟裁撤援助贵州的两支湘军，以求节省一部分军饷，但撤军需要三十万银子，湖南一时无法拿出，打算向江苏借二十万，由湖南道员易佩绅持巡抚王文韶（字夔石）的信来请曾氏关说。曾氏于是写了这封信，算是为家乡政府部门办事。

曾氏从公私两方面来打动何璟。公的一面，湘中现在哥老会兴盛，如果财政崩溃，会给国家大局带来严重后果。私的一面，王文韶从前与何曾在湖北共事，彼此融洽。

当然，身为两江总督，江苏开支的浩繁，他也是知道的。曾氏列举几项重大支出，既是体恤何，又是预先堵住何的口。最后，曾氏还为何先想到一层困难：江苏欠陕甘饷银七十万未付，而十月份既救济直隶二十万，现在又要给银子与湖南。倘若朝廷诘问下来，何以应付？

读了这封信，让人感觉这真是一桩很为难的事，令三方都为难。

首先是曾氏很为难。曾氏明知何璟接到这封信后很心烦，但家乡的官府来找他，他能置之不理吗？何况湖南眼下的军务闹得如此繁杂，始作俑者不正是他自己吗？

何璟当然也很为难。江苏号称富庶之地，于是上自朝廷，下自各省都纷纷打江苏的主意，都希望从江苏分一杯羹。即便从这封信来看，已让我们感受到江苏的负担之重了：欠陕甘协饷七十万，上年刘崑要银二十万，黄河分洪费二十万，今年救济直隶二十万，拨甘军度岁八万，何况还有一些钱的支出，曾氏并不知道，甚至还有些钱的去向，连何璟都不能明说，只能暗中对付。富庶省份的家也不好当，这就叫做大有大的难处。

湖南自然更不好过。曾氏与何璟更多地是在承受心理上的压力：何璟实在不照顾，曾氏尽心了，你也不可能再怎么为难他；何璟不援助，他顶多只是受情谊上的谴责，谁也无权去追究他，也不可能给他带来实实在在的不利。湖南却不一样，困难产生在湖南，若此“难”不“了”，害的是湖南本身，直接危及着王文韶这些人乌纱帽的稳当与否。

曾氏自从咸丰二年回湖南组建湘军，就把人世间一件最难的事情揽到自己的身上。本来，做这等事属于英雄豪杰的勾当，与圣贤无干，但曾氏却要把英豪的事业做到圣贤的境界，于是他就给自己本已困难的人生再增加十倍百倍的难度。回顾咸丰二年之后的二十年岁月，他几乎就没有过一天舒心的日子，想不到临死前的最后一封信还在为人世间“了难”。

笔者常常想，曾氏一生活得太苦太累太委屈了。如果一辈子就在北京做官，他会活得如何惬心快意！然而，千年史册，又哪能有那些太平京官的一席地位？许多人会说，这“一席地位”又有什么用，他本人并没有获得丝毫的收益。确乎如此！何去何从，只在于各人的选择；当然，有时候连本人也无法选择，那就只能归于命了。

致何璟同治十年十二月二十六日

小宋仁弟大人阁下：

上旬辱荷驺从过访，借慰离悰。只以匆匆执别，未畅所怀，兼之仪文简亵，深用阙然。比想吉莅姑苏，部署有绪，二十七日计已受篆。惟新政多绥，士民欢惬，至以为颂。

此间近状安谧。日前连得祥霙，刻下寒气尚劲，似当再降雪泽，岁事或可占丰。有湘绅易道佩绅号笏山者，办理湘省营务处，顷持王夔石中丞函牍来此，力陈湘中援防各军每月需饷二十余万，现已积欠至二百余万之多。本省局库搜括无遗，大惧日久饥疲哗溃，议撤援黔之席军新勇、徐及老勇，以节饷需，约须三十余万乃能裁撤。骤难筹此巨款，商请于苏省暂借二十万金，订明年由湘盐局每季应解湘省盐厘项下扣归，词意恳切。笏山本有侠气，学行俱美，面陈情形亦甚岌岌，势将必得而后已。论湘省财匮已久，哥匪繁兴，若不早为之所，一旦决裂，亦属大局之忧。公义私情，皆应竭力助之。惟宁、苏两处用款过巨，常觉入不敷出。上年刘韫斋中丞奏拨银二十万，去冬今春曾筹解十五万金，秋末又将尾数五万全行解去，于同舟协助之谊，差为无负。且黄河分溜南趋，昨苏庚帅在此论及办法，当于旧河之身开挖沟线，旧河之堤补筑缺口，又堵塞顺清河以固洪泽而保淮、扬，除漕库筹款数万外，尚属敝处筹银二十余万。此阁下所同闻，乃不可少不可迟之款也。顷始凑拨八万为甘军度岁之需，安得再有四十万应漕帅及湘省之求？然夔石中丞殷殷相商，未可见危而不一拯。且其来牍坚约定由盐厘拨还，若不失信，两年即可完清，尚非无着之款，拟于宁垣库局酌筹数万。夔石昔与阁下同舟鄂省，意气闻甚投洽。此次并有函牍令易道持赴台端催恳，希于其晋谒后，商之竹敏、永芝、朗复诸君，通筹能拨借若干否。青翁精于理财，规画全局，胸有成竹，并望熟商某库某局应拨河费若干，湘协若干，伏望示及。原借之数如果不能筹到，亦须略从丰厚，兼谋速解，俾湘中得资为撤勇之用，至恳！

江苏欠陕甘协饷尚有七十余万。今十月既济直隶赈银二十万，岁杪又借拨湘省一款，将来部中若执此相责，亦殊难于置对。并希鸿裁见示。顺颂台安，诸惟心照。并贺大喜，兼颂新祺。不备。

要读曾国藩——就读岳麓版

一 曾国藩原著系列

1. 曾国藩全集（精装31册，2480元）
2. 曾国藩选集（精装5册，即出）
3. 曾国藩家书（精装2册，128元）
4. 曾国藩日记（精装4册，198元）
5. 曾国藩诗文集（精装1册，68元）
6. 曾国藩读书录（精装1册，即出）
7. 鸣原堂论文（平装1册，即出）
8. 十八家诗钞（精装2册，78元）
9. 经史百家杂钞（精装2册，60元）
10. 经史百家简编（平装1册，即出）
11. 曾胡治兵语录（平装1册，即出）

二 评点、解读系列

1. 唐浩明评点曾国藩家书（典藏版，35元；超值版，25元）
2. 唐浩明评点曾国藩奏折（典藏版，34元；超值版，24元）
3. 唐浩明评点曾国藩语录（典藏版，36元；超值版，26元）
4. 唐浩明评点曾国藩日记（精装，58元；超值版，28元）
5. 唐浩明评点曾国藩书信（精装，38元；超值版，25元）
6. 唐浩明评点曾国藩诗文（精装，38元；超值版，25元）
7. 王澧华评点曾国藩批牍（平装，38元）
8. 王澧华六讲曾国藩（平装，20元）
9. 曾国藩联语辑注（胡卫平等，精装，46元）
10. 曾国藩私下谈话录（眭达明著，平装，即出）
11. 曾国藩父子往来家书（平装1册，即出）
12. 曾国藩兄弟往来家书（平装1册，即出）

三 通俗、研究系列

1. 战天京（谭伯牛著，典藏版，48元）
2. 帝国余晖：湘军将帅的铁血征程（王纪卿著，平装，28元）
3. 两江穿越：走读曾国藩（李超平撰，平装，29.8元）
4. 曾国藩与道家思想（彭昊著，平装，32元）
5. 曾国藩文学研究（张静著，平装，20元）
6. 曾国藩与湖湘文化（欧阳斌著，平装，30元）
7. 曾国藩与近代中国（王继平等，平装，60元）
8. 曾国藩的藏书与刻书（胡卫平著，平装，39元）

四 传记、小说系列

1. 曾国藩年谱（黎庶昌编，平装，即将再版）
2. 曾国藩评传（何贻焜著，精装，45元）
3. 曾国藩的生平与事业（蒋星德著，平装，即出）

4. 曾国藩传（萧一山著，平装，即出）
5. 曾国藩及其幕府人物（李鼎芳著，平装，即出）
6. 曾国藩和他的秘书们（眭达明著，平装，即出）
7. 曾国藩逸事汇编（朱树人编，平装，即出）
8. 曾国藩（小说注释本，精装3册，128元）
9. 曾国藩（小说注释本，平装3册，80元）
10. 曾国藩（小说便携本，平装9册，即出）

五 线装珍藏系列

1. 曾国藩（一函9册，1280元）
2. 曾国藩手迹（一函3册，即出）
3. 唐浩明评点曾国藩家书（一函5册，580元）
4. 唐浩明评点曾国藩奏折（一函3册，350元）
5. 唐浩明评点曾国藩语录（一函3册，320元）
6. 唐浩明评点曾国藩日记（一函4册，490元）
7. 唐浩明评点曾国藩书信（一函3册，360元）
8. 唐浩明评点曾国藩诗文（一函3册，360元）

六 笔记本系列

1. 曾国藩文化笔记·家书（精装，即出）
2. 曾国藩文化笔记·诗文（精装，即出）
3. 曾国藩文化笔记·日记（精装，即出）

七 湘军文献及其他

1. 左宗棠全集（精装15册，1380元）
2. 郭嵩焘全集（精装15册，1480元）
3. 曾国荃集（精装6册，500元）
4. 彭玉麟集（精装2册，170元）
5. 胡林翼集（精装5册，650元）
6. 江忠源集·王鑫集（精装1册，140元）
7. 刘坤一奏疏（精装2册，255元）
8. 刘长佑集（精装2册，148元）
9. 刘锦棠奏稿·李续宾奏疏（精装1册，82元）
10. 刘蓉集（精装2册，177元）
11. 罗泽南集（精装1册，55元）
12. 杨岳斌集（精装1册，74元）
13. 天岳山馆文钞·诗存（精装2册，148元）
14. 国朝先正事略（精装2册，225元）
15. 郭崑焘集·郭嵛焘集（精装1册，63元）
16. 邹叔子遗书七种（精装1册，95元）
17. 西征纪程·中俄界记（精装1册，62元）
18. 谭继洵集（精装2册，132元）
19. 能静居日记（精装4册，450元）

曾国藩系列图书权威生产基地

图书在版编目(CIP)数据

唐浩明评点曾国藩书信:典藏版/唐浩明著.—长沙:岳麓书社,2016.7(2020.6 重印)

ISBN 978-7-5538-0620-4

Ⅰ.①唐… Ⅱ.①唐… Ⅲ.①曾国藩(1811—1872)—书信集 Ⅳ.①K827=52

中国版本图书馆 CIP 数据核字(2016)第 122885 号

TANGHAOMING PINGDIAN ZENGGUOFAN SHUXIN

唐浩明评点曾国藩书信(典藏版)

作　　者:唐浩明

责任编辑:刘　文　许　静

责任校对:舒　舍

封面设计:罗志义

岳麓书社出版发行

地址:湖南省长沙市爱民路 47 号

直销电话:0731-88804152　0731-88885616

邮编:410006

岳麓书社网址:www.yueluhistory.com

2016 年 7 月第 1 版　2020 年 6 月第 5 次印刷

开本:890×1240　1/32

印张:9.25

字数:230 千字

印数:21 501—25 500

ISBN 978-7-5538-0620-4

定价:32.00 元

承印:长沙鸿发印务实业有限公司